"中国经济前沿"丛书
CHINA UPDATE BOOK SERIES

CHINA: A NEW MODEL
FOR
GROWTH AND DEVELOPMENT

中国经济增长
与发展新模式

主 编

〔澳〕郜若素（Ross Garnaut）
蔡 昉
宋立刚

社会科学文献出版社
SOCIAL SCIENCES ACADEMIC PRESS (CHINA)

ANU
E PRESS

本书撰稿人

（按章节写作顺序）

Ross Garnaut：墨尔本大学校长特聘研究员和经济学教授，墨尔本；澳大利亚国立大学特聘教授，堪培拉。

蔡昉：中国社会科学院人口与劳动经济研究所所长，北京。

宋立刚：澳大利亚国立大学 Crawford 公共政策学院资深研究员，堪培拉。

Dwight H. Perkins：哈佛大学，马萨诸塞州。

黄益平：北京大学国家发展研究院，北京。

彭旭：中信证券股份有限公司，北京。

苟琴：北京大学国家发展研究院，北京。

陆旸：中国社会科学院人口与劳动经济研究所，北京。

Huw McKay：西太平洋银行，悉尼；澳大利亚国立大学经济学院，堪培拉。

Rod Tyers：西澳大学商学院经济系，珀斯。

Ying Zhang：西澳大学商学院经济系，珀斯。

Tsun Se Cheong：西澳大学商学院经济系，珀斯。

周伊晓：澳大利亚国立大学 Crawford 公共政策学院，堪培拉。

李周：中国社会科学院农村发展研究所所长，北京。

孟昕：澳大利亚国立大学经济学院，堪培拉。

Christine Wong：牛津大学，牛津。

王小鲁：中国经济改革研究基金会国民经济研究所，北京。

余静文：中国经济改革研究基金会国民经济研究所，北京。

樊纲：中国经济改革研究基金会国民经济研究所所长，北京。

陈诗一：复旦大学经济学院教授，上海。

Jane Golley：澳大利亚国立大学，中华全球研究中心，堪培拉。

张永生：国务院发展研究中心，北京。

Simon Wensley：力拓能源集团，布里斯班。

Stephen Wilson：力拓能源集团，布里斯班。

Jane Kuang：力拓能源集团，布里斯班。

王碧珺：中国社会科学院世界经济与政治研究所，北京。

余淼杰：北京大学国家发展研究院，北京。

李坤望：南开大学经济学院，天津。

施炳展：南开大学经济学院，天津。

目 录
CONTENTS

中国长期增长与发展的新战略：责任与启示

Ross Garnaut　蔡　昉　宋立刚

一　中国经济增长的新模式

中国经济正经历着政策和结构方面的深刻变革。这种变革对于提高中国社会的增长绩效、保持未来中国经济的发展潜力都很有必要。成功的经济发展改变了中国传统的增长模式，也给经济发展带来了压力，而这种压力正是变革的内驱力之一。近年来，劳动力短缺及真实工资迅速上涨给中国经济的传统模式带来了巨大挑战，使得资源和收入分配、自然环境、经济增长率、储蓄率、投资率与国际资本流动等都有所变化。原有的增长模式在过去取得了巨大的成功，也引发了上文所述的种种变化，而国家政策层面上的改革亦会改善现状，使中国的收入分配体系更加公平，国内环境和国际环境更加有利于中国经济的发展。

这些变化既全面又深刻，所以新的中国经济增长模式必须考虑这些变化。本书指出了无节制投资扩张型增长模式的不足之处，并阐释了传统增长模式是如何过渡发展为现代经济增长模式的。

本书展示了现代经济增长理论发展过程中的最新成果。后续的章节介绍了对于这类理论创新的深刻见解，并指明了理论的发展方向。除此之外，本书还介绍了中国与国际经济互动模式的变化及其启示。

一个经济体一旦踏上了现代经济增长的道路，就永远不会停下增长的脚步。1978 年，中国共产党的决定让中国走上了以市场为导向的改革道路，使中国快速融入国际经济。自此以后，中国就沿着改革道路不断前行。

改革快速而持续地进行着。每年的改革都会破除阻碍经济增长的藩篱，出台富有挑战性的新政策，提出解决老问题的新方法及促进经济活动的新模式。虽然改革是连续的，但如果我们从全局角度回顾过去的改革路线，就会分辨出三个明显不同的阶段。每一个阶段都需要政策和结构上的转变。转变之后，国家发展才会迎来根本性的变化。

第一个阶段是 1978～1984 年。在这六年中，农业快速发展，农民收入大幅提高。第二个阶段是 1985～2011 年。在这二十多年里，中国经历了无节制的投资扩张。第三个阶段始于 2012 年。在这一阶段，中国将朝着现代经济转型。

在经济制度方面，有两大创新为农业发展与农民增收铺平了道路。这两大创新分别是：家庭联产承包责任制的推行和乡镇企业的崛起。农产品价格制度的变化改善了农民的贸易条件，也使中国的制度改革更加顺畅。在这一阶段，中国人均收入的增加和日趋平等的分配制度为更普遍意义上的市场导向改革和更深远的城市经济制度改革打下了政治和经济基础。

伴随着农业发展和农民增收，其他领域的改革也在进行，并为日后更广泛的经济改革和转型奠定了基础。自 20 世纪 80 年代中期起，对外贸易、国际投资、金融体系和公司治理等方面的改革变得越来越重要，而这些领域的改革也经历了较长的酝酿期和孵化期。从更基础的角度看，"文化大革命"之后，教育体系和科研体系的重建以及党的建设和公务员的全面改革等，都是未来经济改革的前提条件。

在 20 世纪 80 年代中期，改革的形式主要是经济转轨，后来逐渐演变成了无节制的扩张，一直持续到 2011 年前后。工业投资被放到了首要位置，投资在总产出中所占的份额越来越高，甚至在 21 世纪最初十年达到了 50%左右，如此高的投资比例前所未有。

这一时期出现的现象主要有：储蓄率越来越高；越来越多的储蓄被用于国内投资；快速扩张的工业生产吸纳了大量农村劳动力，但工资的增长幅度却不及劳动生产率的增长速度；对工业出口的关注度越来越高——起先出口的产品属于劳动密集型，其技术含量很低，但是随着时间的推移，更多复杂的、资本密集度高的元素成为产品链条中越发重要的一环；钢铁和能源的使用更加广泛；等等。以上这些现象对国内经济和全球经济带来许多不利的影响，如全球经济失衡、国内经济结构失衡、收入平配不平等和环境恶化等。

无节制的投资扩张可以使我国从低起点迅速赶上资本密集和技术先进的发达国家。这一过程伴随着中国与全球市场在商品、服务、资本和知识等方面的不断深化与融合。

无节制投资扩张的诸多特征也在相互作用。工业生产的快速扩张和稳定的真实工资率提高了利润，而收入中储蓄份额的增加反过来又使得投资份额日趋增加，同时也促进了经济增长。

1985～2011 年，无节制的投资扩张还有一些其他特点。早年（1985～1992 年）人们关注的主要问题是：如何为国际化的经济增长寻求意识形态和政治上的基础。

集体所有制企业，尤其是村镇企业，是早期中国工业产出快速提高和就业率增长的关键力量。自 1992 年起，私有制经济代替集体所有制企业，成为中国经济增长的中坚力量，而其中一些私有制经济体，是由以前的集体所有制企业经过私有化改革形成的。1998～1999 年，中国经济受到亚洲金融危机的冲击。2008～2009 年，中国经济又遭到全球金融危机的冲击。此时，无节制的凯恩斯式的财政和货币扩张对中国而言就十分重要，它使中国迅速恢复了经济增长势头。然而，这种政策也有一定的副作用——在 21 世纪的头十年，大型国企在经济增长中所扮演的角色越来越重要，使得私营部门在经济活动中的力量被削弱。

无节制的投资扩张极大地促进了生产活动。1992～2011 年，中国的产出增长就一直十分强劲，平均每年的增长率都在 10% 以上。这也是历史上最强劲的可持续增长水平，其增长水平甚至超过了日本自二战后到 1973 年的那段辉煌时期。从人均收入来看，无节制的投资扩张也使中国从低收入国家变成了中等收入国家。中国也逐渐拥有了世界上规模最大的总储蓄额和国际投资盈余。同时，中国也拥有世界上最大的出口额。按购买力平价指标计算，中国在几年后就会成为世界上最大的经济体。按主要汇率换算，中国在 2020 年前就会成为世界上最大的经济体。

尽管中国依靠无节制的投资扩张取得了很大的成就，但是，经过 21 世纪最初十年的发展，这种方式已经接近了经济、社会和政治所能承受的极限。

在经济接近极限水平的种种前导指标中，平均产出和人均收入已经达到了临界水平。过去，在这一水平上，其他东北亚国家都经历了增长模式和增长率的变化。截至 2009 年底，中国按真实购买力计算的人均收入与日本在

20 世纪 70 年代中期的情况十分类似。而几年后，日本的经济就逐渐从迅猛增长过渡到缓慢增长。

从大约 2004 年开始，中国就进入了经济发展方式转变的重要时期。在这一阶段，工资的涨幅超过了产出增长的幅度，这给传统增长模式带来极大的挑战。2012 年，劳动年龄段人口开始减少，这使转变经济发展方式迫在眉睫。

国际经济环境对传统增长模式越来越不利。虽然中国的巨额经常账户盈余（在 2007 年，经常账户盈余超过了 GDP 的 10%）为其他国家（尤其是美国）的持续经济增长提供了可能，但是 2008 年的金融危机却引来了大量对中国经常账户盈余的批评。批评人士没有注意到，尽管其他国家实施了错误的经济政策，但正是由于中国的巨额盈余，才使得其他国家的经济增长势头得以维系。在金融危机后，尽管新兴市场持续的经济增长促进了中国在国际贸易地理版图上的扩张，但老牌工业国家增长放缓却使中国的出口扩张机会大大减少。

截至 2009 年底，无节制的投资扩张已接近社会和政治上所能承受的极限。城乡差距、普通劳动者和资本与权力所有者的收入差距越来越大。收入分配不平等已成为日益活跃的大众舆论所关注的焦点，也是社会不稳定的根源之一。为了城市建设而强行征用农民土地，也是无节制投资扩张的一个重要特征，而这种做法也引发了越来越多的争议。中国日益增长的温室气体排放量也引起了国际社会的关注，导致中国在 2009 年 12 月召开的哥本哈根《联合国气候变化框架公约》缔约方大会上遭遇外交困局。2013 年初，中国社会也逐渐开始关注国内环境污染造成的影响，尤其是对健康和生活质量方面的影响。在 2012 年全年及 2013 年初，党和国家领导人已经清楚地意识到，公众对政府腐败的长期关注将会是政治不稳定的潜在原因，而传统经济发展模式助长了公共权力使用方面的腐败。

正是由于以上这些原因，从 21 世纪最初十年开始，中国的学者和部分有思想的官员就开始讨论转变经济发展模式的必要性。人们对中国发展的期望逐渐提高，对中国经济转型的诉求也越来越强烈。虽然无节制的投资扩张并没有走到尽头，投资扩张在几年之内还可以继续促进经济增长，但是，在不久的将来，中国必须走上向现代经济转型的道路。如果转型太晚，中国改革的压力和成本就会大大增加。

本书的几位作者观察到，自 2004 年起，经济力量（尤其是劳动力市场的结构转变）倒逼中国进行强有力的经济结构改革。逐渐上涨的真实工资和真实汇率迫使中国进行结构性改革，而中国的决策机构和政府高层也更愿意适时加入关于推进改革的讨论，以便更好地进行政策调整。

因此，中国进入了第三次经济转型和体制改革的时代，向着先进化、现代化的经济发展模式转变。

经济转型有五个方面的主要特征：一是工业投资和城市基础设施投资占GDP 的份额逐年下降，二是用于扩大教育覆盖面和提高教育质量的投资越来越多，三是消费和服务支出占总支出的份额逐渐增大，四是适应现代市场经济的法律和制度体系越来越完善，五是高新技术产业进行快速的结构改革。

这些改革也影响了中国经济增长的源泉。劳动对于增长的贡献率已显著降低，资本集聚对增长的贡献率也有所下降。如果必要的体制改革能够促进经济转型，那么全要素生产率对经济增长的贡献就会越来越大。但这可能会使当前的产出平均增长率比过去依靠投资发展的时期低 2～3 个百分点。

经济制度方面的必要改革要求限制使用传统的扩张性财政政策和货币政策，避免重蹈覆辙。只有强化公共财政制度，中国才能避免经济衰退。这意味着将面临可能出现的增速下降，尽管人们希望政府出台大规模的刺激措施来避免衰退，但由于刺激措施将增大结构性改革的成本，因此政府会逐渐接受适度的经济周期下行，而不会采取大规模的凯恩斯式的刺激手段。

在经济转型的过程中，国内和国际的环境宜居问题也引起了政府高层更多的关注：节能减排成为"十二五"（2011～2015 年）规划的主要目标。

虽然缩小贫富差距是政府在改革时期所制定的重要政策目标，但是要想实现这一目标，政府仍需采取多方面的行动，还要出台大量强有力的政策。自 2008 年起，实际工资的上涨为缩小贫富差距做出了重大贡献。本书提供了近几年中国政府在农村教育、卫生、交通和通信方面的支出数据。数据显示，政府对以上几方面的支出在不断加大，目前已经达到了较高的水平，以官方数据衡量的不平等程度也开始下降。

对于在中国各地的人们来说，政府愿意接受新经济增长模式十分重要。本书将试着对新经济增长模式的诸多特征进行研究。

二 本书的结构

在朝着现代经济转型的过程中，中国新增长模式要求对经济结构进行调整，加强对国家治理、公司治理和市场交易制度的有效建设。Dwight Perkins 为本书将在之后呈现的内容打下了一个理论基础。

Perkins 认为，中国需要建立一部分新的经济和社会制度，再从本质上修改一部分制度，最后还要替换余下的制度。此外，中国的监管体系也要做出重大的改革，因为监管体系涉及政府经济决策、法律体系、土地所有权以及政府收入来源的问题，是一个十分重要的政治体系。

此外，Perkins 还指出，目前政治体制安排的许多特征都导致大面积的腐败，这将威胁中国的政治稳定和经济发展。这些领域的改革对于中国的长期繁荣和经济转型具有十分重要的意义。

很多其他方面的改革对生产力的强劲增长也十分重要。如果经济转型能使中国保持适当的增长速度，那么这样的改革就十分有必要。这些重要改革包括处理好城镇化、社会福利制度和中国人口结构变化三者之间的关系，还包括金融体系、科技研发体系和高等教育体系等制度安排方面的进一步改革。

中国已经废除了许多不合时宜的制度，并因此取得了长足的进步。但 Perkins 仍然指出，调整基本面上的旧制度并建立新制度，要比单纯废除旧制度难得多。这一过程需要时间，而随着时间的推移，人均收入将会上涨，经济和社会也会变得越来越复杂，进而导致 GDP 增长率不可避免地放缓。

黄益平、蔡昉、彭旭和苟琴把中国经济向现代经济转型的新模式称为"新常态"。他们在本书的第三篇文章中指出，中国经济增长模式的重要转变已经起步。经过一系列评估后，他们认为，经济增长的潜力已从 21 世纪最初十年每年 10% 的增长率下降到 2010 年后 6% ~ 8% 的年均增长率。过去，在各主要经济体中，中国的顺差是最大的，而现在，中国的顺差正逐渐减少，慢慢接近发达国家的水平。在无节制投资扩张时期，中国经济有两大显著特征：一是消费占 GDP 的比例较低，二是以基尼系数为指标衡量的收入不平等程度较高。长期以来，人们都不希望看到上述两种现象，也都普遍认为这两类现象是不可持续的。现在，情况正在改变：消费占 GDP 的比例开始上升，以基尼系数衡量的收入不平等程度开始下降。

黄益平、蔡昉、彭旭和苟琴认为，要素市场的改变（尤其是劳动力市场的改变）是中国经济向新增长模式转型的原始驱动力。近几年，劳动力短缺现象逐渐显现，由此也使工资迅速上涨，随后又引起了当下中国经济向着"新常态"转型。尽管经济增速放缓，但经济的结构却在向新的均衡状态调整。几位作者认为，下一步改革应该着眼于重新定义政府和市场的关系，进一步理顺要素市场的价格机制，建立健全与深化市场经济改革相适应的宏观经济政策框架。除此之外，政府的角色还应有所转变。过去，政府通常直接参与支持生产和投资的活动。现在，政府应采取措施促进创新和产业升级。几位作者的结论认为，这些改革措施对于中国十分有必要，可以帮助中国完成新增长模式的转型，同时使中国避免陷入中等收入陷阱。

蔡昉和陆旸认为，随着劳动年龄（15～59岁）人口的减少，过去30年里推动中国经济快速增长的红利正在减少。他们预计，在第十二个五年计划（2011～2015年）期间，中国潜在产出的年平均增长率为7.2%；在第十三个五年计划（2016～2020年）期间，中国潜在产出的年平均增长率将下降至6.1%。未来的可持续增长需要进一步深化和扩大经济改革的范围，尤其是发展新兴经济领域，以增加经济发展的潜力。作者还提出了两个模型，说明劳动力参与率和全要素生产率的提高会显著提高GDP潜在增长率。基于这一结论，他们认为，中国的潜在增长率不会一直下降。

在向发达经济体转型的过程中，中国经济增长需要从过去严重依赖资本和劳动投入的旧模式中走出来。现在，中国应通过提高全要素增长率来促进经济增长。新的增长模式要求中央和地方政府接受经济增长放缓的现实。在无节制的投资扩张时期，政府习惯用扩张性的财政政策和货币政策来提振经济，然而在经济增长放缓的新时期，政府就必须停止用扩张性的政策来扩大公共投资。新的政策应该通过调整供给面因素来促进增长，而不是调整和管理需求面。

在向现代经济转型的过程中，市场竞争环境对于提高中国的潜在增长率至关重要。政府在提高中国的全要素增长率方面起着关键作用。通过一系列改革，中国政府应当强化制度建设，以此来促进劳动力市场、金融市场、公司治理和政府系统的高效运转。

在第五篇文章中，Huw McKay和宋立刚描述了中国的经济结构。相对于中国的人均收入而言，中国的工业化程度过高，城市化程度过低，而对于这样一个大型经济体而言，其经济依赖出口的程度又太高。他们注意到，中国的经济结构和发展路径中的某些方面，不利于把对环境的破坏限制在可接受的范围内，也不利于收入平等和机会平等。

接着，Huw McKay 和宋立刚概括了政策方面有待改进的地方。只有通过政策改革，中国才能适应经济增长的新模式。这些改革措施包括以下几方面：一是通过加快金融改革来减少要素市场的扭曲；二是对户籍制度进行彻底改革，促进城乡之间的劳动力和服务流动；三是继续推进基于市场定价的能源价格改革；四是向造成环境污染和破坏的单位和个人征收环保税；五是优先满足基础设施建设领域投资，其次才是满足工业产能投资；六是着眼于长期财政政策，其中，长期财政政策对整个经济体的资源分配决策十分重要，而在向现代经济转型的过程中，理顺资源分配关系也很有必要。

最后，McKay 和宋立刚得出结论：中国向现代经济转型过程中的最高目标是减少过度工业化、优化城市结构，并通过拉动内需来减少对外需的依赖。从根本上说，这些目标是互补的。他们也提出，尽管目前已经出台了一些有价值的政策框架，以尽可能实现这些内在互补的目标，但是，在这些政策框架中，某些政策和制度改革领域必然存在政治斗争。其中，市场竞争政策受到的政治阻力最大。

中国的高储蓄为巨额的国内投资提供了充足的资本。除去国内投资，中国的巨额储蓄还成为世界上其他国家的主要融资来源，尤其是以美国为首的高负债率国家。这些国家都有一个相同点，即官方语言都为英语。在第六篇文章中，Rod Tyers、Ying Zhang 和 Tsun Se Cheong 讨论了中国储蓄率下降对世界经济的影响。他们认为，中国需要降低来自家庭、企业和政府三方的储蓄。如果中国经济增长放缓，并更加依赖内需推动增长，那么，中国用于国际投资的超额储蓄将会减少。而事实上，中国政府也正在朝这个方向努力——消费的增加会减少家庭储蓄，寡头利润的减少及金融的发展将减少公司储蓄。近期，省级债务的增加也削减了政府储蓄。与此同时，日本的储蓄率也在下降，"亚洲储蓄过剩"的时代就此终结。最终，全球的借贷成本都将被推高。尽管最近美国、欧洲和日本出台了量化宽松政策，借贷成本暂时维持在较低的水平，但是借贷成本升高的大趋势难以阻挡。

中国的储蓄减少将导致全球长期债券收益率上升，同时引起世界范围内的投资量减少。

随后，Tyers、Zhang 和 Cheong 讨论了中国储蓄率下降对美国资本市场及投资的影响。美国融资成本的上升最终无助于美国经济的恢复，同时也会对全球经济产生负面影响。北美洲及世界其他国家都强化了财政纪律，以便应对经济增长放缓。伴随着全球总储蓄额的下降，强化财政纪律也减少了出现赤字的国家的融资需求，但同时也减轻了中国总储蓄额下降对全球私人投资的影响。然而，如果不强化财政纪律，那么扩张性的投资政策又会在老牌工业国家中卷土重来，量化宽松政策也会随之停止，全球就会出现严重的经济紧缩。

从中国自身经济转型的角度来说，中国将越来越关注其国内需求，而不是国外需求。与此同时，虽然美国和其他发达国家也一直在寻求来自中国的投资，但是，目前并不是正确的投资时机。

中国越接近全球生产力水平的前沿，创新就对中国越重要。在第七篇文章中，周伊晓讨论了制度怎样影响中国的创新能力。通过对企业层面上的数据进行分析，她发现，制度对于中国的创新能力和未来的经济增长有十分重要的影响。

加强知识产权保护能够显著地提高企业在创新投资方面的积极性。分析表明，如果企业成为科技研发活动的主体，那么，《国家中长期科技发展规划纲要（2006～2020)》中设定的目标就更容易实现。周伊晓还指出，要想使中国成为知识密集型经济体，参与全球科技研发，为全人类的科技和知识进步做出贡献，第一步就是要改进国内的制度安排。

在 1978～2012 年的改革期中，农业部门的发展在中国经济转型中扮演了重要角色。在第八篇文章中，李周回顾了过去中国农业发展的主要成就，并讨论了农业部门如今面临的挑战。他认为，通过深化农业改革（包括与土地所有权相关的改革），提高农业生产过程中的技术水平，给农民提供社会支持和保护，缩小中国的城乡收入差距，改善食品消费结构，减少农业资源浪费，提高人民健康水平等政策手段，在政府的努力下，中国完全可以处理好来自农业部门的挑战。

李周还指出，在中国经济发展的各个环节，与农民、农村和农业相关的领域一直是一个薄弱环节。中国的农村正进行着迅速的经济和社会改革，这也影响了农民的生活和政府的运作方式。最后，李周给出结论：政府在制定政策时，要重点考虑完善城市化进程中的市场交易体制，同时要在保持农村社会稳定性的基础上，为迁入城市的农民和工人创造更多的就业机会。在向现代农业经济转型的过程中，政府制定的政策应当顺应和尊重农民的选择，而不应背离农民的意愿，这样的政策才会有助于经济转型。另外，更加民主的地方管理手段也将有利于农村今后的发展。

在第九篇文章中，孟昕使用"中国城市与农村移民项目调查"所提供的农民工收入和人口数据，来描述过去十年城乡间人口迁移的重要特点，并讨论了未来中国应实施的劳动力市场政策。从数据中得到的结果表明，尽管已有将近30%的农村劳动力迁往城市工作，但是未来几十年中，中国城市的新增劳动力仍然来自农村人口。留在农村的人是否迁往城市，在很大程度上取决于政府的政策。目前，社会保障体系和社会服务的缺失，挡住了很多人迁往城市的脚步。即便这些农村人口迁移到城市，他们也只是停留平均8~9年。如果他们的停留时间能比现在多一倍，城市里的农民工劳动力供给就会比现在多一倍。孟昕的另一项发现是，农民工的生产效率在迁到城市的第24年达到峰值。然而，目前农民工的平均停留时间远远不足24年，这意味着延长农民工的停留时间是提高生产效率的重要途径。农民工的停留时间在很大程度上被政府政策所影响。虽然身在城市，但是农民工的工作时间极长。这也间接反映了农民工得不到较好的劳动保护。同时，工作时间过长也严重影响了农民工的身体健康。因此，城市中的农民工的社会福利改革，应当被予以重点关注。

在第十篇文章中，Christine Wong 研究了中国公共财政体系的现状，并讨论了如何提高财政总量来促进经济的长期增长。在诸多政策建议中，她着重讨论了公共债务在宏观经济稳定中所扮演的角色，并指出了地方政府融资平台是如何使得宏观调控变得更加困难的。Wong 重点关注了亟待改革的两个重要领域，一是长期存在的预算外资源漏洞和分散的预算控制权，二是公共投资过度的趋势。改革在这两个领域内都遇到了很大的阻力。

Wong 长期关注以上两个领域。她发现，目前政府宏观调控不力的根源在于财政体系脆弱。她建议中央政府收回宏观经济管理的控制权，这样才能保证中国经济维持长期可持续的增长。为此，中央政府必须建立地方政府发债的基本制度框架，控制地方政府的借贷和投资需求，同时引入监督和管制体系，要求地方政府汇报负债情况。

Wong 也建议中央政府严格财政纪律，把监管预算的权利和责任分派给一个专门机构。财政部是最适合承担此项任务的机构。这些改革措施的顺利实施，需要高层领导人予以政治上的支持，以便调整中央机构间的权力分配，使财政部能够完全负责监管各类财政资源。同时，也应当为全国人民代表大会提供政治支持，提高它的政治地位，使它真正发挥监督政府预算的作用。毕竟，监督权是宪法赋予全国人大的权力。

改善经商环境也是一项重要的政策目标，这可以极大地增加私营企业对于提高生产力的贡献。在第十一篇文章中，王小鲁、余静文和樊纲使用四组企业调查的产出数据，来解释近几年中国商业环境的变化和省际差异，并得出了一些政策建议。总体上看，2006~2012年，中国的经商环境还是有所改善的。

他们也指出了一些不利于中国经商环境改善的因素。例如，在抽样调查期间，为了应对全球金融危机，政府实施了扩张性的财政政策。国有企业成为这一政策的主要受益者，并产生了正常的商业信贷需求，损害了非国有部门的利益。受调查的公司主要对政策的开放性、公平性和平等性以及政府管理等方面提出了意见，主要问题包括政策和政府管理的不透明，以及政策实施时的不平等，或者更一般地说，不同企业受到的待遇不同。几位作者还发现，与垄断部门相比，市场竞争越激烈的部门，经商环境就越好。

王小鲁、余静文和樊纲也指出了非国有企业受到的歧视性对待。这对非国有企业的经营和表现有不利影响。他们得出结论：对于不同等级的政府而言，通过政策改革来改善经商环境都是一项重要的任务。这也有助于中国政府实施新经济增长战略。

在第十二篇文章中，陈诗一和 Jane Golley 估计了 1980~2010 年期间，38 个工业部门的"绿色"全要素生产率的变化模式，并借此评估了中国工业是否在这些年走上了低碳可持续增长的道路。如果计算生产力时考虑生产过程中的二氧化碳排放，中国的工业"绿色"全要素生产率的增长就会显著下降。1980~2010 年，无论是从总体上考虑，还是从主要的经济部门考虑，技术进步都显著地影响着绿色全要素生产率的增长。自 20 世纪 90 年代中期起，技术进步的速度就在稳步上升，这一趋势一直持续到 21 世纪前期，但在此之后，技术进步的速度就开始连年下降。与之形成对比的是，生产绩效的增长率一直在波动，但总体水平较低。不论是从整个时期来看，还是从各个子时期来看，绿色全要素生产率的增长率在大多数部门及总体上均为正。

但是，陈诗一和 Golley 也指出，2003～2010 年，绿色全要素生产率增长得很慢（增长率远低于 50%，而 50% 通常被认为是向可持续增长转型的信号），甚至比之前十年还要慢。这一发现意味着，中国工业似乎在绿色化的道路上走错了方向。2010 年是无节制投资扩张时期的最后一年。作者看到了中国的政策转变和结构调整，并在文章末尾推断出，中国具有"绿色工业化"的希望。

在第十三篇文章中，来自国务院发展研究中心的张永生认为，绿色增长将在中国的现代化过程中扮演重要角色。张永生还曾负责过国务院与世界银行的合作研究，其主要研究领域为绿色增长。在中国，推行绿色增长的主要阻力有两方面，一是市场机制扭曲，二是制度不健全。在寻求建立绿色增长模式的过程中，中国具有老牌发达国家所不具备的优势。这种优势可以帮助中国跳过旧有的发展模式，直接进入适合现代经济发展的新模式。

张永生还指出，所谓绿色增长，就是要通过创造全新的环保产品市场、加大研发力度和资金投入、改变消费模式等措施，使经济产出增长走出依赖物质资源、碳排放和破坏环境的老路。

张永生的绿色增长概念主要基于以下三个核心理念：一是经济增长不能造成温室气体排放的增加和环境恶化，二是绿色化道路自身就是增长的源泉，三是绿色化道路是促进经济增长的良性循环的一部分。为了抓住向现代经济可持续增长模式转型的机会，中国应当鼓励传统部门向绿色发展模式转型，同时大力支持新兴绿色工业和服务业部门的发展。这些措施的实施，需要与很多领域的改革相配合，包括政府职能的转变、汇率市场化改革、更严格的节能减排和环境保护方面的法律法规的制定。他还警告，在接下来的二十年里，机遇之门将向中国打开，如果错过这些机会的话，中国将在走向绿色工业化之路上，付出高昂的代价。

在第十四篇文章中，Ross Garnaut 描述了中国在经济转型过程中取得的进步。他提到了一项关键的进步，那就是中国走出了依靠资源消耗和污染物排放来提高经济产出的怪圈。在无节制投资扩张时期，中国经济增长的主要特征是能源消耗过高和温室气体排放过多。这些传统经济增长的特征，使得中国在 2011 年前后成为世界上最大的温室气体排放国，也带来了越来越严重的国内环境问题。与此同时，越来越多的国际舆论指责中国加重了全球变暖的趋势。在中国经济日趋扩张的过程中，资源消耗过高、过度依赖进口化石燃料等现象，已经引起了人们对于中国能源和经济安全的担忧。

在中国经济转型的过程中，能源主要面临两方面突出问题，一是中国的能源使用模式正在发生变化，二是中国依赖能源拉动经济的模式已经走到了极限。迄今为止，中国还是使用传统经济的那一套方法来完成能源方面的转型，包括用行政干预的手段关停高耗能企业，制定能源使用和排放的省级和地方性强制标准，对高排放和高耗能的企业征收高价资源使用费，对低排放企业的投资给予可支配的补贴和其他支持，对低排放、低耗能的企业在投资审批方面予以照顾，同时严格限制高耗能、高排放企业扩大投资。

越来越多的人关注能源问题，并积极探索基于市场机制和碳外部性定价的能源干预措施。政府正在尝试取消化石燃料在运输和定价方面的优惠政策，并在两省七市试行排放权交易体系。政府也在重新修订资源税税则，以此来改变能源使用和污染物排放的模式。财政部也开始研究征收碳排放税的可行性。这些政策很可能都会成为将来中国能源和温室气体政策组合的一部分。

尽管在第十二个五年计划（2011～2015年）开始时，政府确立了节能减排的雄伟目标，但是，直到2012年，人们也没有在经济增长数据中看到能源消耗和碳排放量有明显改善的迹象。2012年，通过经济转型，中国有可能以渐进的方式实现节能减排的目标。因此，如果要划分清楚中国经济发展的不同时期，那么我们可以把2011年视作无节制投资扩张时期的最后一年，而把2012年看作向现代经济转型的第一年。这种划分方式对于阐述中国经济发展也十分有用。

中国在改变温室气体排放路径方面取得了很大进步，这也转变了在抑制全球变暖方面开展高效率国际合作的方式。2015年，《联合国气候变化框架公约》缔约方大会将在巴黎举行。Garnaut认为，中国在节能减排方面的经验，将为全球减排目标奠定基础。

最近，中国成为全球最大的能源消费国，但是，中国仍处在中等发展水平上。在第十五篇文章中，Simon Wensley、Stephen Wilson和Jane Kuang描述了中国能源政策的三难困境。所谓三难困境，是指提高能源安全水平、减小能源使用成本和减少碳排放对环境的影响这三者难以同时兼顾。

Wensley、Wilson和Kuang指出，在世界各地，解决三难困境对于能源政策制定者来说，是一项重要挑战。他们研究了有关三难困境的四个案例，分别是 20 世纪 70 年代末的石油危机、中国核能的成本革命、美国非常规油气技术革命和日本福岛核泄漏事件后关闭 30 千兆瓦机组的挑战。

在研究了这些背景案例后，几位作者讨论了中国在资源管理方面所面临的机会与挑战。他们强调，在无节制投资扩张时期，为了平衡国内的石油、天然气、煤炭和铀燃料的供应，能源进口份额越来越高。他们同时研究了能源领域的新兴技术，中国正在积极发展其中的许多技术。这些技术将有可能转变能源的供给和使用方式。非常规油气资源的发展以及包括电动汽车在内的交通运输电动化，都算作新兴技术的一部分。能源安全问题，尤其是石油安全问题，已经成为制定能源政策时应优先考虑的问题。

能源政策的三难困境在中国也越来越突出。不论是石油还是天然气，中国的能源进口依赖度越来越高。可以预计，中国的能源安全问题也将变得越来越重要。尽管中国面对如此多的挑战，但几位作者仍然认为，中国经济的结构性改革将降低能源密集型工业的比重，同时增加高附加值服务业所占的比例。过去二十年中，中国的 GDP 增长与能源需求之间存在强烈的线性相关关系，而经济结构改革将减弱这种相关关系。提高能源使用效率的高新技术，将使能源需求增长率趋于平稳。

在第十六篇文章中，王碧珺、余淼杰和黄益平讨论了中国民营企业对外直接投资（ODI）所面临的融资约束。他们使用 2006 年和 2008 年浙江省公司层面的面板数据进行研究，发现融资约束较少的公司更有可能追求高的 ODI，与此同时，这些公司将利用 ODI 来扩大投资。高生产率不会减轻融资约束对参与 ODI 的负面影响。三位作者认为，如果融资约束问题无法解决，大量富有竞争力的中国私营企业，可能将失去 ODI 的机会。中国 ODI 的质量和回报率都将受损，中国企业在海外的前景和声誉也将受到影响。

在第十七篇文章中，李坤望和施炳展对中国信息通信技术产品出口的数量和质量进行了检验，并讨论了它们的决定因素。他们认为，中国信息通信技术产品出口有两大特点：数量多、质量低。这一产业的出口增长主要由三方面因素决定，一是对外直接投资的模式，二是委托加工贸易的数量，三是政府政策的支持力度。委托加工贸易的增多，提高了产品数量，但降低了产品质量，而对外直接投资和政府政策则起着相反的作用。

中国信息通信技术产品出口在数量上的扩张，增加了国内就业，但同时也增加了对自然资源的消耗，污染和破坏了环境。在中国经济转型的过程中，高质量应成为信息通信技术产品出口的核心特征。

两位作者希望中国的出口部门更加关注质量和产品附加值的提升，而不是仅仅关注数量。他们认为，面对未来经济增长的挑战，出口部门的转变与中国政府采用的新经济增长战略相一致。

总体上说，中国正在经历从无节制投资扩张到建立现代经济基础的大转型。本书主要讨论了转型过程中所取得的一系列成就。经济转型过程还处在早期阶段。中国即将面临巨大的挑战，尤其是在本书前几章所讨论的制度和法律层面。本书所提供的证据表明，截至目前，中国的发展只能说"还算顺利"。

（孟亦佳 译）

适应新发展模式的制度安排

Dwight H. Perkins

引　言

　　如果中国的经济和人均收入要继续赶上世界高收入国家的水平，那么中国需要转向一个新的发展模式，这个模式应区别于过去 30 多年在中国占主导的发展模式。过去的发展模式的核心包含四个内容，前三个内容贯穿于过去 30 年，而第四个内容则是最近 10 年才出现的。第一个内容，苏联模式的中央计划经济体系和集体农业解体，并被一个在很大程度上由市场主导的经济体系所取代。第二个内容，实施对外贸易，开放外国直接投资，制造业不断发展壮大，制造业出口快速扩张。制造业部门中最具活力的是国内外私营企业和乡镇企业。这些乡镇企业最初属集体所有，但后来大部分都被私有化。第三个内容，随着出口导向的制造业部门的崛起，大量农村剩余劳动力流向城市工业和服务业部门。大量农村劳动力向城市转移使得劳动力工资长期处于低位，从而使劳动密集型的制造业出口保持竞争力。

　　第四个内容，大致开始于 1997～1998 年亚洲金融危机时期，基础设施投资大规模扩张，城市住房投资也迅速扩张。这种变化清除了中国经济发展中残留的苏联模式的最后一个主要特征，即忽视住房和交通基础设施投资。在很大程度上，第四个内容不仅迫于中国住房和交通状况薄弱的现状，也迫于中国经济劳动力过剩的现状，进而导致居民消费占 GDP 的比重偏低。消费占 GDP 的比重低，为了维持 GDP 的高速增长，投资占 GDP 的比重不得不大举提高。①

这些与 1978 年以后中国经济发展模式相关的主要内容造就了中国 30 多年高速增长的 GDP 和人均收入，并在很多方面使中国建成了世界一流的基础设施。然而，制度变迁主要包括苏联模式制度的解体和一些管制措施被部分取消，例如，曾被用来限制城乡居民流动的居民登记体系（户口）。但中央计划指令经济和户口等管制条款还没有完全解除，留下了大量的监管控制残余。政府官员控制着这些管控规则，政府官员身上保留了很多旧体系下的自由专断。

未来的中国需要一个不同的体系来管理经济。这个体系可以以一些已经发展起来的制度为基础建立，但是很多其他继续管理中国经济和社会的制度需要被取代或是大幅修正。笔者将着重论述这些制度中需要进行根本性改革的两个领域，并简要讨论第三个领域。第一个领域涉及很多相互关联的制度，包括监管体系；政治体系的本质，因为它涉及政府经济政策的制定；法律体系；土地所有制体系；等等。这些体系，正如它们现在运行的那样，造成了大量的腐败，这些腐败威胁到了国家政治稳定和经济发展。第二个相互关联的制度领域包括城镇化、社会福利体系和中国人口结构变动之间的关系。由于缺乏一个更好的表述，笔者将第三个领域称为"技术性制度"，包括金融体系现代化，工程和科学研发稳定提高并扩大，教育体系持续升级，以及其他为了维持生产率高速增长而进行的制度改革。

一 监管、政治、法律和腐败

苏联模式中央计划指令经济的解体留下了大量的残余，影响着中国经济活动的方方面面，无论是公共活动还是私人活动。例如，获得修建工厂或者办公楼的土地的审批权由地方政府控制；大规模的投资必须获得国家计划和改革委员会的批准，较低规模的工程也必须获得下级计划机构的批准；电力使用受到监管，其他公共设施的使用也受到地方政府的控制。当然，有些法规是所有国家都有的，以确保一座建筑对其使用者来说是安全的，确保企业

---

① 针对笔者的一些观点，如中国总需求不足由居民消费占 GDP 的比重表示，与进行大规模基础设施建设和住房投资有关等，请参阅 Perkins（2012）。

对它们的员工是公平的，确保工厂不污染周边环境。

过去 10 年，世界银行试图设计出一套方法来估算在各个国家经商的难易程度。2013 年，世界银行将中国排在 185 个国家中的第 91 位。排名本身看起来并不算很差，但是低于中国 10 位左右的国家包括赞比亚、巴布亚新几内亚和巴基斯坦——这些国家基本上被视作高腐败和难以经商的地方。可以确定的是，中国已经显著改善了其监管环境——中国在监管环境改善进步较快的 50 个国家中排名第 12 位（世界银行，2012：9）。中国在合同执行、产权注册和跨境贸易（关税）方面排名很好，或者还算不错（排名分别为第 19 位、第 44 位和第 68 位），但是在获得信贷（第 70 位）、破产清偿（第 82 位）、投资者保护（第 100 位）、电力获得（第 114 位）、缴税（第 122 位）、设立公司（第 151 位）以及处理建设许可证（第 181 位）等方面表现得差强人意，或是相当糟糕。鉴于中国在 21 世纪最初的 12 年进行了大量的项目建设，最后一个排名让人很震惊。

中国在建设许可证发放方面是世界上最糟糕的五个国家之一，但却是近几年世界上所有国家中建筑活动最活跃的国家，两者之间看起来很矛盾。在中国，需要长达 270 天的时间才能获得许可证（而新加坡只需要 26 天），需要长达 28 项的程序（中国香港只需要 6 项）。虽然，在中国，获得许可证的时间远低于最差的 10 个国家（从莫桑比克的 377 天到海地的 1129 天不等），但是，中国在审批程序数目这项指标上垫底，在这些指标上表现最差，只有 9 个国家的程序多于中国。在中国，获得许可证的成本也很高，是其人均收入的 3.75 倍，但是比赞比亚的 17 倍和乍得的 51 倍要低很多。

一面是审批烦琐，关卡重重，另一面是大批的建设项目。毫无疑问，这个矛盾部分是因为企业能够从中国的建筑领域（以及其他很多行业）中获得可观的利润，一切等待和花销都是物有所值的。对于那些关系对路并且愿意进行必要的操作来获得许可证的人，申请许可证的程序是可以预见的。在中国，建筑许可证审批存在诸多障碍，其他地方也存在很多监管障碍。只要有人能够走通这些程序，或者走通这些程序的路径至少是可以预期的，那么它就是有利可图的。只要有人关系对路或是愿意去发展这些关系，他们就可以走通这些程序或是预见到走通这些程序的路径。

虽然不能完全解决问题，但还是有一些简单的方法能试图消除一些监管障碍。关键之一是尽量去除发放许可证或执照的政府官员的自由裁断权。发放的规则应该清楚并公开，程序应当透明。如果一个申请者符合所有的规定，许可证就应当自动发放给他。为了阻止政府官员实施拖延战术，以榨取租金，应该有一个时间表，规定审批机构在什么时候必须做出决定。申请所需的材料，申请地点在哪里应该可以从网上获得，这样申请者（以及政府监管机构）就可以时刻核实申请的进程。对于那些简单的程序，例如，驾驶证的发放，这种方法能有效地解决发放部门为了获取租金而进行拖延的问题。然而，对于那些需要官方判断项目的可取性或申请者的特征的项目，简单的程序可能不足以解决过度延迟的问题。

当发放单位要进行判断和自由决断时，消除监管障碍的问题就更加困难了。在中国，问题源于党的领导干部在很多时候拥有自由裁决权，包括决定一个公司或个人能否获得许可证进行一项工程或者项目。如果党的领导干部强烈支持一个工程或项目，这项工程就可以克服监管障碍并获得必要的授权而实施。然而，问题在于党可以影响交易的双方。地方和更高级的党政官员在监管部门的官员任命方面拥有重要的话语权。类似的，过去，在申请工程资金时，地方党政官员对办理贷款的国有银行的地区支行和企业经理或申请贷款的地方政府官员都有影响力。当一个许可证有不止一个申请者时，与地方或上级政府官员关系最亲密的申请者将具有明显的优势。

从申请许可证或是监管救济方面来讲，有很多方法可以克服其他申请者的政治优势。例如，他们可以向政府官员支付非法的资金或是向其他能影响该政府官员的人支付非法资金，他们可以雇用政府官员或是党委书记的近亲，向那个人支付高薪或是给他们一个很大的咨询合同。在这方面，中国并不是特例，这些问题在世界上都很普遍，包括收入最高的国家。贿赂对行贿者和受贿者来说都是危险的，通过要求官员和其他高级政要向上级完全汇报他们的财务情况和其他资产，这些不法行为有时会被发现，从某种程度上讲，这项措施已经在中国实施了。然而，在像中国这样的国家，一项工程或是企业的成败取决于个人能否克服一系列的规则，也有一些情况不需要正式的贿赂。把一个与政府有密切联系的人安排到董事会，或是其他重要的位置，也可以达到相同的效果，被雇用的人员不一定要实际接触与公司打交道的监管官员，可以做其他事情来公开帮助企业应对监管者。仅仅知道哪个人能支持企业就将影响较低级别的监管者，并有所帮助。重要的顾问或董事会成员批评监管部门的官员，进而影响或结束该官员的职业生涯的可能性是很大的。很多官员可能不愿意让这种情况发生。

因此，毫不奇怪，一些高级党政官员的家属获得了大量的财富。毫无疑问，这些官员中的大多数人能获得这些收入是因为他们拥有从技术层面上讲能帮助与他们合作的企业的技能。这些问题不只发生在金字塔的顶端，它贯穿于整个体系中，从顶端到基层。

可以用三种方法来解决监管权力、政治影响力和寻租之间的关系。第一种方法，对经济犯罪进行严厉的惩罚，这是过去三十年来中国采取的主要措施，包括死刑。在一个受高度管控的国家，如中国，所有官员都有很大的自由决策权，这是有问题的，很难找到证据并对足够多的违法者进行定罪。中国拥有13亿人口，包括8000万名党员，数千万的政府官员，以及2000多个县级政府，加上更多的不计其数的乡镇和乡村。中国已经检举了很多高官，而不仅仅是低级别的寻租者。从某种程度上讲，20世纪60年代和70年代早期实施的大量的监督体系可以控制这些腐败形式，但却是以在非经济领域滥用更多的权力为代价的。缺乏大量的警察监视，很难证明贪污腐败是否发生了。若跟踪涉嫌贪污受贿等违法行为的官员，但有力的证据丢失了，会导致其他形式的权力滥用。这不可避免地被视为是由消除政治敌手的动机促使的。

控制这种贪污腐败的第二种简单的方法是减少企业和个人想要发财致富而必须克服的监管障碍。企业需要应对的监管措施越少，企业就可以花越少的时间和金钱来克服那些监管规则。一个运行良好的市场体系可以控制很多损害经济的行为，而不需要各种形式的监管规则，即使是市场经济最发达的经济体（中国香港就是一个很好的例子）也需要一些监管措施。如果监管规则减少了，寻租的机会也就降低了，检察官更容易确定和解决较少数量的违纪行为。两个腐败程度最低的亚洲国家和地区——新加坡和香港，就主要靠市场力量进行监督管理，而不是靠政府进行监督管理，这并非巧合。即使是在香港，在某些领域也没有立刻就消除了贪污腐败，特别是警察这个拥有较高程度自由裁断权的职业。香港廉政公署是一个重要的反腐机构（廉政公署是1974年成立的），相比中国内地的任何反腐机构，廉政公署面临的任务要简单得多。

因此，必须要有第三种方法来打击贪污腐败。第三种方法的关键环节是改变党在经济中扮演的角色。关键问题是，只要继续由党决定中国经济体系运行的规则，由党任命大部分管理经济体系的政府官员，由党直接任命、监督和替换经济体中主要生产企业的领导（包括在很大程度上由政府所有的企业），该体系就充斥着利益冲突。在这种经济体系里，成功更多地取决于个人的政治关系，而不是其他方面。

历史上，共产党撤销了人民公社，不再对农业生产实施日常管理。城市经济大部分被私有化，无论是工业还是服务业，意味着这一部门的管理人事安排主要由国内和国外的私营业主做出。多数大型民营单位都有党委，也有很多党员，但党并不直接参与企业的战略安排和日常管理。即使在国有企业，包括那些以政府作为主要持股人的股份制企业，在将党和企业的经营相分离方面也取得了一些成功。党不应干涉经济体中高级职位人员的任免。党应该为经济体的运行建立规则，把握经济运行的整体方向，监测政府官员和经济单位是否遵循相关规则并实施了广泛的目标。党扮演的角色应该更加类似于传统的历代王朝中的御史台，但是又比御史台的权力要广。

如果党要放弃对经济和社会生活进行日常管理，那么就应该进一步加强某些制度体系建设，其中最重要的是法律体系建设，中国的法律体系在"文化大革命"中几乎解体。"文化大革命"后，中国在重塑法律体系方面取得了进步，但是如果要使领导和政府官员不再是经济成员间争端的最终裁决者，当前的法律体系还远远不够。在一个完善的市场经济里，大部分经济纠纷都是通过法庭解决的，法庭在很大程度上是独立于纠纷各方的，包括政府官员和经济单位。通过让独立的、有能力的和诚实的法官来解决纠纷就可以消除纠纷裁决中大部分的政治顾虑，从而依据法律进行裁决。

中国当前的法律体系不独立于高层政治权威，法律从业人员的能力也不足，也不够诚实。从业人员的能力问题最容易解决。当"文化大革命"结束、重建法律体系时，法律人才稀缺，因此，法官们通常没有法律背景。2010 年，有 26165 名律师从中国法学院毕业（NBS，2011：746），中国律师总数已数以万计。但是，让法官保持独立，让他们严格依据法律和案件事实进行裁决还很困难。上级党政官员经常认为他们可以否决或是忽视法院裁决，甚至有些有足够政治影响力的企业经理也这么认为。而且，法官是由政府和党委派的，如果他们没有满足党期望他们实现的目标，他们就可能被撤职。要让法官保持真正的独立，就应该给法官一个可信的承诺，承诺只要他们自身不违反法律，他们就能长期任职，他们不能因为上级部门不同意判决结果就被撤职。如果没有那样的承诺，法官就会受特定时期政治风向的影响，法律体系就不是公平的。

中国要建立起独立于政治的法庭可能还需要很长的时间，特别是在对国家或对党的领导存在威胁的领域，但是党又没有明显的倾向让政治因素控制经济裁决。个别政府官员和党员将保留他们自身的利益，包括各种各样的寻租，但是与那些有时被认为太过独立的法官相比，那些利益更可能威胁到共产党的领导。如果能够去除法律程序中存在的显著的政治偏见，那么法院腐败问题将更容易消除。向法官支付丰厚的报酬并监控他们的个人资产对消除由司法腐败导致的司法裁决问题十分有利。

如果中国要全面控制腐败，建立一个由市场主导，并与旨在解决市场失灵的监管规则相结合的运行良好的经济体系，那么中国需要对当前管理中国经济和社会的制度体系进行根本性变革。变革是相互关联的：大幅减少政府监管规则发挥的作用，提高市场的作用，必须大幅削减或消除政府官员执行监管规则时的自由裁决权。必须进一步减少党对政府机构和经济单位的日常管理，党关注的焦点应该是为经济体系设定目标，并把这些目标转化成法律，并监测法律的实施过程，但是要独立于政府机构和经济单位进行，而不是像政府机构和经济单位里的日常经理。其他的政治制度体系也可以扮演这个角色，但是大部分当前还没有，还有待建立。如果中国不能在这些领域取得显著的进步，那么贪污腐败将继续上升，并腐蚀党的执政能力。

二 农村土地和地方政府收入

中国过去十多年政治不稳定的重要根源是在将土地从农民手中以低价征收并以高价出售给开发商的过程中存在腐败。利用征地卖地价差筹集的资金进入政府的腰包，有时还被地方官员私自挪用。与党对政府机构和经济单位日常管理进行过度干预的问题不同，农村土地分配问题在很大程度上可以通过技术性改革解决，并不需要改变党的角色，或是任何具有政治敏感性的事物。

解决这个问题的第一步应该是允许土地在公开市场上按照市价销售，赋予耕地农民土地所有权或是长久使用权，让农民有权出售土地或是他们的使用权，就像允许企业租用城市用地一样。政府官员不能以低于市场的价格向农民征收土地，如果他们这样做了，就将被视为盗窃，应该受到检举。即使需要动用国家土地征用权征用土地（这在发达国家被称为"土地征用权"）为公共目的服务，如修建道路，也应该有一个由市场决定的参考价格，而不能由行政规则设定。理想的情况是，还应有一个独立的法院来决定土地是否是按照市场公平价格进行征收的，征收目的是否合法。

然而，如果征地者能为土地支付合理的价格，如果允许国家可以通过国家土地征用权获得土地，那么还应当在相关领域进行两项额外的制度改革。第一，有必要变革和扩大社会安全网，因为它不仅影响农村人口，还将影响那些户口在农村，但实际上在非农部门就业的人口，他们大部分都生活在城市。城镇化和农村流动人口的问题（将在下文讨论）与此有关，是因为中国农村土地是流动人口和农村人口的安全网的重要组成部分。允许流动人口出售他们的土地权将使流动人口获得一些资金，这些资金有助于他们永久性地过渡到城市生活，但是也将断了他们返回自己土地上的这条退路（城市就业下降时，流动人口经常采取这个方法）。中国需要建立一个新的退路或安全网。

第二个有必要进行的制度改革是向地方政府提供与其必要支出水平相称的税收来源。近几年，特别是世界经济衰退，中国采取了大规模的刺激措施，以维持 GDP 高速增长期间，中央政府敦促地方政府承担的大部分刺激计划的执行，并要求地方政府为这些刺激计划筹资。而且，地方政府官员的升迁部分依靠其所属区域的 GDP 增长，这导致地方政府累积了巨大的债务，官方统计数据已接近 10 万亿元人民币，而非官方数据可能是官方数据的 2 倍。现在，普遍认为，地方政府即使可以继续通过低价征收本地区土地并以很高的价格卖给开发商获得收入，它们也没有收入来源为这些支出融资，或是偿还大规模的债务。如果中央政府改革土地市场，让土地价格变成真正的市场价格，那么地方政府的这项收入将消失，收入短缺将增加。

增加地方收入的一个合理方法是向开发商征收土地税而不是对农业用地征税。政府也可以向农业用地征税，但是政府在几年前才刚废除农业税，以增加农村居民的可支配收入。另外一个办法是，由中央政府承担更多的支出义务，或者增加对地方政府的补贴。不管最终的解决办法是什么，如果中国想维持乡村稳定，那么允许地方政府低价购买土地再高价出售的模式必须终结。

三 城市化、流动人口、老龄化和户口制度

在很多方面，中国的城市发展模式与中等收入国家类似，并正在向高收入国家靠近。1978 年以前，中国花了 20 年的时间严格限制城市人口的增加。而现在，越来越多的人口不从事农业生产，大部分非农业人口居住在城市。官方数据显示，2011 年，中国城市注册人口比例为 51.3%，而这一数据在 1978 年时仅为 17.9%。2011 年的数据包含一些流动人口（在城市居住超过六个月的流动人口），但排除了其他人。城市人口数据还包含了一些居住在城市郊区的农民，但是这些人口只占现在大城市人口中很小的一部分。仍在从事农业生产的人口比居住在农村的人口规模要小得多——农村就业人口比例从 1978 年的接近 70% 的水平下降至 2011 年低于 35% 的水平，[①] 把农业生产作为主业的人大部分都在 40 岁以上。

中国目前以及未来十年或二十年都将经历快速的城镇化过程，中国将面临与此相关的三个主要挑战。第一，城市就业增长应足以吸收新增加的农村和城市劳动力。如果新增加的大部分劳动力需要由城市就业吸收，那么每年可能需要新增 1400 万个就业岗位。[②] 因为，中国每年有将近 1000 万名城市职工达到退休年龄并退出劳动力市场，所以吸收新增劳动力需要的就业净增加量相比以前较小，随着时间的推移，该数将会变为负数。当服务业新增就业比例上升，制造业新增就业比例开始下降时，劳动力市场供需将趋紧，工资将上升，中国服务部门增长将更快。依据多国的经验，中国制造业产出占 GDP 的比重和制造业就业下降的速度甚至比

[①] 官方数据显示，2011 年第一产业从业人员比例为 34.8%，但是这一数据包含采矿部门就业（国家统计局，2012）。

[②] 2011 年，中国 14 岁及以下的人口为 2.22 亿人，每个岁数的人口平均为 1600 万。他们中的一些人完成学业（无论什么学历）后将待在农业部门，一些人将不会进入劳动力市场。笔者估计，这两部分人的数量每年将达到 200 万，剩下的将在城市寻找工作。

制造业产出下降的速度要快。① 因此，如果中国 GDP 要在未来一二十年维持年均 6% 或 7% 的增长率，工资将会继续上升，大有可能超过 GDP 的增长速度。

第二个挑战和第三个挑战不容易克服，它们要求对现存制度进行根本性的改革或是改进。克服第二个挑战需要完全取消现存的家庭登记制度（户口制度）。户口制度虽然已经不再能限制农村劳动力进入城市，但是户口制度的关键问题是让那些在城市工作但是没有城市户口的人员受到歧视，这最终会对中国社会发展造成影响。众所周知，这是很多研究这个问题的中国学者和其他人关注的一个情况。有些城市地区甚至已经采取措施应对这一问题。这些城市主要是那些试图吸引流动人口而不是驱逐或忽视他们的城市。

当前的管理体系之所以产生问题是因为流动人口很少有人能够负担得起城市住房。这导致一些工人住在建筑工地，另一些工人则挤在远郊的单间出租屋内，年轻妇女通常住在工厂宿舍。糟糕的住宿条件迫使大量农民工将孩子留在农村家里，跟祖父母住在一起，而不能让他们在教育质量更高的，可以让他们提前适应城市生活的城市学校上学。虽然政府现在已经将城市学校向外来移民的子女开放，但是很少有人能够负担得起高额的费用和相关的支出。中央政府为城市贫困人口建立了大量的公共住房计划，但在全国范围内，迄今没有针对流动人口的此类项目。虽然乡村和城市医疗保险得到了很大的改善，但是流动人口需要返回他们户口所在的村庄才能享受这些福利。另外，大学入学指标是以对城市居民有利的全国考试为基础的，这实际上是与让社会整体走向小康的目的背道而驰的。

这些流动人口中会回到农村务农的人是极少的。虽然这几年农民收入已经显著提升，但是农村劳动力还很多，这导致农业收入仍然偏低。这些流动人口的孩子也不会再务农了。中国应当制定出一套方案，支持农村流动人口进入城市，获得住房、子女教育和养老保障等社会福利。中国应该在未来十年或二十年建立起这些制度。为了完成这项宏伟的目标，中国政府应建立起

---

① 当 26 个 OECD 国家，加上中国台湾地区，按购买力平价计算的人均收入平均达到 13300 美元时（或是在 7000 美元至 17000 美元时）（Eichengreen 等人，2012：87），制造业部门就业率就开始下降。虽然制造业的产出在大部分情况下将持续增加，但制造业部门就业下降通常被称为"去工业化"。

合适的住房体系，制定出可负担的又能尽可能满足流动人口需求的医疗制度，制定出可负担的且能满足移民家庭需求的教育制度。要建立这些制度并不是简单的事。针对农村流动人口的支持措施可能与支持城市人口的措施不同，在这里我们仅举两个例子。正像美国及其他国家表明的那样，高层公寓大楼适合城市中产阶级，但可能不适合贫穷的移民家庭。类似地，农村孩子的教育需求与城市孩子的教育需求也是不同的，前者的父母所受教育有限，而后者的父母大都受过良好教育。

第三个挑战与第二个挑战在某些方面相同，但不仅仅与近几年从农村来的流动人口有关，而且与整个城市人口有关。在城市化背景下，中国人口老龄化问题逐渐凸显。人口迅速老龄化对中国社会有两方面的影响。最引人注意的是，中国长期实施独生子女政策，这项政策将导致中国老年抚养比迅速上升，支撑退休人员的养老支出的适龄工作人口将越来越少。在大多数国家，城市生活将终结一家几代人生活在一个屋檐下的局面（或者生活在由家族自己在村里修建的临近的房屋里）。祖父母与他们已成年的孩子分开住，与不熟悉的家庭为邻将变得很正常。参加工作的孩子可能与他们的祖父母生活在不同的城市，这在大多数高收入国家很普遍。传统的照顾老人的方式将不再适用。

中国整体抚养比在过去三十年持续下降，但是近期这一比例开始趋平。这是独生子女政策造成的。独生子女政策导致中国工作年龄以下儿童的比例大幅下降，老年人的比例却显著增加（在过去 20 年大约上升了 50%），但是中国老年人占比的起始水平较低（从 1990 年的 8.3% 上升至 2011 年的 12.3%）。2013 年，儿童占总体人口的比例已经趋平，如果中国放弃或是修改独生子女政策，就像中国很多人提倡的那样，中国儿童占比可能适当上升，老年人占人口的比重肯定会继续上升。随着中国人口寿命增加以及中国"婴儿潮"（1949 年以后、计划生育政策实施之前出生的人口）一代开始退休，这一趋势将加快。1950 年，中国 0~9 岁的人口为 1.33 亿人，目前有 9400 万人还在人世，为 60~69 岁，他们即将退休或者已经退休。1960 年，中国 0~9 岁的人口为 1.92 亿人，这是另一个人口出生高峰期，其中有 1.61 亿人在 2010 年达到 50~59 岁；这一年龄段的女性很多已经退休，男性则即将退休。除了这些人，2010 年，中国 70 岁及以上的人口为 7100 万人，而 1980 年仅为 3000 万人。中国最大的退休潮应该出现在 1960 年代出生的那代人退休之后的几十年里。2010 年，中国 15～24 岁的人口为 2.25 亿人，他们可以进入劳动力市场，而当年 50～59 岁的人口为 1.61 亿人，他们将要退休。十年后（2020 年），中国 50～59 岁的人口大约为 2.25 亿人，他们即将退休，而 15～24 岁的人口规模也大致相当，他们将进入劳动力市场（联合国，2011）。

人口结构变化带来的负担通常表现在抚养比下降上，即劳动人口逐渐减少而需要他们支持的退休人员的数量却越来越多。在农村社会里，负担主要是饭桌上多张嘴巴，大部分食物都来自自家的土地，居住的房屋也是在自家土地上修建的。这很难说是一种理想的现状，虽然耕地面积很少，但是疾病还是可以让人舍弃这一小片耕地的。总的来说，中国并没有建立相关的制度来干预这个过程——人们要么种植足够多的食物，保持健康，要么挨饿，生病并死去。

在城市和现代经济体里，家庭人口是流动的，居住在他们工作的地方。年老的退休者必须要有稳定的收入为他们的公寓支付房租，从市场上购买食物，并为其他活动支付费用。城市人口的其他活动通常要比农村人口丰富，部分原因是城市里很多活动都是要付费的，而且居住在市中心的人的生活水准也比农村居民的生活水准高。对于资金充裕的人，中国可以建立各种制度来满足这些人的需求，从独立的住房到辅助生活设施，再到疗养院、医院和收容所，直到他们走到生命的终点。针对那些能负担的人，中国正在逐步建立这些制度，并且正在进行商业化运作。

问题是，中国大多数城市居民都没有足够多的收入来支撑这些服务，更不用说来自农村的流动人口了。很多人的养老金微薄，甚至没有，因为他们所依靠的企业不能为他们提供这些福利，或者是这个企业破产了，不能兑现它在繁荣时期许下的承诺。因此，中国面临着这样的挑战：确保城市居民退休后有足够的收入来源，建立起多种多样的制度体系满足他们年老后的需求，建立一个支付得起的医疗保险制度。这些机制必须要在未来十年或二十年建立起来，而那时中国还远不是一个富裕的国家。中国的优势在于，家庭纽带很强，成年子女会在他们能够照看父母的情况下照顾他们，但是正如一些国家，如韩国（或是社会保障和医疗体系建立起来之前的美国）所证明的那样，如果没有为老年人建立一个稳健的社会安全网，那么大部分老年人将在贫困中度过余生。

四 促进生产率增长的制度

最受中国政策制定者和公共知识分子关注的制度改革是与维持经济较高增长率有关的制度改革。即使中国在经济领域做的一切事情都是对的，中国潜在 GDP 增长率也将从过去 30 年 9% ~ 10% 的速度下降。经济增速下降似乎正在上演，但是经济增速下降很可能在接下来的十年出现。中国正在进行以基础设施和住房投资为主的刺激计划，类似 2009 ~ 2011 年的刺激计划可能使中国 GDP 增长速度再维持几年，但是这项支出的规模与最近的一次刺激计划正面临收益下降的困境。在未来十年或二十年，如果想将经济增速维持在 6% ~ 7% 的高位，中国需要显著提高其全要素生产率。[①]中国改革最初二十年全要素增长率高速增长得益于，苏联模式经济体系下阻碍效率和经济增长的机制的瓦解。但是，未来生产率的提高将依赖于中国建立起更有效的、全新的和高级的经济制度，而不是旧制度的解体。建立新的、高级的制度不可避免的会比简单地消除没有作用的制度更复杂、更困难。

为了维持 GDP 高速增长，需要建立的经济制度是那些能够提高资本和劳动生产率的制度。资本效率持续增加依赖于金融体系的持续改善，应进一步改革国有企业，特别是国有垄断企业，提升发展战略。已有大量文献研究如何改进金融体系，本书将在其他文章中讨论这个问题。值得注意的是中国金融体系已经进行了重大的改进。中国此前的金融体系基本由大型的国有商业银行构成，主要向国有企业发放贷款。而现在，中国有了更多的银行，以及其他重要的金融机构（保险公司、两个证券交易所和其他），私人企业和个人更容易获得银行贷款。但是，贷款决策受政治的影响还是很大，很多创新型企业几乎不能从资本市场上获得资金，或是不能获得足够的资金。因此，中国金融体系还有很大的改进空间，如果中国积极努力进行金融体系改革，那么将能大幅提高资本的效率。

改革国有企业可能是一个更困难的问题，主要是因为这些企业的政治影

---

① 一项系统分析证明了持续高速增长和全要素生产率之间的关系。请参阅 Perkins 和 Rawski（2008：829 – 86）。

响力很强大。20 世纪 90 年代末，实施国有企业重大改革花了很大的政治勇气。垄断企业产生了大量为权贵阶层服务的利润，但是也降低了在这些关键部门实施改革、提高效率的激励。大规模基础设施和住房投资放缓将导致一些行业，如钢铁业面临数年的经营困境，因为早先的决策形成的产能超过了未来任何情况下可能出现的内需。那些已经修建了大多数基础设施的大型国有建筑公司将被削减。让这些企业维持繁忙而持续上马大型国家建设项目，正如日本所做的那样，将导致中国经济如同日本那样增长乏力。中国过去十年进行的基础设施投资对中国经济增长和资本使用效率提高做出了极大的贡献，但是能够继续提高经济增长和资本使用效率的工程项目正在减少。随着中国经济转向以服务业为主的经济结构，中国需要抵制那种以牺牲新的、高效的服务提供商来支持那些低效的服务提供商的诱惑。这种模式在日本和韩国持续了数年。

资本的有效利用取决于在依靠市场力量和制定一些监管措施纠正市场失灵之间保持适当的平衡。本文开篇讨论了与这个难题有关的主要问题，并在讨论环境和金融体系改革的章节中进行了讨论。

提高劳动力的效率与提高资本的效率同样重要。需要提高低技术劳动力乃至整个劳动力的健康状况和受教育程度。有必要消除剩下的阻碍劳动力流动的障碍，使其发挥最大生产力。这些问题是本文第二部分的核心内容。对于那些高技能劳动力，主要问题是提高大学的教育质量，特别是对研究生的教育水平。研究质量的稳步提高，无论是大学、企业还是研究机构，对经济体的持续增长都至关重要。中国在这一方面的进步是显著的，技术进步已经从对产品和生产过程进行微小改进发展到研发新的产品和服务。但是，随着人均收入的不断增加，经济持续增长将更多地依赖于研发创新。

五　结论

因此，中国未来十年或二十年面临的挑战以及中国需要的新增长模式的核心是建立一个真正的现代经济和社会制度。建立新的制度，从根本上变革老的制度比解散旧的、不合适的制度更难，将会耗费越来越多的时间。随着人均收入的不断上升，经济和社会变得越来越复杂，中国经济增速将不可避免地放缓。本文阐述的需要进行制度改革的领域，在很多方面，中国已经取得了很大的进步。然而，本文主要关注中国的经济改革，经济改革通常需要伴随相应的政治改革；让中国成功实现一个现代的高收入社会所需要的政治改革可能比经济领域面临的挑战还要大。

参考文献

Eichengreen, Barrt, Perkins, Dwight H. & Shin, Kwanho, 2012, *From Miracle to Maturity*: *The Growth of the Korean Economy*, Harvard University Press, Cambridge.

国家统计局（NBS）：《中国统计年鉴 2011》，2011。

《中国统计摘要 2012》，中国统计出版社，2012。

Perkins Dwight H. & Rawski, Thomas G., 2008, "Forecasting China's Growth to 2025", in Loren Brandt & Thomas G. Rawski（eds.），*China's Great Economic Transformation*, Cambridge University Press.

Perkins, Dwight H., 2012, "China's Investment and GDP Growth Boom: When Will it End", in Masahiko Aoki & Jinglian Wu（eds.）*The Chinese Economy*: *A New Transition*, *International Economic Association*, Palgrave MacMillan.

United Nations, 2011, World Population Prospects, The 2010 Revision, Online at http://esa. un. org/wpp/Excel-Data/population. htm.

（邹晓梅 译）

中国发展中的新常态

黄益平 蔡昉 彭旭 苟琴

一 中国面临新的转型

中国在改革开放期间取得了非凡的经济成就，时常被誉为"中国奇迹"（林毅夫等，1995）。中国人均 GDP 已从 1980 年的 220 美元增长到 2012 年的 6000 美元。中国不仅已成为世界第二大经济体，最近几年对全球经济增长的贡献也达到 1/3 以上。中国已经是全球奢侈品市场、劳动密集型制造业出口市场、大宗商品市场以及外汇市场的主要参与者。许多经济学家乐观地预期，未来几十年中国经济仍能继续保持快速增长，尽管节奏在一定程度上会放缓（Perkins 和 Rawski，2008；林毅夫，2011）。

然而，结构性风险也在随着时间积累，给中国经济前景带来负面影响。温家宝同志曾经将中国的经济增长模式形容为"不协调，不平衡，低效率和不可持续"（温家宝，2006）。结构性问题包括经济增长过度依赖外需、GDP 中消费份额持续下滑、收入分配恶化以及环境污染加重等。从经济改革之初到全球金融危机结束后，中国的投资率已经从 25% 左右稳步上升至 50% 左右。

为了保持中国经济快速增长，增长模式需要做出改变，这也已成为绝大多数经济学家达成的共识（余永定，2009；黄益平，2010）。温家宝在 2003 年上任后不久就下定决心将经济增长的重心从数量转向质量，但这些试图转变经济增长模式的努力却成效甚微。事实上，许多经济学家认为过去十年经济失衡问题反而变得更为严重（Lardy，2012）。一些分析人士也认为，修正此类结构风险意味着，即使不会发生经济崩溃，中国经济增速也会明显放缓（Pettis，2013）。

> 中国将是最后一个摆脱全球危机的主要经济体……我认为，在接下来的数年中，中国将被迫重视和扭转高储蓄率问题，这是十分清楚的……这将需要十年甚至更长的时间……如果转型期间没有发生管理不善，中国 GDP 平均增长率将会在 2010～2020 年下降到 3%。

本文中我们的主要观点是，中国增长模式中一些重要的变化已经悄然发生。证据表明中国经济正朝着"新常态"转型，增长速度在放缓但也更具可持续性，尽管这一过程还处于早期阶段（黄益平，2012）。增长潜力可能从 21 世纪第一个十年的 10% 下降到第二个十年的 6%～8%。同时，经常账户顺差已经明显缩小，消费占 GDP 的份额开始回升，收入分配也稳步得到改善。[①]

我们认为，要素市场尤其是劳动力市场的变化，是推动增长模式转变的主要驱动力。中国经济改革有时被描述为"不对称自由化"，即产品市场实现自由化，而要素市场仍存在严重扭曲（黄益平，2010）。这些成本扭曲相当于是对企业的补贴，对家户却构成实质性的税收，因此在推动着强劲的经济增长的同时，也进一步导致了失衡、不平等以及低效率等问题（黄益平、陶坤玉，2010；黄益平、王碧珺，2010）。最近几年劳动力短缺以及随之而来的工资快速上涨，在很大程度上驱动着经济向"新常态"转变，增长速度会降低，但经济结构会更加平衡。

我们将就中国如何完成增长模式的转型以及避免"中等收入陷阱"提出一些政策建议。下一阶段的改革应该重点聚焦在政府与市场的关系的重新调整上。第一要推进要素市场自由化，实现向市场经济的转变。第二要建立与新兴的市场经济更为适应的宏观政策框架。第三要转变政府角色，使其从直接支持生产和投资转向促进创新和产业升级。

---

① "Michael Pettis makes 12 Fearless Predictions about China", 2012, *Business Insider*, 16 April, http://www.businessinsider.com/michael-pettis-makes – 12 – fearless-predictions-about-china – 2012 – 4.

二　GDP 增速放缓

最近几年，中国经济开始出现明显的转型迹象。这些迹象包括经济增长趋势稳步放缓和经济结构再平衡。有一些结构性变化，如经常账户盈余收窄，已经在官方统计数据中得到充分体现；还有一些改善，如消费占 GDP 的比重不断上升，目前在官方数据中尚未得到反映。而其他一些调整，比如收入分配的改善，虽然得到官方估计的肯定，却遭到许多经济学家的强烈反对。笔者认为，受要素市场变化的主要驱动，中国经济结构的改善是真实存在的。

从 2011 年起，GDP 增长开始减速，这在一定程度上源于政府的紧缩政策。在临近 2012 年第一季度末时，GDP 增速很快滑落到 8% 以下的可能性已经非常明显。2012 年 3 月起，政府采取了支持正在开展的水利、电力和交通运输等领域的基础设施项目的一系列措施来稳定经济增长。但即便是在这样的政策努力下，GDP 增长率仍从第一季度的 8.1% 持续下降到第三季度的 7.4%。

回顾过去，两方面的特殊因素可能导致了经济持续减速。一方面，出口增速 2011 年在上半年接近 8%，7 月和 8 月则下降到 2% 左右；另一方面，2011 年 4 月开始实施的房地产限购政策导致居民财产性投资增速下降，从 2011 年的 30% 下降到 2012 年第三季度的不足 10%。增长减速引起了国际投资者对中国经济硬着陆的再度担忧。许多金融市场参与者声称决策者"远远跟不上形势"，一再呼吁采取积极的政策以支持经济增长。

然而，由于三方面原因，政策制定者保持相对冷静，而且似乎也愿意容忍经济增长出现些许放缓（黄益平，2012）。第一，在全球金融危机期间实施了 4 万亿元的经济刺激计划后，许多政府官员不愿再采取激进措施支持经济增长。该计划曾在 2009 年成功扭转经济增长下滑现象。然而许多经济学家认为，该计划增加了财政风险，制造了不良贷款，导致部分基础设施领域产能过剩，并引发了通胀和资产泡沫。2011 年底当增长再次开始放缓时，决策者们变得更为谨慎，避免过度刺激经济。

第二，对目前经济增长潜力的估计大致都落在 6%～8% 这样一个区间。

世界银行估计认为，中国经济增长潜力在 2011～2015 年为 8.6%，在2016～2020 年为 7% （WB & DRC，2012）；蔡昉和陆旸（2012）估计中国的经济增长潜力在 2011～2015 年平均为 7.2%，在 2016～2020 年平均为 6.1%（见图 1）；在一项关于经济增长的跨国研究中，Eichengreen 等（2011）推测中国经济增长潜力 2011～2020 年年均增长 6.1%～7.0%，2021～2030 年年均增长 5.0%～6.2%。同样，亚洲开发银行与北京大学的一项联合研究也认为，2011～2020 年中国的经济增长潜力为 8%，2021～2030 年为 6%（Zhuang、Vandenberg 和 Huang，2012）。

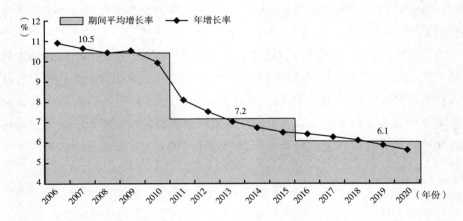

图 1　GDP 潜在增长速度估计

资料来源：蔡昉和陆旸（2012）。

第三，尽管 GDP 增长减缓至低于 8% 的水平，就业和通胀等指标却显示没有必要采取激进的宽松政策。CPI 通胀率率先放缓，从 1 月的 4.5% 下降到 10 月 1.7% 的低谷，但在接下来的几个月里又缓慢回升到高于 2%。劳动力市场也具有惊人的弹性，尽管 2012 年经济增长放缓，劳动力市场仍创造了 1270 万个新就业机会。农民工数量达到 1.63 亿人，比上一年增加 470 万人，从事非农工作的农民总数达到 2.63 亿人，在一年内增加了 980 万人。25 个省份调整了最低工资标准，将全国平均最低工资提升了 20.2%。农民工月平均工资达 2290 元（363 美元），比上年增长 11.8%。

因此，政策制定者不再热衷于保证 8% 以上的增长。这主要是因为随着经济发展水平的提高和劳动力市场状况的紧张，经济增长潜力已经很低。仅仅在 2012 年，适龄劳动人口数量就下降了 350 万。可以将谨慎的宏观经济政策看作政府将经济增速控制在新的潜在增长率附近的一项策略，当然如果失业率意外上升，政府也可能再次实施更积极的政策以支持经济增长。

三　经济再平衡

所谓"新常态"，并不仅仅指经济增长速度下降。近年来，经济显示出明显的再平衡迹象。例如，经常账户盈余占 GDP 的比值从 2007 年的 10.8%降至 2011 年的 2.8% 和 2012 年的 2.6%（见图 2）。主要依据这项判断，中国人民银行副行长易纲宣称人民币汇率已接近均衡水平。而美国总统奥巴马的前首席经济顾问劳伦斯·萨默斯于 2013 年 1 月也指出，人民币低估程度已经小于五年前。近年来，人民币汇率的双向波动以及资本的双边流动实际上已经开始出现。

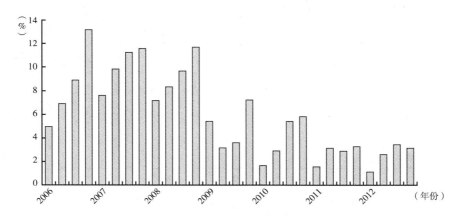

图 2　2006～2012 年经常账户盈余占 GDP 的比重

资料来源：国家统计局。

经济再平衡的另一个表现是，区域间发展不平衡程度降低，城乡收入差距缩小（见图 3）。这是农业获得更强的政策支持、农产品价格更快上涨以及农村生产力稳步提升的综合结果。此外，直到最近，中国改革的成功还主要体现在沿海地区。然而，得益于政府的"西部大开发"政策、制造业企业的迁移以及西部丰富的资源禀赋，目前内陆经济增速已经快于沿海地区（见图 4）。

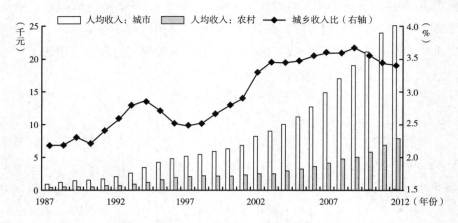

图 3　1987～2012 年城乡收入差距

资料来源：CEIC。

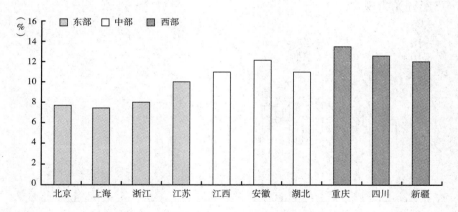

图 4　2012 年中国东、中、西部地区 GDP 增长率

资料来源：CEIC。

2013 年 1 月中旬，国家统计局公布了 2003～2012 年基尼系数测算值，数据显示基尼系数从 2003 年的 0.479 增加到 2008 年的 0.491，表明收入分配在此期间持续恶化；此后基尼系数又逐年降低，2012 年为 0.474，表明 2008～2012 年收入分配逐年改善（见图 5）。如果这一官方数据能够得到证实，则可能是中国经济发展的另一个重要转折点。不过许多中国经济学家对这一结果仍持怀疑态度。例如，最近西南财经大学的一项研究表明 2010 年基尼系数为 0.61。对官方数据的一种批评认为统计局忽略了家庭包括不动产在内的财产性收入的差距；另一种批评则认为高收入群体很可能存在低报收入的情况。

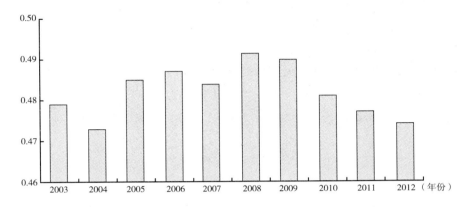

图 5　国家统计局估计的基尼系数（2003 ~ 2012 年）

资料来源：国家统计局。

官方数据还表明，消费对 GDP 增长的贡献从 2007 年约 1/3 增加到 2010 年的 52%（见图 6）。张军和朱天两位经济学家更进一步提出，由于对住宅消费的低估、部分消费被算作机构（企业）支出以及居民调查方法中的技术性问题，中国的消费比重被严重低估。他们发现，宾夕法尼亚大学世界表（Penn World Table）估计的 2010 年消费比重为 60.9%（当年中国官方公布的数值为 47.4%），相比于该表所估计的 1990 年 58.9% 的消费比重，并未

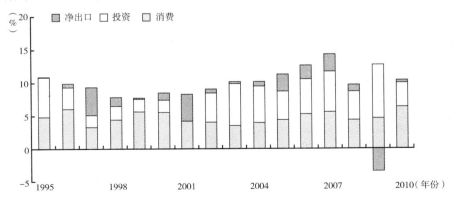

图 6　GDP 增长的贡献因子（1995 ~ 2010 年）

资料来源：CEIC。

呈现出官方统计显示的下降趋势。

黄益平和其合作者近期的研究发现，消费占 GDP 的比重已经在 2008 年后开始上升，尽管这一趋势尚未完全反映在官方统计中。他们认为 2008 年后零售额的加速提升与官方统计数据公布的消费的减缓存在内在矛盾。如果用与消费相关的零售收入增速与服务收入增速的加权平均值估算新的消费增长率，可以发现过去十年的大部分时间内消费占 GDP 的比重在下降，这与官方数据表明的情况相同；但 2008 年以来消费占比则从 48% 反弹到 2010 年的 52%，与之相比，2010 年官方估计值仅为 47%（见图 7）。

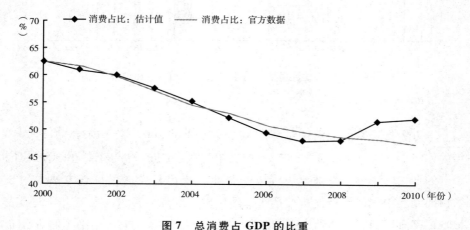

图 7   总消费占 GDP 的比重

资料来源：黄益平等（2012，2013）。

上述分析在最初发表后遭到了质疑。[①]一些评论者认为，2008 年底实施四万亿元经济刺激计划后会产生严重的结构问题，因此他们很难接受上述关于结构发生好转的发现。其他人则认为，由于政府并未实施坚决的改革，很难想象会出现结构改善。然而，接受此观点的经济学家在逐渐增多。李稻葵

[①]　一些质疑该项研究的文章："Optimists" View on China's Economy Suffers from Fatal Flaws（South China Morning Post, 30 January 2012）, China is not Rebalancing a) Yet, or b) Enough（Financial Times, http://ft.com/alphaville）, China's Rebalancing Will Not be Automatic（EastAsiaForum.com）。同时也有一些赞成的文章：The Incredible Shrinking Surplus: At least One of China's Economic Imbalance is Narrowing（The Economist, 18 February 2012）and All Hail the Chinese Shopper（Financial News, 27 February 2012, http://www.efinancialnews.com/story/2012-02-27/hail-the-chinese-shopper）。

和徐翔在 2012 年采用不同的方法得到了类似的发现。通过重新计算中国家庭消费支出，他们发现，家庭消费的比重从 2007 年的 36% 反弹至 2011 年的 38.5%（见图 8）。

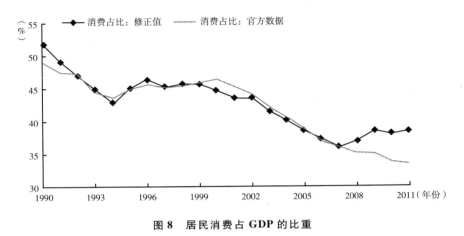

图 8 居民消费占 GDP 的比重

资料来源：李稻葵和徐翔（2012）。

四 驱动新发展模式的关键因素

更慢但更可持续的经济增长，以及更为平衡的经济结构，是我们所说的中国"新常态"经济发展模式的关键特征。尽管中国政府在过去十年做出很多认真的努力，但是推动中国经济转型的关键力量是要素市场的变化，尤其是劳动力市场。劳动力市场出现短缺，促使工资快速上涨，降低了经济增速，抬高了通胀压力，改善了收入分配，推动了经济再平衡，并加快了产业升级（黄益平等，2011）。

经济学家提出了多种分析框架来解释中国经济在过去几十年间的变化。林毅夫、蔡昉和李周（1995）认为，中国经济成功的关键在于从重工业导向转变为比较优势导向的发展战略。Barry Naughton（1995）用"计划外增长"来描述中国改革的本质，即在支持原有中央计划经济活动以及国有企业的同时，允许市场导向的私营部门的增量增长。不过，Sachs 和 Woo（2000）也指出，中国经济的成功并没有太多的特殊性，可以用其与典型的东亚市场体系的趋同来给出大部分解释。

尽管视角和观点有所差异，这些经济学家都同意改革的关键在于从中央计划经济转向市场经济体制。这当然是正确的，但并不全面。在最近一系列研究中，我们认为中国经济出现高速增长和结构风险不断上升的根本原因，是改革期间采取的不对称市场化做法（黄益平，2010；黄益平和陶坤玉，2010；黄益平和王碧珺，2010）。产品市场的自由化确保了生产决策按经济体内供求状况做出，从而使资源得到有效配置；要素市场的扭曲为经济中的一些个体提供了激励，有时还为克服市场失灵提供了途径。

要素市场扭曲，包括限制劳动力在城市和农村地区之间流动的户籍制度；对银行存贷款利率的直接控制；政府机构对能源价格，尤其是石油价格的调节；向投资者提供廉价土地；等等。多数情况下，这些扭曲压低了投入成本。当然劳动力是一种特殊情况，因为劳动力市场的分割到底会降低还是增加劳动力成本还并不明确。但作为典型的刘易斯二元经济体，丰富的农村劳动力为中国提供了无限的劳动力供给，因此在很长一段时间里劳动力成本都很便宜。虽然廉价能源、资本和土地对推动制造业发展也很重要，但无限的劳动力供给和低廉的劳动力成本，可以说是决定中国在国际市场上竞争力的最重要的因素。

低投入成本，包括低劳动力成本，对企业而言相当于一项补贴，对家户则相当于一项税收。通过压低投入成本，人为地提升了生产利润，增加了投资回报，提升了中国出口的国际竞争力。低投入成本形成了使收入从家户向企业转移的再分配机制。过去这些年，家户收入在很大程度上受制于停滞的工资水平，而企业利润增长比家户收入增长快得多。

随着时间的推移，低投入成本也导致了结构性问题。第一，这种显著的激励导致 GDP 中出口和投资比重不断增加；第二，国民收入中企业利润份额的上升会增加国民储蓄率，因为企业储蓄率一般要高于家户储蓄率；第三，低收入家庭更多地依赖工资性收入，而高收入家庭更多地依赖企业利润以及投资回报，所以家庭间收入分配也更为恶化；第四，由于家户收入增速慢于 GDP 增速，GDP 中消费份额不断下降；第五，能源、资本和其他资源不寻常的低成本导致企业的生产行为更加浪费。

近期要素市场的变化是促使中国经济向"新常态"模式转变的主要原因。一项近期研究表明要素成本扭曲已经开始发生转变（黄益平等，2011）。劳动力市场表现出供给短缺的迹象，这也被工资近年来的加速上涨所证实（见图9）。影子银行业务的发展，为"事实上的利率自由化"敞开了大门。此外，政府还一直在试图改革能源、水和其他资源的定价。

刘易斯拐点，即劳动力市场从无限供给转向短缺，对中国的宏观经济具有重要的意义（黄益平和蔡昉，2010）。工资的快速增长，尤其是在低端市场，会直接降低企业的利润率。而这就会使过去的收入从家庭转移到企业的再分配机制得到纠正。随着这些中国企业的隐性补贴的减少，出口和投资活动会减弱，经济将因此实现再平衡。应用可计算一般均衡模型，黄益平和蒋庭松（2010）详细分析了刘易斯拐点对中国经济产生的全面影响。

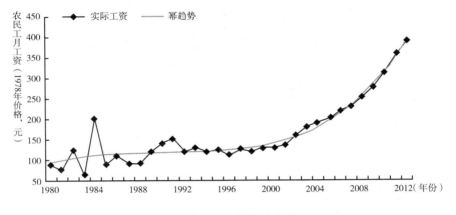

图9　农民工工资迅速上升

资料来源：卢锋《就业扩张与工资增长（2001~2010年）》，北京大学中国宏观经济研究中心，2012。笔者用国家统计局2012年的数据进行了更新。

也许，近年来增长潜力下降和通胀压力上升比较容易理解。随着经济的发展，增长会放缓，这是一个全球普遍的现象。这是因为与世界技术前沿的差距缩小，意味着更小的后发优势（林毅夫，2012）。但是，中国人口结构的变化，包括劳动力短缺和适龄劳动人口数下降，进一步加速了中国经济增长的放缓。出于同样的原因，工资会迅速上涨，也会造成通胀压力，而成本上升只能通过更高的产出价格、更小的利润率、更快的生产率增长或者几者综合来加以吸收。

那么，是什么推动着近年来消费占GDP的比重上升呢？答案是家庭收入。当劳动力存在无限供给时，快速工业化进程中的工资率能相对保持稳定，工资收入占GDP的比重会呈现下降趋势。而在劳动力出现短缺、工资迅速上涨时，这一趋势会发生逆转，工资收入在 GDP 中的份额重新回升。事实上，劳动收入占 GDP 的比重已从 2007 年的 41% 增长到 2009 年的 47.1%（见图 10），这反过来又刺激了消费占比。20 世纪 80 年代中期韩国和中国台湾发生过类似现象，当它们各自经历刘易斯转折点后，消费占比开始复苏（见图 11）。

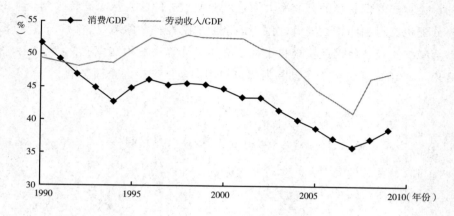

图 10　劳动收入和消费占 GDP 的比重

资料来源：李稻葵、徐翔《中国经济的再平衡》，CCER-NBER 中国经济讨论会，北京大学，2012 年 6 月 25～26 日。

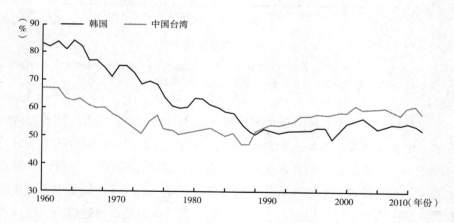

图 11　韩国和中国台湾 GDP 中私人消费占比

资料来源：CEIC。

国家统计局强调的近期收入分配改善很可能也是由工资的快速增长引起的，因为低收入家庭更多地依赖于工资性收入，而高收入家庭则依靠投资回报或企业利润。如果说过去的趋势是家庭补贴企业，那么新的趋势将是从企业到家庭的收入再分配，因为劳动力成本上升会增加工资性收入而挤压企业利润。这大概就是为什么在快速发展的经济体中，所谓的库兹涅茨转折点常常伴随着刘易斯转折点（黄益平和蔡昉，2010）。

五　下一步会如何？

当然，中国的经济再平衡还处于初级阶段。根据我们的估算，2010年中国消费占 GDP 的比例为 52%，还远远低于全球发达国家和发展中国家 70% ~ 90% 的普遍范围。而工资收入的持续调整会成为缩小这个差距的部分原因。众望所归的未来的利率市场化，也将提升存款利率水平，并进一步促进经济再平衡。不过要想完全转变经济发展模式，可能还需要更多的改变，比如采取措施在初次分配之外进一步改善收入不均，进一步发展包括养老金、医疗保险和教育在内的社会福利体系，以及推进金融体系自由化和资本账户开放。

工资水平的提升所构成的第一轮成本冲击已经带来了显著的经济结构调整。沿海地区的劳动力密集型制造业要么在寻求迁入西部省份或其他低收入国家，要么在实现产业价值链上的升级转型。但由于内陆省份的生产成本同样在快速上升，中国的部分劳动密集型产业，特别是出口导向部门的产业的萎缩很可能比之前的众多预计来得还要快。

由资本成本和能源价格增加所构成的第二轮成本冲击，可能会对中国经济产生更深远的影响。成本趋向于正常化的上升过程背后所反映的仍然是中国经济的大规模的资源错配，而重工业和高杠杆率产业尤为明显。这些行业中的绝大多数企业是建立在被扭曲的激励制度上的国有企业，一旦资本和能源成本上升，其中一部分看似利润充裕的公司就可能陷入财务困境。而这将无可避免地带来大规模的行业整合，甚至不排除导致中国发生经济改革以来的首次经济衰退。

然而，经济的再平衡并不会像一些研究者（Pettis，2013）所预期的那样，成为经济开始进入停滞阶段的标志。不妨以金融抑制为例，它在压低了正规部门尤其是国有企业的资本成本的同时，也抬高了正规部门之外的资本成本。因此，资本成本趋向于正常的过程虽然会导致国有部门经济活动面临一段时间的萎缩，但同时也会增强非国有部门获得信贷的可能性，降低它们的资本成本，使相关的经济活动繁荣起来。值得读者注意的是，非国有部门的工业产出现在已经占到了全国总量的80%。

在跻身高收入国家行列的万里长征中，经济增长成功转向"新常态"的过渡将仅仅是中国经济迈出的第一步。在人均GDP达到中等收入水平且劳动力成本快速上升的当下，中国经济将面临一个更大的挑战，即所谓的"中等收入陷阱"。一般来说，可以将"中等收入陷阱"定义为经济体在低附加值产业上逐渐失去竞争力，而又难以成功向高附加值产业转型时所面临的两难处境（Zhuang、Vandenberg和Huang，2012）。无限劳动力供给、低成本优势和进口的快速增长这三项重要条件支撑了经济过去的快速成长，而在它们逐步消失的现今，中国的产业部门已经感受到了明显的压力。根据世界银行2012年的分析报告，在过去的半个世纪中，88个中等收入经济体只有13个成功跨越了"中等收入陷阱"，成为高收入经济体。

对中国继续保持相对高速经济增长的怀疑建立在以下一些理由上。首要的担心是中国经济目前的增长模式是不可持续的。如果失衡、低效率与不平等问题得不到迅速改善，可能将严重制约中国经济的未来发展。然而很不幸，正如有的研究者指出的那样，提高增长质量上的政策努力实际收效甚微，起码是在官方数据上没有得到体现（Lardy，2012）。还有一些研究者认为增长模式的改善是可能实现的，但必须要以经济的显著放缓作为代价（Pettis，2013）。

市场导向的经济改革之外，第二个忧虑是政治改革缺乏进展。以往的改革模式已经走向吴敬琏称作的"国家资本主义"，[①] 这在很大程度上可以解释垄断、腐败和不平等问题的不断涌现。国有企业就是一个攫取型经济组织的典型代表，通过压制成本价格，以及限制其他竞争者对其贸易和商业领域的进入，获取了垄断利润。更为危险的是，除非发生强烈的社会震荡，中国经济可能因为缺乏摆脱这种经济路径的足够动力，从而被迫在老路上越走越远。如果缺乏必要的政治改革来改善现有的政治和经济组织，中国的经济增

---

① 胡舒立："Fast-track China is on the Wrong Path"，2011，Interview with Wu Jinglian，*Wall Street Journal*，Asia Edition，July 28，http：//online.wsj.com/article/SB10001424053111904800304576471393143140106.html。

长迟早将陷入瘫痪（Acemoglu 和 Robinson，2012）。

第三个忧虑在于中国产业创新和升级的潜力。截至目前，中国经济的增长还主要依赖于低成本的相对优势、持续增加的投入以及通过改善资源配置所提高的生产力水平（例如农村到城市的劳动力迁移）。但克鲁格曼在1994年的文章中已经指出，建立在资源流动性改善上的经济增长天然是不可永久持续的。那么科技创新能否替代资源流动性改善，成为未来中国经济增长的新引擎呢？成千上万的劳动力移民们受教育水平上的不足是一个显而易见的限制。如果他们失去在低技术要求的制造业和建筑业上的工作，可能难以获得在高科技和高附加值行业的就业机会。此外，外资公司所一直抱怨的中国法律环境对知识产权保护的欠缺，也同样可能会限制科技创新的动力。

虽然这三方面的担忧都是实实在在的，但也不应当被过分夸大。尽管经济再平衡尚未得到投资者和经济学家们的充分认知，但它实际上已经悄然发生。而未来从提高经济增长质量出发的进一步放松要素市场，以及推进政治改革的努力，则会使中国经济的再平衡过程日臻完善。

消除腐败和保持政治稳定性都需要政治改革，但中国的政治改革在近期似乎还不太可能采取西方式的民主制度，目前的政治体制下经济增长的潜力也似乎已经发挥殆尽。要保持经济增长，经济组织极其关键，但不同发展阶段的经济体所需要的最优的组织机构其实并不一样。二战以后，适用于发达经济体的经济组织形态被推崇备至，并作为华盛顿共识被灌输到发展中国家进行应用，然而其结果却难尽如人意。一个重要的原因可能是，科技创新和科技追赶所需要的组织类型可能是不同的。如果这个判断成立，那么在人均GDP 处于6000美元的水平下，中国可能还可以凭借科技追赶来释放很大的增长潜力。

仅就创新而言，中国也已经取得了长足的进步。相对于其他发展中国家，中国的科技腾飞要早得多——中国在人均 GDP 刚刚触及 3000 美元的时候，科研投入占 GDP 的比例就达到了1%，而一般而言，其他发展中国家在达到相同的科研支出比例时，人均 GDP 平均都达到了 8000 美元。即便从全球范围来看，中国也已经在研发投入、专利授权和研发效率（用专利授权和研发费用的比值来衡量）方面处于领跑行列。持续性的技术创新和产业升级已经在包括手机通信、大型机械制造和信息技术行业在内的一大批产业中出现。当然知识产权保护的不足是对科技创新的一大拖累，不过中国已经在全国范围内建立了知识产权法律体系，知识产权诉讼的数量也在飞速增长。而根据国际经验，知识产权保护的增强将能显著促进本土创新。

我们认为未来的一个很大的困难在于提高劳动力质量，或所谓的人力资本。中国步入高收入国家的进程中的产业升级会持续将雇员从劳动力密集型部门转移到资本密集型部门，并进一步转移到科技密集型部门。中国的既往经验表明，将工人从第二产业内的劳动力密集型部门转移到资本密集型部门，平均需要 1.3 年的教育年限；而进一步将其转移到第三产业中的科技密集型部门还需要另外 4.2 年的教育年限。但人力资本只能是缓慢地完成积累，以中国 16 岁及以上人口的平均受教育年限为例，1990 年的数字是 6.24 年，在 2000 年升至 7.56 年，十年内净增加了 1.32 年，而十年后的 2010 年则升至 8.9 年，比 2000 年增加了 1.34 年。

目前中国共有 2.6 亿农民工，绝大多数只有初中学历。在工资快速上升的情况下，他们是否能在高附加值产业岗位中谋得一席之地，将是中国能否跨越"中等收入陷阱"的关键检验。若劳动力不能进入高附加值产业，那么中国的经济增长可能不仅将陷入迟滞，甚至可能会面临大规模的失业问题。因此，通过教育和培训提高劳动力质量应当是未来十年、二十年政策上优先考虑的任务。

六　政策建议

中国的市场经济改革是不完全的。这种状况，特别是要素市场的普遍扭曲，带来了中国经济增长的成功，但也引发了诸如结构性风险在内的很多问题。近期，要素市场的变化，包括劳动力短缺和工资快速上涨，已经减慢了经济增速，推动了经济再平衡，这二者都是经济发展"新常态"的关键特征。

这一再平衡趋势不应与一些周期性变化相混淆。例如，尽管在总体趋势上投资在 GDP 中的份额会降低而消费份额会上升，但是 2013 年初的情形却与此相反。由于基础设施支出是近期唯一不确定的因素，政府稳增长的政策不可避免地会引发增长速度的反弹。不过，政府增长目标已经低多了。同时，消费特别是高端消费支出，也受到了政府打击腐败活动的负向影响。

这些暂时性的干扰不会扭转经济再平衡的总体趋势，除非政府会再次推动投资导向型增长模式。尽管这样的政策不大可能发生，但风险却仍然存在。新一届政府致力于加速城镇化进程，这将会推动进一步的投资。同时，地方政府已经再次计划推出大规模的投资项目。不过，地方投资项目将主要受制于其融资能力。而北京方面对地方乃至中央投资项目予以适当控制对经济再平衡过程的延续将至关重要。

但是，仅仅依靠再平衡过程自身是不够的，还需要进一步的政策改革以实现向新常态转型以及避免中等收入陷阱。前国家主席胡锦涛认为，下一阶段的改革应围绕重塑政府与市场的关系这一中心主题（胡锦涛，2012）。我们认为，这可能包括如下三个领域的重要政策改革。

第一，如果说中国在改革前属于非市场经济，在改革最初三十年属于半市场经济，那么现在就是消除现存扭曲，特别是要素市场扭曲，从而转向全面市场经济的时机。

第二，中国需要建立一套与新兴的市场经济更加适应的宏观经济政策体系，包括可问责的财政预算体系和专业化的货币政策制定机制。中国的宏观经济政策框架在本质上仍保持着行政性质。例如，和四万亿元刺激政策相关的很多问题与扩张性政策的初衷并不符合，而是与投资项目由银行、国企以及地方政府支持和实施相关。

第三，政府角色需要从通过调配资源直接支持生产和投资，转变为通过支持发展软硬件基础设施促进创新和产业升级。这包括加大支持全国教育和科研体系，以及促进知识产权的保护。在可见的未来，一项关键考验就是提升数量巨大的农民工的技能，他们中的绝大部分只受过不足 7 年的教育。为农民工们设置培训项目，以使他们在当前的雇主因快速上涨的成本而被淘汰后，能转移到新的行业，这是非常重要的。

参考文献

Acemoglu, Daron & Robsin, James A. , 2012, *Why Nations fail: The Origins of Power, Prosperity and Poverty*, Crown Publishers, New York.

Cai, Fang (ed.), 2007, *Reports on China's Population and Labor, No. 8: The Lewisian Turning Point and Policy Challenges* (in Chinese), Social Sciences Academic Press, Beijing.

Cai, Fang & Lu, Yang, 2012, "At What Rate can Chinese Economy Grow in the Next

10 Years?", (in Chinese) in Jiagui Chen et al. (eds.), *Chinese Economy Blue Cover Book* 2012, Social Sciences Academic Press.

Cai, Fang & Wang, Dewen, 2006, "Employment Growth, Labor Scarcity and the Nature of China's Trade Expansion", in Ross Garnaut & Ligang Song (eds.), *The Turning Point in China's Economic Development*, Asia Pacific Press, Canberra.

Cai, Fang & Wang, Meiyan, 2008, "A Counterfactual Analysis on Unlimited Surplus Labor in Rural China", *China & World Economy*, Vol. 16, No. 1, pp. 51 – 65.

Eichengreen, Barry, Park, Donghyun & Shin, Kwanho, 2011, "When Fast Growing Economies Slow Down: International Evidence and Implications for China", NBER Working Paper 16919.

Lu, Feng, 2011, "Employment Expansion and Wage Growth (2001 – 2010)", China Macroeconomic Research Center, Peking University, Beijing, 12 June. The New Normal of Chinese Development 53.

Garnaut, Ross & Huang, Yiping, 2006, "Continued Rapid Growth and the Turning Point in China's Economic Development", in Ross Garnaut & Ligang Song (eds), *The Turning Point in China's Economic Development*, Asia Pacific Press, Canberra.

Hu, Jintao, 2012, "Firmly March on the Path of Socialism with Chinese Characteristics and Strive to Complete the Building of a Moderately Prosperous Society in all Respects", Political Report Delivered at the 18th National Party Congress, 8 November 8, Beijing.

Huang, Yiping, 2004, "A Labor Shortage in China", *Wall Street Journal*, A7, 6 – 8 August.

"Dissecting the China Puzzle: Asymmetric Liberalization and Cost Distortion", *Asia Economic Policy Review*, 2010, Vol. 5, No. 2, pp. 281 – 95.

"The 'New Normal' of Chinese Growth", *East Asia Forum*, 14 October, 2012, http://www.eastasiaforum.org/2012/10/14/the-new-normal-of-chinese-growth/.

Huang, Yiping & Cai, Fang (eds.), 2010, "Debating China's Lewis Turning Point", *China Economic Journal*, Vol. 3, No. 2.

Huang, Yiping & Kunyu, Tao, 2010, "Factor Market Distortion and the Current Account Surplus in China", *Asian Economic Papers*, Vol. 9, No. 3, pp. 1 – 36.

Huang, Yiping & Jiang, Tingsong, 2010, "What Does the Lewis Turning Point Mean for China? A Computable General Equilibrium Analysis", *China Economic Journal*, Vol. 3, No. 2, pp. 191 – 208.

Huang, Yiping & Wang, Bijun, 2010, "Cost Distortions and Structural Imbalances in China", *China and World Economy*, Vol. 18, No. 4, pp. 1 – 17.

Huang, Yiping, Chang, Jian & Yang, Lingxiu, 2011, *China: Beyond the Miracle—China's Next Transition*, September, Barclays, Hong Kong.

"*China: Beyond the Miracle—Great Wave of Consumption Upgrading*", January, 2012, Barclays, Hong Kong.

"Recovery of Consumption and Rebalance of the Economy in China", *Asian Economic Papers*, 2013 Vol. 12, No. 1, pp. 47 – 67.

Krugman, Paul, 1994, "The Myth of Asia's Miracle", *Foreign Affairs*, November/December, Vol. 73, No. 6, pp. 62 – 78.

Lardy, Nicholas R., 2012, *Sustaining China's Economic Growth after the Global Financial Crisis*, Peterson Institute of International Economics, Washington DC.

Li, David & Xu, Sean, 2012, "The Rebalancing of the Chinese Economy", CCER-NBER conference on the Chinese Economy, Peking University, 25 – 26 June, Beijing.

Lin, Justin, 2011, *Demystifying the Chinese Economy*, Cambridge University Press.

Lin, Justin, 2012, *The Quest for Prosperity: How Developing Economies Can Take off?* Princeton University Press.

Lin, Justin, Cai, Fang & Li, Zhou, 1995, *The China Miracle: Development Strategy and Economic Reform*, The Chinese University of Hong Kong Press.

Naughton, Barry, 1995, *Growing Out of the Plan: Chinese Economic Reform, 1978 – 1993*, Cambridge University Press.

Perkins, Dwight & Rawski, Thomas G., 2008, "Predicting the Chinese Economy by 2025", in Loren Brandt & Thomas Rawski (eds.), *China's Great Economic Transformation*, Cambridge University Press.

Pettis, Michael, 2013, *Great Rebalancing: Trade, Conflict, and Perilous Road Ahead for the World Economy*, Princeton University Press.

Sachs, Jeffrey D. & Woo, Wing Thye, 2000, "Understanding China's Economic Performance", *Journal of Policy Reform*, Vol. 4, No. 1, pp. 1 – 50.

Tian, Zhu & Jun, Zhang, 2012, "Is China's Consumption Rate too Low?", Finance Times Chinese Website (http://www.ftchinese.com/story/001048246/? print = y).

Wen, Jiabao, 2006, Government Work Report, Delivered at the National People's Congress meeting, 5 March, Beijing.

World Bank & Development Research Center of the State Council (WB & DRC), 2012, *China: 2030—Building a Modern, Harmonious, and Creative High-Income Society*, March, Washington D. C. & Beijing.

Yu, Yongding, 2009, "Chinese Policy Responses to the Global Financial Crisis", Richard Snape Lecture, 25 November 2009, Productivity Commission, Melbourne, Australia.

Zhuang, Juzhong, 2013, Vandenberg, Paul & Huang, Yiping, "Growth Beyond Low-Cost Advantages: Can the People's Republic of China Avoid the Middle-Income Trap?", October, Asian Development Bank & Peking University, Manila & Beijing.

（彭　旭　苟　琴　译）

中国人口红利的终结：
一个潜在 GDP 增长的视角

蔡昉　陆旸

引　言

在过去的 30 余年中，人口红利推动了中国的高速经济增长。其传导机制是，劳动年龄人口增长保证劳动力充分供给，抚养比（被抚养人口与劳动年龄人口之比）下降产生了高储蓄率，而高储蓄率正是资本供给的重要条件。同时，劳动力无限供给阻止了资本边际报酬递减，从而保证了高资本投入可以成为高速经济增长的源泉（蔡昉和赵文，2012）。

文献中已经对人口红利进行了很好的解释（Bloom 和 Williamson，1998；Williamson，1998），人口红利并非人口总量问题或人口增长问题，而是一个人口结构问题。简单概括来说，当劳动年龄人口占总人口的比重较大、抚养比较低时，整个国家会呈现出高储蓄、高投资、高增长的局面，此时就出现了人口红利。在经济高速发展的时期，人们很少能够预见到，人口年龄结构可能成为制约中国经济发展的因素。

但是，人口结构是一个动态变化的过程。随着人口老龄化、劳动年龄人口停止增长以及人口扶养比停止下降，人口红利将会消失。然而，在争论刘易斯转折点的过程中，Garnaut（2010）指出，如果用刘易斯转折时期取代刘易斯转折点，就能够捕捉到中国区域之间的差异。如果接受这个建议，我们将首次出现劳动力短缺和农民工工资开始上涨的 2004 年作为刘易斯转折时期的起始点，15~59 岁劳动年龄人口出现峰值的 2010 年作为刘易斯转折时期的截止点（见图 1）。由于中国目前已经经过了这样一个时期，经济理论预示的结果成为现实。也就是说，劳动力短缺、资本边际报酬递减、储蓄率下降将引起经济增长率下降。中国近些年已经出现了上述现象，特别是2004 年之后。

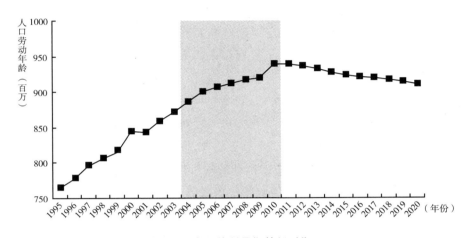

图 1　中国的刘易斯转折时期

资料来源：中国发展研究基金会（2012）。

潜在 GDP 增长率由供给因素决定，包括劳动力、资本和全要素生产率（TFP）。在增长核算方程中，如果劳动参与率和自然失业率〔例如，非加速通货膨胀的失业率（NAIRU）〕保持不变，劳动年龄人口减少将直接降低潜在增长率。此外，劳动力供给减少使得资本边际报酬递减并增加了扶养比，抚养比上升导致储蓄率下降，进而不能对资本快速积累提供保证。因此，当其他因素保持不变，中国劳动年龄人口出现不可逆转的下降，将不可避免地导致经济增长放缓。

事实上，中国人口转变进程要快于一般人们的认识。特别是，中国特色劳动年龄人口（15 ~ 59 岁）减少的速度更快。① 中国发展研究基金会《中

---

① 虽然我们通常采用 15 ~ 64 岁作为劳动年龄人口，但是中国的退休年龄中，男性为 60 岁，女性大部分为 55 岁。中国最大的特点不仅仅在于受教育年限低，而在于随着年龄的提高，其受教育程度是在迅速下降的，即我们的退休年龄是官方规定的，而由于年龄偏大的劳动者受教育水平是很低的，因此超过 60 岁，退休人员继续就业的可能性就是微乎其微的。因此，15 ~ 59 岁人口是中国特色劳动年龄人口。

国发展报告 2012》在"六普"数据基础上预测了中国人口结构变动，报告显示，按照现有趋势，中国 15～59 岁的劳动人口从 2011 年已开始减少，与此同时，基于 15～59 岁劳动年龄人口计算出的人口扶养比在 2011 年同时开始增加。即使从现在开始执行"单独二胎"政策（夫妻一方是独生子女可生二胎），也无法改变中国劳动年龄人口绝对数量递减的趋势。考虑到人口因素已经对中国经济增长的决定因素（包括劳动力供给和储蓄率、资本边际报酬和全要素生产率）产生了长远影响，人口年龄结构的变化一定会降低中国的潜在 GDP 增长率。

基于最新的人口数据，本文的模拟结果显示，中国的年平均潜在增长率在 1995～2009 年为 9.8%，到"十二五"时期（2011～2015 年）年平均潜在增长率将下降为 7.2%，到"十三五"时期（2016～2020 年）将进一步下降到 6.1%。因此，如何促进中国经济的可持续发展将成为未来很长一段时间内的重要课题。在给出具体政策建议之前，我们首先需要针对潜在经济增长率问题强调以下两点。

第一，政府不应该人为地将实际增长率超过潜在增长率。因为潜在增长率是现有要素在充分就业的情况下所能达到的水平。如果人为刺激经济增长，实际经济增长率远离潜在经济增长率时，可能会产生一系列负面的经济和社会影响。例如，经常采用经济刺激计划将导致通货膨胀，对无效率的企业和落后产能进行过度的产业政策将导致产能过剩，对大量的工业和地区补贴将导致生产要素价格扭曲，并最终使产业结构偏离比较优势。

第二，通过提高劳动供给、资本供给和提高生产率的方法，可以改变潜在增长率。但是这就需要在各领域进行深化改革，例如，户籍制度改革和工业改革。换言之，经济改革是中国经济可持续增长的关键。Kharas（2011）指出，对中国来说，改革的效果可能需要 10 年或更长的时间才能显现。这就意味着中国政府在启动改革过程中不能浪费时间，同时中国政府也要做好接受低经济增长率的准备。然而，目前仍然存在着提高中国潜在增长率的一些改革机会。我们在下文中进一步讨论。

由于中国人口结构的变化趋势使得中国未来潜在经济增长下降，本文劝告政府不要采用人为的政策措施使实际增长率超过潜在增长率。但是，我们给出了两种模拟方案，模拟结果显示，提高劳动参与率和全要素生产率可以显著地提高未来中国的潜在增长率。

一 估计中国的潜在增长率

我们采用一个标准的"柯布 – 道格拉斯"生产函数（Cobb-Douglass Production Function）估计中国的潜在 GDP 增长率。Kuijs 和 Wang（2006）、Kuijs（2009）同样采用过这个估计方法。

$$Y = AL^{\alpha}K^{1-\alpha} \tag{1}$$

其中，Y 为实际 GDP 总量，A 为全要素生产率（TFP），L 代表工人数量，K 代表资本存量（不变价，采用永续盘存法估计）。[①] 将等式两边同除以 L 得到平均劳动生产率 Y/L：

$$Y/L = A(K/L)^{1-\alpha} \tag{2}$$

在式（2）中，平均劳动生产率 Y/L（之后用 y 表示）是全要素生产率和资本劳动比 K/L（之后用 k 表示）的函数，即 $y = Ak^{1-\alpha}$。两边同时对时间 t 求导数，平均劳动生产率增长率可以重写为：

$$\frac{\Delta y_t}{y_{t-1}} = \frac{\Delta A_t}{A_{t-1}} + (1 - \hat{\alpha})\frac{\Delta k_t}{k_{t-1}} + \varepsilon_t \tag{3}$$

在式（3）的基础上，将历年实际的平均劳动生产率增长率（$\Delta y_t/y_{t-1}$）作为因变量、实际的资本劳动比增长率（$\Delta k_t/k_{t-1}$）作为自变量，可以估计出资本贡献率（$1 - \hat{\alpha}$），进而得到劳动贡献率（$\hat{\alpha}$）。

将估计值（$1 - \hat{\alpha}$）、实际值 $\Delta k_t/k_t$ 和实际值 $\Delta y_t/y_t$ 带入式（3），可以估计出全要素生产率增长率 $\Delta \hat{A_t}/A_{t-1} + \varepsilon_t = \Delta y_t/y_{t-1} - (1 - \hat{\alpha})\Delta k_t/k_{t-1}$。由于结果中包含了残差项 ε_t，因此采用 HP 滤波方法去除随机扰动因素 ε_t，最终得到全要素生产率增长率（$\Delta \hat{A_t}/A_{t-1}$）。

以上各步骤与计算全要素生产率增长率的过程是相同的。在计算潜在

---

① 永续盘存法计算资本存量的公式为 $K_t = I_t/p_t + (1 - \delta_t)K_{t-1}$，其中，$K_t$ 为第 t 年的实际资本存量；K_{t-1} 为第 $t-1$ 年的实际资本存量；I_t 为第 t 年的名义投资；p_t 为固定资产投资价格指数；δ_t 为第 t 年的固定资产折旧率，此处为 5%。1978 年为基期，基期的中国固定资产存量采用郭庆旺和贾俊雪（2004）的计算结果。需要注意的是，资本存量受到历史资本存量和新增投资的影响。

GDP 增长率时，我们需要代入"充分就业"时的就业数量 L_t*，$L_t* = \text{Population}_{15-59,t} \times Tr_{pt} \times (1 - NAIRU_t)$。其中，$\text{Population}_{15-59,t}$ 代表第 t 年中国 15~59 岁的劳动年龄人口，Tr_p 为趋势劳动参与率（用 HP 滤波处理后的各年劳动参与率），$NAIRU_t$ 为自然失业率，此处 $NAIRU_t = 4.13\%$（参考都阳和陆旸，2011）。

根据估计得到的 $\Delta\hat{A_t}/A_{t-1}$、$1 - \hat{\alpha}$、L_t*，以及实际的资本存量 K_t，可以计算出潜在的平均劳动生产率增长率 $\triangle y_t*/y_{t-1}*$：

$$\triangle y_t*/y_{t-1}* = \Delta\hat{A_t}/A_{t-1} + (1 - \hat{\alpha})\triangle k_t*/k_{t-1}* \tag{4}$$

其中，$k_t* = K_t/L_t*$。因为 $y_t* = Y_t*/L_t*$，这里 Y_t* 就是第 t 年中国的潜在 GDP 总量。在已知 $\triangle y_t*/y_{t-1}*$ 和 L_t* 的情况下，可以推导出如下恒等式：

$$\triangle Y_t*/Y_{t-1}* = (\triangle y_t*/y_{t-1}* + 1) \times (L_t*/L_{t-1}*) - 1 \tag{5}$$

$\triangle Y_t*/Y_{t-1}*$ 就是第 t 年的潜在 GDP 增长率。$\triangle y_t*/y_{t-1}*$ 是潜在劳动生产率增长率，潜在劳动生产率增长率是 TFP 增长率和潜在"资本－劳动比"的函数。此外，$L_t*/L_{t-1}*$ 是潜在就业增长率。[1] 从式（4）和式（5）中可以看到，潜在 GDP 增长率受到三个因素的影响：潜在的资本劳动比增长率、潜在就业增长率、潜在全要素生产率增长率。我们注意到，劳动年龄人口将对前两个因素产生直接的影响。

在估计潜在增长率之前，我们需要对未来的资本形成和 TFP 增长率做出一些假设。图 2 中给出了预测的潜在就业增长率、资本存量增长率、全要素生产率增长率和估计得到的 GDP 潜在增长率。下面，我们将对这些假设做出解释，并给出详细的估计结果。

假设 I：资本存量增长率在未来 10 年将减少

从历史数据中看到，1978~1994 年除去通货膨胀因素后，中国的平均全社会投资增长率为 13.43%；1995~2009 年这一指标增加到 16.89%。其间，2003~2007 年全社会投资增长率均超过了 20%。特别是中国政府为了

---

[1] 详细的估计过程和解释请参见陆旸（2012）。

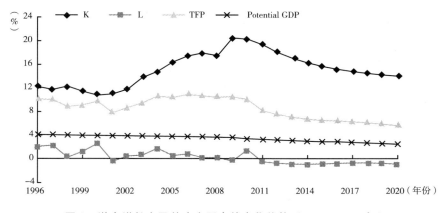

图 2   潜在增长率及其决定因素的变化趋势（1996～2020 年）

注：图中 K 表示资本存量增长率，L 为潜在就业增长率，TFP 为全要素生产率增长率，Potential GDP 为 GDP 潜在增长率。

应对金融危机对经济增长带来的负面影响，2009 年当年的资产投资增长率达到了历史性的高位 33.15%。如果不考虑 2009 年的特殊因素，1995 年之后中国投资增长率也高达 15.64%。

但是，我们认为中国未来的投资增长率将出现下降趋势，其原因有如下三点。首先，随着大规模的劳动力短缺，资本边际报酬加速递减（蔡昉和赵文，2012），因此不能支撑高速的投资增长。其次，随着人口抚养比的提高，储蓄率也倾向于降低，因此投资率将随之下降。最后，相对较低的资本增长率将有利于中国转变其经济增长模式，从过去依赖国内投资转向一个更加平衡和可持续的增长模式。

采用普通最小二乘法，将"资本回报率（%）"（wK）作为解释变量，"不包含国家预算内投资的全社会投资增长率（%）"作为被解释变量。我们对 1982～2005 年的时间序列数据进行估计，可以得到如下结果：

$$I = -6.1395 + 0.9459 * wK$$
$$(19.7312) \quad (0.8422)$$
$$R^2 = 0.0542 \quad D.W. = 0.9765$$

我们将原始数据中 1996～2005 年中国资本回报率的平均值 20.22%（白重恩等，2006）代入以上公式，可以得到平均投资增长率为 12.99%。因此，在预测潜在增长率时，我们假定 2012～2020 年中国平均投资增长率约为 13%。

应该说，这样的假设主要还不是依据上述模拟，而是从理论和经验角度做出的。也就是说，在没有政府干预的情况下，资本边际报酬递减的结果将导致资本增长率下降。事实上，假定的 13% 的年均增长率依然高于 1996 ~ 2005 年的实际增长率。

假设 II：劳动力在未来会减少

人口特征和经济趋势使得劳动力供给和需求关系发生变化。我们将15 ~ 59 岁人口的每年新增人口数量放入供给方，并将每年新增的城市工人数量放入需求方。将两种趋势放在一起比较，劳动力市场的动态变化就变得很明显了。农民工数量已经开始下降，而农村中的非农工人数量预期不会扩大。我们可以将新增城市工人数量和农民工数量加在一起，作为中国劳动力的总体需求。

接下来，我们通过对比城市部门中的劳动力供给和需求，详细观测中国就业的总体状况。中国城市就业统计数据包括两个部分。第一部分包括城市就业总量，这个数据由国家统计局公布。然而，该数据并没有涵盖城市中大部分的农民工。根据 2009 年微观数据的估计，3100 万名城市就业人口中只有 12.5% 是农民工。第二部分包括国家统计局官方定义的农民工数量。根据这个定义，农民工是指离开乡镇户籍所在地 6 个月及以上的人。调查数据显示，在所有的农民工中，95.6% 的农民工工作和生活在不同规模的城市中。两种口径数据重叠后，我们就可以计算出城市工人的实际数量，这个数据中既包括城市本地人，也包括农民工，进而我们可以用这个数据与劳动年龄人口数量进行比较（见表1）。

2001 ~ 2011 年，城市部门中的劳动力需求（包括本地工人和农民工）年均增长率为 3.2% 。在样本期间，由劳动年龄人口表示的劳动力供给年均增长率只有 1.1% 。考虑到中国退休年龄——男性 60 岁退休、女性 55 岁退休，在目前的劳动力市场中，他们很难找到工作。因此，根据本文的研究目的，我们已经将 60 岁以上的人口从劳动年龄人口中除去。我们看到，15 ~ 59 岁年龄的人口从 2010 年开始减少。这就意味着，农村和城市劳动力市场中的高失业率问题最终会停止。正因如此，经过刘易斯转折阶段之后，与需求相比的过剩劳动力供给不再是一个对中国劳动力市场的准确描述。

表 1　劳动力需求和供给的变化

单位：百万，%

年份	城市本地工人		农民工		劳动年龄人口	
	数量	增长率	数量	增长率	数量	增长率
2001	236	—	80	—	844	—
2002	241	2.1	100	24.7	859	1.8
2003	246	2.0	109	8.8	872	1.6
2004	250	1.8	113	3.8	886	1.5
2005	254	1.7	120	6.4	900	1.6
2006	259	2.0	126	5.0	907	0.8
2007	265	2.1	131	3.7	912	0.6
2008	268	1.3	134	2.5	917	0.5
2009	272	1.4	139	3.5	920	0.3
2010	277	1.6	146	5.3	939	2.1
2011	280	1.0	152	3.7	939	- 0.1

资料来源：笔者根据《中国统计年鉴》各期、《中国农村住户调查年鉴》各期、《中国人口年鉴》各期、都阳和胡英（2011）计算得出。

我们已经发现 15 ~ 59 岁劳动年龄人口开始减少，在此我们假定劳动力市场中的自然失业率水平与 2009 年中国的自然失业率水平保持一致，即 NAIRU = 4.132%（都阳和陆旸，2011），劳动参与率等于趋势劳动参与率水平（采用 HP 滤波估计的结果）。从 15 ~ 59 岁的劳动年龄人口数据来看，2010 年中国劳动年龄人口已达到峰值。此后，2011 ~ 2015 年，15 ~ 59 岁的劳动年龄人口平均增长率为 - 0.33%；2016 ~ 2020 年劳动年龄人口平均增长率为 - 0.31%。这也就意味着，"十二五"期间平均每年的就业增长率为 - 0.76%；"十三五"期间平均每年的就业增长率为 - 0.74%。由于中国 15 ~ 59 岁劳动年龄人口从"十二五"初期就开始减少，在自然失业率和趋势劳动参与率一定的前提下，劳动年龄人口减少将直接降低中国未来的潜在 GDP 增长率。

假设Ⅲ：全要素生产率略有下降但仍然保持一个相对较高的水平

Kuijs（2009）认为，在 1994 ~ 2009 年，中国全要素生产率增长率处于较高水平的一个主要原因是：国企改革、中国加入世界贸易组织以及中国制造业非常成功地融入了世界经济。然而，在未来十年里，上述因素对 TFP 增长率的影响将会变小，因此 Kuijs（2009）认为中国 TFP 增长率每年将下降0.5%～2.3%。通过对趋势全要素生产率的 HP 滤波分解，我们得到了中国 2011～2020 年的趋势全要素生产率增长率。研究发现，2011～2015 年中国平均每年的 TFP 增长率约为 3.10%；2016～2020 年平均每年 TFP 增长率约为 2.70%。

根据上述假设前提，即劳动参与率、TFP 增长率和投资增长率都会降低，我们可以估算出 2011～2020 年中国潜在 GDP 增长率。我们的研究结论发现中国未来潜在产出增长率可能持续下降，这个结果并不意外。因为很多其他文献研究得到了相似的结论（Kuijs，2009；World Bank，2012）。然而，我们的预测结果要远低于高路易（Kuijs，2009）对潜在产出增长率的估计结果。"十二五"时期（2011～2015 年），中国平均潜在 GDP 增长率约为 7.19%；"十三五"时期（2016～2020 年），中国平均潜在 GDP 增长率进一步下降到 6.08%（见表 2）。我们的估计结果并没有任何夸大，因为我们并没有将劳动力转移（从农业向非农部门）的不可避免的下降趋势考虑进来，而这个因素是 TFP 增长的主要来源。

表 2　基于增长核算方程的潜在产出结果（1978～2020 年）

增长率(%)	1978～1994 年	1995～2009 年	2011～2015 年	2016～2020 年
实际产出增长率	10.06	9.90	—	—
潜在产出增长率	10.29	9.83	7.19	6.08
实际就业增长率	2.45	0.97	—	—
潜在就业增长率	3.23	0.90	-0.76	-0.74
实际平均劳动生产率	6.55	8.84	—	—
潜在平均劳动生产率	6.85	8.86	8.02	6.87
TFP	0.78	3.89	3.10	2.70
K/L	10.38	13.29	18.21	15.43

注：TFP 代表全要素生产率；K 代表资本存量；L 代表潜在就业量。

我们并不建议政策制定者人为地制定并追求一个高于潜在 GDP 增长率的实际 GDP 增长率水平。但是在接下来的部分，我们通过增加劳动参与率和提高 TFP 的途径提出一些能够提高潜在增长率的方法。这些方法都依赖于进一步的经济体制改革。

二　提高劳动参与率

中国第六次人口普查数据显示，16 岁以上人口的劳动参与率为 70.80%；16～64 岁劳动年龄人口的劳动参与率为 77.26%。按照地区类型分，城市、镇和乡村 16 岁以上人口的劳动参与率分别是 62.20%、67.32%、77.62%；16～64 岁劳动年龄人口的劳动参与率分别为 68.18%、73.27%、84.92%。与 20 世纪 90 年代的劳动参与率相比，中国目前的劳动参与率有所下降。此外，如果考虑到两个因素的影响，中国的劳动参与率还会更低。

第一，在计算过程中如果除去农业劳动力将使劳动参与率更低。因为农业部门没有退休年龄，统计中的通常做法是，只要是务农就当作参与劳动力市场并有工作。因此我们高估了劳动参与率。在中国目前的经济发展阶段中，经济增长过程中伴随了农业部门产出和就业的减少。因此，非农劳动参与率能够更好地反映中国劳动力市场的现实。

根据中国第六次人口普查数据，我们重新计算了非农劳动参与率指标，并发现以这一口径计算的结果显著低于包含农业在内的劳动参与率（见表 3）。例如，以 20～25 岁年龄段来看，常规口径下计算的劳动参与率为 72.55%，

表 3　按年龄组和性别划分的中国劳动参与率

单位：%

年龄组	劳动参与率（包含农业）			非农劳动参与率		
	总体	男性	女性	总体	男性	女性
16～20 岁	32.44	33.06	30.72	21.78	22.53	21.31
20～25 岁	72.55	76.66	69.70	62.76	68.91	58.95
25～30 岁	88.88	95.73	82.10	84.33	94.01	74.61
30～35 岁	90.30	97.01	83.47	85.98	95.73	75.79
35～40 岁	90.62	96.92	84.18	85.53	95.36	75.02
40～45 岁	90.73	96.63	84.74	84.43	94.50	73.41
45～50 岁	87.73	95.06	79.58	78.49	91.64	62.87
50～55 岁	76.31	89.90	62.62	56.99	81.62	32.19
55～60 岁	67.29	80.41	53.71	37.57	60.88	15.04
60～65 岁	49.59	58.14	40.11	13.80	22.41	5.89

资料来源：笔者根据"第六次人口普查"1‰样本计算得到。

但是除去农业后的劳动参与率下降为 62.76%。因此，考虑到农业劳动力占比将会进一步降低，与模型中的假设相比，劳动参与率下降的速度可能会更快。

第二，上学年限延长将降低劳动参与率。图 3 显示，劳动参与率随着年龄的变化呈现出了典型的"倒 U 型"。也就是说，在低年龄组中，由于仍然有部分劳动年龄人口处于学习状态，劳动参与率相对较低；随着年龄增加，当进入 30 ~ 45 岁的年龄组后，劳动参与率将大幅提高；当进入高年龄组时，又会因为年龄增加与工作岗位之间匹配程度的下降，以及养老意愿的增强，劳动参与率开始急速下降。在整个过程中，男性劳动参与率始终高于女性劳动参与率；非农劳动参与率始终低于传统口径的劳动参与率。

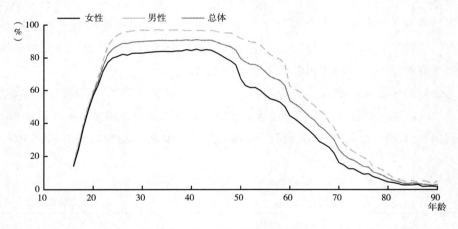

图 3   2010 年中国的劳动参与率

资料来源：笔者根据第六次人口普查数据计算。

值得注意的是，随着中国进入人口老龄化，虽然目前中国的劳动参与率仍然处于较高的水平，但是，人口结构变化将带来中国劳动参与率的急速下降。随着人口老龄化程度的上升，劳动参与率将下降到相对较低的水平。由于劳动年龄人口不再增加，劳动参与率决定了劳动力供给，进而将限制潜在增长率。

2011 年之后，潜在就业增长率将变为负值。"十二五"时期，平均每年的潜在就业增长率为 - 0.76%；"十三五"时期为 - 0.74%。产生这个问题的主要原因是，中国 15 ~ 64 岁的劳动年龄人口在 2013 年左右开始下降，15 ~ 59 岁的劳动年龄人口在 2010 年就开始下降，这一趋势将不可改变。提高劳动参与率只是提高潜在劳动力供给进而提高潜在产出的一种途径。

为了对此进行验证，我们模拟了劳动参与率提高后对潜在产出增长率的影响。我们在已有的模型基础上，假设 2011～2020 年，在中国劳动参与率原有水平的基础上，每年的劳动参与率水平均提高 1 个百分点。模拟结果显示，劳动参与率提高 1 个百分点后，将使 2011～2015 年的平均潜在产出增长率从 7.19% 提高到 8.09%，使 2016～2020 年的平均潜在产出增长率从 6.08% 提高到 6.94%。最终，2011～2020 年，中国的潜在 GDP 增长率每年将平均提高 0.88 个百分点。图 4 是劳动参与率年均提高 1 个百分点对中国未来潜在产出增长率的影响。

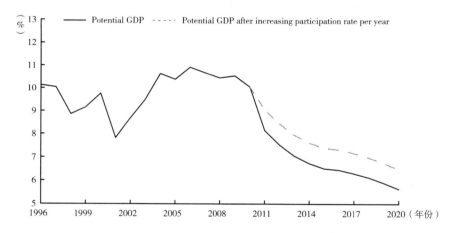

图 4 劳动参与率年均提高 1 个百分点对中国未来潜在产出增长率的影响

资料来源：笔者的模拟结果。

存在三种可能的途径以提高中国的劳动参与率。第一种途径是延长退休年龄进而提高老年人的劳动参与率。虽然发达国家广泛采用了这种方法，但是这并不等于对中国同样有效。因为中国的年老的工人受到的教育难以满足劳动力市场中的技能要求，即使延迟了退休年龄，他们在劳动力市场中也处于脆弱的地位。因此，在短期不应该采用这项政策选择。

第二种途径是推进劳动力从农业向非农产业转移。与经济发展水平相近的国家相比，中国农业劳动力的比重仍然较高，仍然存在着劳动力转移的可能性和空间，因此可以提高非农部门的劳动参与率。现存的家庭登记或户口系统将劳动力市场分割成了农村地区和城市地区，户口制度阻碍了农民工在城市的合法性和持久性。因此，使农民工市民化的户籍制度改革可以显著地稳定劳动力供给，增加潜在劳动力，进而提高潜在增长率。

第三种途径是提高就业率或降低失业率。中国从无限劳动力供给转向了新古典劳动力市场框架。当前的就业问题同时具有新古典特征和二元经济特征。也就是说，农业中依然存在着剩余劳动力，周期性失业频繁发生，结构性失业和摩擦性失业对中国宏观经济和就业政策提出了新的挑战。这些挑战能够重构未来潜在 GDP 增长率。

三　提高全要素生产率

在面对潜在增长率下降的条件下，中央和地方政府可能借助产业扶持政策、区域发展战略和刺激性宏观经济政策，以追求一个超越潜在增长率的实际 GDP 增长速度。这是一种简单易行的政策手段，实施起来比较方便，容易被决策者接受。然而，中国经济增长的教训和日本经济发展的教训都显示这些政策非常可能引起扭曲，最终影响经济的可持续发展。

相比之下，各领域的全面深化改革以提高潜在增长率，通常要求长期的努力。但是，中国经济出现的资本报酬递减现象，说明靠生产要素投入驱动的经济增长模式已经走到了尽头，遇到的挑战是寻找新的经济增长的源泉。根据新古典增长理论，进一步的增长必须依靠全要素生产率的提高。

产出增长率超出要素投入增长率的部分被称为全要素生产率增长率。全要素生产率中包含技术进步、资源配置效率、技术效率、制度和管理创新。在新古典经济增长模型中，TFP 是驱动潜在产出增长的主要因素。

在现有模型基础上，我们假设：2011～2020 年，全要素生产率在原有水平的基础上每年能够提高 1 个百分点。例如，假设目前全要素生产率为 3.01%，那么提高后的全要素生产率为 4.01%。根据我们的模拟结果，提高全要素生产率将使 2011～2015 年的平均潜在产出增长率提高到 8.19%；2016～2020 年平均潜在产出增长率提高到 7.07%。总之，如果中国平均每年的全要素生产率都在原有基础上提高 1 个百分点，那么平均每年的潜在 GDP 增长率将提高 0.99 个百分点。图 5 是全要素生产率年均增加 1 个百分点对中国未来潜在产出增长率的影响。

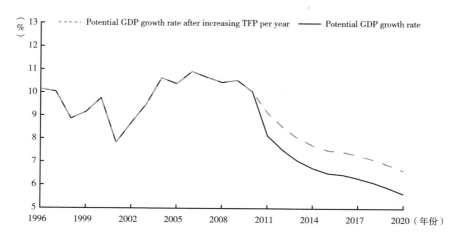

图 5　全要素生产率年均增加 1 个百分点对中国未来潜在产出增长率的影响

资料来源：笔者的模拟结果。

全要素生产率对中国经济增长的贡献巨大，同时全要素生产率又来自改革带来的资源重新配置，即劳动力转移带来巨大的资源重新配置效率。在典型的二元经济发展阶段劳动力无限供给，获得的全要素生产率提高也是一种"低垂的果子"。随着剩余劳动力逐渐被第二部门和第三部门所吸纳，大规模的劳动力转移已经放缓，这种获得资源再配置效率的机会开始减少。

此外，随着中国经济达到更高的发展阶段，中国和发达国家的技术差距变得更小，因此通过技术进步的方式提高 TFP 将变得越来越难。

因此，中国需要寻找到提高 TFP 的新途径，从而才能提高潜在增长率。事实上，由于中国经济增长更接近于新古典增长框架，因此对中国来说要想额外增加 1 个百分点的 TFP 增长率是相当不容易的。值得注意的是，当政府决定完成这项任务时需要注意从哪里获得额外的生产率。对中国来说，除了获得 TFP 的一些传统来源之外，例如，技术赶超发达国家、劳动力从农村向城市转移，还有很多获得配置效率的机会。

第一，部门内部之间存在巨大的生产率差异，特别是第二部门，生产要素从低效率的部门向高效率的部门流动能够改变总体经济效率。第二，企业之间的生产要素同样提供了配置效率，因为在细分部门的企业之间的生产效率存在巨大差异。所谓的创造性毁灭机制可以允许更加有效率的企业生存、扩大和发展，并减少那些长期无效率的企业。这一机制可以产生第三种资源配置效率。

经济学文献中已经对此给出了很好的解释，在一个成熟的市场经济中，例如美国，资源配置效率涉及细分部门企业之间的"进入和退出""扩大和限制"，这个过程可以对生产率提高产生 1/3 或 1/2 的贡献（Foster 等，2008）。基于经验研究和比较研究，Hsieh 和 Klenow（2007）发现，通过资本和劳动力的再配置并使其与企业间的边际产出相同（从美国观测到的事实），中国制造业部门的 TFP 能够增加 30% ~ 50%。

为了获得上述资源配置效率，生产要素在地区之间、部门之间和企业之间就应该自由流动。但是，中国仍然存在制度壁垒阻碍了投资者自由进入国有企业控股的部门，这就损失了大量的资源配置效率。中国政府应该进一步界定国有经济的经营范围和功能，并把国有企业的经济活动范围限定在必要的和有限的领域，从行政许可、财政扶持、金融支持等方面为非公有经济创造平等的竞争环境。

四 结论和政策建议

随着人口年龄结构的变化，15 ~ 59 岁的劳动年龄人口在 2010 年停止增长。与此同时，经济增长产生的劳动力需求仍然很大，因此经济增长还在不断吸收农业中的剩余劳动力。当农业中的剩余劳动力开始减少，中国经济就进入了一个转型阶段，从过去的二元经济发展向新古典增长转变。

根据新古典增长理论，发达经济体的经济增长率不可能与发展中国家相比，因为发展中国家仍然处于赶超过程。当一个经济体达到一定的转折点时，快速的经济增长最终将会放缓，在世界范围内这已被证实（Eichengreen 等，2011）。

实际上并不需要担心潜在增长率开始下降。然而，新的发展阶段需要中国的经济发展模式完成一个基本的转型，从过去单纯依赖资本和劳动力投入转向促进和提高潜在增长率。因此，可持续经济增长的关键在于扩大那些影响潜在增长率的供给方因素。如果政府的政策错误地盯住那些需求方因素，试图通过刺激需求因素使实际增长率超过潜在增长率，那么长期的经济增长会出现非健康和扭曲现象。相反，应该采取一些合理的政策措施并牢记如下几点。

第一，中央和地方政府应该接受经济增长开始下降的事实。政策决定应该盯住供给方要素，而不是需求方要素。即使出现了对需求方要素的冲击所导致的经济增长放缓，政策制定者也不应该有理由采取宏观政策措施。相反，政策制定者需要关注是否增长率已经降低到了潜在增长率之下。如果并没有出现这种情况，出口需求和投资需求下降将成为经济向消费驱动模式加速转型和经济平衡发展的契机。

第二，经济改革应该重构传统的经济增长模式。在过去 30 年的高速经济增长过程中，改革是一个主要的驱动因素。竞争环境对提高中国未来 10 年的潜在增长率至关重要。

第三，在提高 TFP 的过程中，政府发挥了重要的作用。Krugman（1994）批评新加坡增长模式。新加坡政府通过在全国范围内引入每年 2% 的 TFP 增长率目标作为对克鲁格曼的回应（Felipe，1997）。事实上，提高 TFP 也将同样依赖中国的进一步改革。

参考文献

Bai，Chong-En，Chang-Tai Hsieh and Yingyi Qian，2006，"The Return to Capital in China"，*NBER Working Paper* No. w12755，National Bureau of Economic Research，Cambridge，MA.

Bloom，David E. and Williamson Jeffrey G.，1998，"Demographic Transitions and Economic Miracles in Emerging Asia"，*World Bank Economic Review*，Vol. 12，No. 3，pp. 419 – 55.

Cai，Fang and Zhao Wen，2012，"When Demographic Dividend Disappears：Growth Sustainability of China"，in Masahiko Aoki and Jinglian Wu，eds.，*The Chinese Economy：A New Transition*，Basingstoke：Palgrave Macmillan.

CDRF（China Development Research Foundation），2012，*China Development Report*，2012，Beijing：China Development Publishing House.

CHINA STATISTICAL YEARBOOK，Compiled by National Bureau of Statistics of China，Beijing，China.

CHINA YEARBOOK OF RURAL HOUSEHOLD SURVEY，Compiled by Rural Social and Economic Survey Office of the State Statistics Bureau，Beijing，China.

CHINA POPULATION STATISTICS YEARBOOK，Compiled by Department of Population，Social，Science and Technology Statistics National Bureau of Statistics of China，Beijing，China.

Du，Yang and Hu Ying，2011，"Working Age Population and Labor Force Supply"，Working Paper of Institute of Population and Labor Economics. http：//iple. cass. cn/news/655101. htm.

Du，Yang and Lu Yang，2011，"The Natural Rate of Unemployment in China and Its

Implications", *The Journal of World Economy*, Vol. 34, No. 4, pp. 3 – 21.

Eichengreen, Barry, Donghyun Park and Kwanho Shin, 2011, "When Fast Growing Economies Slow Down: International Evidence and Implications for China", *NBER Working Paper* No. 16919, National Bureau of Economic Research, Cambridge, MA.

Felipe, Jesus, 1997, "Total Factor Productivity Growth in East Asia: A Critical Survey", *EDRC Report Series*, No. 65, Asian Development Bank, Manila, Philippines.

Foster, Lucia, John Haltiwanger and Chad Syverson, 2008, "Reallocation, Firm Turnover, and Efficiency: Selection on Productivity or Profitability?" *American Economic Review*, Vol. 98, No. 1, pp. 394 – 425.

Garnaut, Ross (2010), "Macro-economic Implications of the Turning Point", *China Economic Journal*, Vol. 3, No. 2, pp. 181 – 190.

Guo, Qingwang and Junxue Jia, 2004, "Estimating Potential Output and the Output Gap in China", *Economic Research Journal*, No. 5, pp. 31 – 39.

Hsieh, Chang-Tai and Peter J. Klenow, 2007, "Misallocation and Manufacturing TFP in China and India", *NBER Working Paper*, No. 13290, National Bureau of Economic Research, Cambridge, MA.

Kharas, Homi, 2011, "China's Transitions to a High Income Economy: Escaping the Middle Income Trap", in Lim Edwin and Michael Spence, eds. , *The Medium and Long Term Development and Transformation of the Chinese Economy: An International Perspective*, Beijing: CITIC Publishing House, pp. 470 – 501 (in Chinese).

Krugman, Paul, 1994, "The Myth of Asia's Miracle", *Foreign Affairs*, Vol. 73, No. 6, pp. 62 – 78.

Kuijs, Louis and Tao Wang, 2006, "China's Pattern of Growth, Moving to Sustainability and Reducing Inequality", *China and World Economy*, Vol. 14, No. 1, pp. 1 – 14.

Kuijs, Louis, 2009, "China Through 2020—A Macroeconomic Scenario", *World Bank China Office Research Working Paper*, No. 9, World Bank China Office, Beijing.

Lu, Yang, 2012, "China's Natural Growth Rate of Output and Its Forecast", in Cai Fang, ed. , *The China Population and Labor Yearbook No. 13: Demographic Transition and Economic Rebalance in China*, Social Sciences Academic Press, China, pp. 98 – 111.

Wang, Guangzhou and Jianlin Niu, 2010, "Composition and Development of the Chinese Education System", in Cai Fang, ed. , *The China Population and Labor Yearbook Volume 2: The Sustainability of Economic Growth from the Perspective of Human Resources*, Leiden Boston: Brill, pp. 43 – 62.

Williamson, Jeffrey G. , 1998, "Growth, Distribution, and Demography: Some Lessons from History", *Explorations in Economic History*, Vol. 35, No. 3, pp. 241 – 71.

World Bank, 2012, "China 2030 Building a Modern, Harmonious, and Creative High-Income Society" (online; cited November 2012) . Available from: http: // www. worldbank. org.

（陆　旸　译）

中国的工业化：路径
依赖及转向新模型

Huw Mckay　宋立刚

引　言

中国的经济结构呈现出相对于其人均收入水平"过度工业化"和"低度城市化"的特征。同时中国还是一个高度出口导向型的庞大经济体。在设计任何新的增长模型时，都必须尊重中国经济这些主要的结构特性。"过度工业化"的评价反映了中国相对于其他可比国家，GDP 中第二产业的比重过高。"低度城市化"的评价则反映出政策框架抑制了国内的城乡居民流动，使得城市化的比率低于经济本身能够达到的比率。此外，城市人口的吸纳能力也因外来务工人员的弱势地位而被削弱。因此，中国既有相当大的工业产能过剩，又有相当大的进一步城市化的潜在需求，同时还存在从已实现的城市化中取得更大收益的巨大潜力。

当前领导人接手的经济体是复杂的。有一些方面阻碍着环保前提下生活水平的持续提升，同时也妨碍了收入和机会的公平化。其他方面则是对追求这些基本发展目标有益的。经济向降低过度工业化、优化城市化以及提升内需减少出口的方向转型将会强化有利的方面，淡化不利的方面。我们认为对这些机遇和挑战总体的政策反应可以是互补的。此外，我们认为 2012 年以来出台的政策表明政府清楚需要建立新模式并且已经知道该如何实现这个目标。领导人并没有过度自信。事实上，国务院在 2013 年 2 月 5 日发布的《关于深化收入分配制度改革的若干意见》包含了宏观经济政策制定的所有方面，文中指出"深化改革是一项艰巨而复杂的系统性工程，不是一夜之间可以完成的"。

我们对中国现在及历史经济结构给出了"过度工业化"和"低度城市化"的描述,本文首先列举了能够支持这一论断的证据。这部分的讨论描绘出了中国发展至今的路径以及中国力图向新模式转变的结构起点。其次,概括了为适应新模式政策体系需要做出的改变,并且讨论了政府为此已经付诸实施的行动。最后,单独讨论了政治经济问题:关于路径依赖的很多方面都显示出这样一个情况,即中国领导人的选择和行为受到政治经济的诸多限制。尽管如此,我们乐观地相信这些限制并非不可逾越的障碍。我们认为中国下一次转型的终极目标,即减少过度工业化和优化城市化之间是互补的,因此领导人有理由以更大的决心开始深化改革。

一 从比较的视角看中国过去的工业化路径

中国在 1995 年达到了购买力平价人均 GDP2000 美元的水平,在 2011 年达到 8000 美元的水平,是其 16 年前的 4 倍。[①] 暂且撇开生活水平惊人的增速不提,在二战后的时期,对于任何一个后工业化经济体来说,生活水平从人均 2000 美元提升 4 倍都是一项罕见的丰功伟绩。尽管亚洲一些著名的国家某些时期的经济增长令人印象深刻,但它们仍未达到这个标准,这些国家是印度尼西亚、印度、菲律宾和越南。这就使得中国在 2011 年进入这个"8000 美元俱乐部"显得更具独占性。这为世界和亚洲的工业化及发展模式的比较分析提供了明确的指导。因此,我们选择了一些与中国同样有此特性的经济体作为样本来比照分析其发展动力。

在开始讨论之前,让我们来看看中国提升其生活水平 4 倍的相对速度如何(见图 1)。柱形代表每个经济体完成此项任务所需的年数。折线代表在这段时间里的平均复合增长率。中国是这些样本中最后达到这个收入水平基

---

① 本文所有二战后的 GDP 信息以及人均 GDP 信息都来自 2012 年 1 月设立的 Conference Board's Total Economy Database™ 数据库,http://www.conference-board.org/data/economydatabase/。1950 年以前的数据和世界经济总体数据来源于 Maddison, Angus, *Historical Statistics of the World Economy: 1 - 2006AD*, March update, 2009, http://www.ggdc.net/maddison/。所有的数据都用 1990 年国际元计价。

准的国家，它的增长速度最快，因此完成生活水平提升 4 倍的任务用时最短。紧随其后的是日本，然后是四个被称作"新兴工业化经济体"的后工业化经济体，泰国和马来西亚也是如此。在图像移动到第一代和第二代欧洲工业化国家及其殖民地之前，有两个来自东亚以外的国家——土耳其和墨西哥世界平均水平持平。

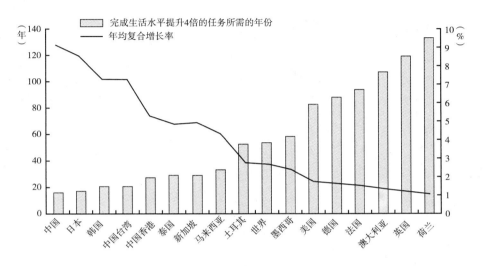

图 1　人均购买力平价 GDP 从 2000 美元提升 4 倍

表 1 显示了图 1 中的国家首次达到人均 GDP2000 美元的年份，荷兰在 1827 年即达到了这个水平，同时表 1 也显示了这些国家完成生活水平提升 4 倍的时间。

第一代工业化国家用了一个多世纪的时间将其人均 GDP 提升 4 倍，以 1%～1.25%的年均复合增长率扩张。第二代工业化国家（这里由法国、德国和美国所代表）平均用了 87 年完成这项任务，其年均复合增长率为 1.5%～1.75%。

在第二次世界大战之后，国民账户数据的可见性显著增强了。由工业化扩散所支持的现代经济增长也显著增强了。① 表 1 所列的 16 个经济体中有 5

① Bénétrix 等人进行了一项关于历史工业产出时间序列可得性的实际观测，他们指出数据的可得性本身也是工业化的一个标志，因为一个没有工业化的贫穷国家不会费力去计算这些统计数据。正如他们所言，这显然是一个合理推测。

个其人均 GDP 达到 2000 美元的启动期在 20 世纪 50 年代，分别是日本、土耳其、墨西哥、新加坡和中国香港。世界经济整体也属于这一类。Maddison 估计全球人均 GDP 在 1950 年达到 2113 美元。

表 1 人均购买力平价 GDP 从 2000 美元提升 4 倍

国家和地区	达到人均 GDP 2000 美元的年份	达到人均 GDP 8000 美元的年份	提升 4 倍所需时间（年）	复合年增长率（%）
荷　　兰	1827	1960	133	1.0
英　　国	1839	1957	118	1.2
澳大利亚	1848	1955	107	1.3
美　　国	1860	1941	81	1.7
法　　国	1869	1962	93	1.5
德　　国	1874	1962	88	1.6
墨 西 哥	1950	2008	58	2.4
中国香港	1950	1977	27	5.3
新 加 坡	1950	1979	29	4.9
日　　本	1951	1968	17	8.5
土 耳 其	1955	2007	52	2.7
中国台湾	1965	1985	20	7.2
韩　　国	1969	1989	20	7.2
马来西亚	1969	2002	33	4.3
泰　　国	1976	2005	29	4.9
中　　国	1995	2011	16	9.1
世　　界	1950	2004	54	2.6

到了 20 世纪 60 年代，中国台湾（1965）、韩国（1969）和马来西亚（1969）达到了 2000 美元的起点，而日本已经完成了 8000 美元的任务（1968）。泰国在 1976 年达到起点，这一在二战后成功完成工业化的群体（不包括中国香港和新加坡的特例）是我们为中国挑选的可比国家。日本是这一群体中最先完成人均 GDP 提升 4 倍任务的国家，它是比较分析的基准。在图 2 和图 3 中，日本的每项指标被设定为 100 分，其他国家则用占日本的比例来表示。例如，当日本的人均 GDP 在 1951 年达到 2000 美元时，它的城市人口份额是 53%。当中国的人均 GDP 在 1995 年达到 2000 美元时，它的城市人口份额是 31%。因此中国的城市人口份额在图 2 中用日本的 58% 表示。

本文两个主要的研究领域是工业产值占总产出的比重以及城市人口占总人口的比重。在这两点之外，我们选择了人力资本的代表（成年人平均受教育年限）、基础设施的代表（用陆地面积衡量的铁路线长度）、预期寿命和投资份额几个参数。我们也考虑了出口导向，但是由于测算度量的问题很难将其与前述几种参数混合在一个图表中，因此我们在图4中单独描绘了贸易方向。

图2中最惊人的发现是中国在起点处有非常高的工业产值和投资份额。它的投资份额远远超过样本里的其他国家，它的工业产值也是如此。高工业产值与投资份额和中国的高能源消耗、高排放是密切相关的。中国成年人的平均受教育年限和预期寿命与可比国家接近，但它的基础设施相对薄弱，并在城市化程度上远落后于其他国家。中国的出口导向比日本、墨西哥、土耳其在2000美元时的水平都要高，比韩国高一点，与泰国相近，但远低于马来西亚（见图4）。

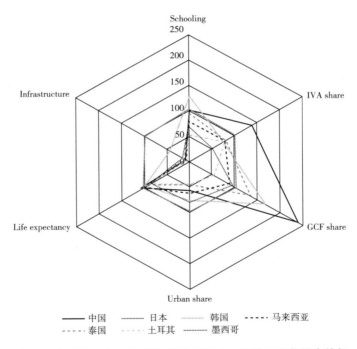

图2　人均购买力平价GDP2000美元水平下的工业化国家特征

现在来看人均GDP为8000美元的时点（见图3），从表面上看，各经济体之间的相似性大于GDP为2000美元时的。主要的例外是基础设施，日本远远领先于其他经济体。对中国来说，多数指标的排名与其在2000美元时相似，但投资份额和工业产值占总产出的比重不再那么极端了，并且其城

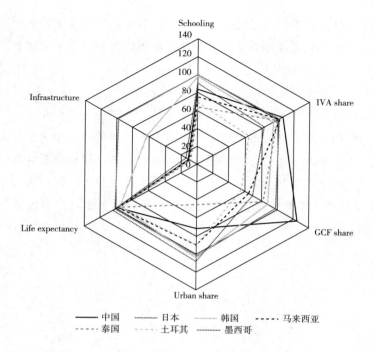

图3 人均购买力平价 GDP8000 美元水平下的工业化国家特征

说明：

1. "Schooling" 代表每个成年人的平均受教育年限。United Nations Development Program，网址 http：//hdrstats. undp. org/en/indicators/103006. html。

2. "IVA share" and "GCF share" 分别代表工业产值和总投资占 GDP 的比重。World Bank Databank，网址 http：//databank. worldbank. org/data/views/variableselection/ selectvariables. aspx？ source = world-development-indicators。

3. "Life expectancy" 预期寿命从出生开始计算，Ibid。

4. "Infrastructure" 是用 2010 年陆地面积衡量的开放铁路网长度，陆地面积来自 CCIA World Factbook，https：//www. cia. gov/library/publications/the-world-factbook/ index. html. 铁路长度来自 Mitchell（1982，1975，1993），Union of International Railways（1991，2000），the CEIC database and the CIA World Factbook，笔者有改动。

5. "Urban share" 指联合国 2011 年划分为城市人口的比例。http：//esa. un. org/unup/。

市化落后的程度也减少了。投资份额和工业产值占总产出的比重与其他经济体相比不那么极端的原因是其他国家的份额上升了，而中国的份额本身还是很高。城市化程度提升是因为中国相对于其他国家有更迅速的发展。出口导向方面，中国与样本中的大经济体相比，实质上一直更加依赖出口（墨西哥加入北美自由贸易区后一定程度上缩小了这个差距）；韩国赶上了中国；

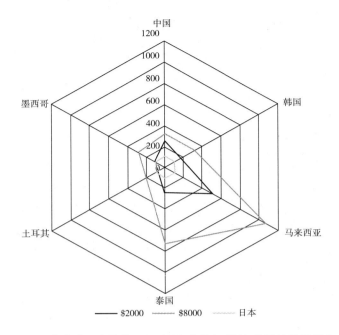

图4　人均购买力平价 GDP2000 美元与 8000 美元的出口导向

资料来源：World Bank Databank，网址 http：//databank. worldbank. org/
data/views/variableselection/selectvariables. aspx？ source ＝ world-development-
indicators。

两个东盟经济体遥遥领先（见图4）。

此项研究清楚地显示，尽管中国在过去的 20 年城市化发展迅速，并且
二战后其他经济体完成工业化时其投资份额和工业产值占总产出的比重与
出口导向都迅速增加，中国经济与一般的同等发展水平的大型经济体相
比，同时具有过度工业化、城市化不足以及过度出口导向的特征，不论是
在 20 世纪 90 年代还是在当今。在 2011 年人均 GDP 达到 8000 美元时，中
国不再像 1995 年达到 2000 美元时那样与众不同了，但它的经济结构仍然
很特别。

二　当前和过去体系的政策参数

上一部分对中国经济在人均 GDP 从 2000 美元上升至 8000 美元的过程
中所发生的改变以及与其他经济体相比较做了一个简单的描述。这一部分解

决了"是什么"的问题，即中国历届政策制定者采取的过去的发展模式所产生的效果。现在，我们必须来考虑"怎么做"和"为什么"的问题，即过去的政策框架本身以及它力图达到的效果。

中国过度工业化的现状是一系列价格和激励扭曲的结果，这一系列的扭曲都使得资源利用优先服务于工业发展，不管是重工业还是轻工业，不管是国内需求还是出口导向。这些扭曲遍及实体经济和金融领域，造成了一种不平衡的基础结构。人力、土地、能源和资本等关键要素的投入成本过去一直被抑制（Huang 和 Tao，2010），再加上定价中考虑到外部不经济，使得投资回报上升，鼓励了资本积累而不是消费，同时也提升了国际竞争力。这样导致的结果通常就是在总产出中工业增加值占比畸高，在总支出中资本形成占比畸高，在三个关键机构部门的储蓄畸高（Ma 和 Wang，2007），以及对于一个大型经济体来说出口导向过度。

中国城市化不足的现状是其限制城乡居民流动的总体政策框架导致的直接结果，政策的限制使得农村人口向城市移民的速率低于各种刺激本身能够达到的速率（Song 和 Sheng，2005）。在户口制度下，这种对于农民工的歧视仍然存在（Watson，2009；Song 等，2010）。对于土地使用期限的不确定和一系列社会经济因素成为阻止农村人口向城市流动以及参与非农就业的障碍（Démurger，2012），例如农民工不能进入社保体系。尽管如此，农民工的数量还是很庞大，根据 Andrew Watson（2012：Table12.1：282）的统计，2011 年农民工的数量达到了 2.53 亿，但准确的数字还存在争议。农民工及其家庭并未充分参与到城市居民所享有的生活方式中。关于最优城市化的政策目标，核心在于让这个庞大而又缺乏社会地位的群体的生活水平向城市其他居民改变着的生活水平靠拢。

在对本系列丛书以前书卷的介绍中（McKay 和 Song，2012：2），我们进行了如下描述。

一个旨在限制风险并缓和对社会福利负面影响的广阔的政策目标，其实现的最佳思路是追求平衡的经济增长。因此，不应用诸如减少经常性账户盈余或是提升劳动力收入份额这类具体的目标来表述这个广阔的政策目标。政策框架的设计与实施应保证其作用是减少扭曲，鼓励并奖励创新，保证教育、就业、享受社会安全体系、资本投资的机会均等，同时最小化寻租机会。实现这种环境的意愿将创造出对机构改革的需求，这种改革能够以破坏性最小的方式促进结构转型的进程。基于以上的分析我们提出建议。

根据新华网的报道（2013b），李克强总理最近的谈话中明确表明他也赞同这种观念。2013 年 4 月 12 日，李克强主持召开新一届政府首次经济形势专家和企业负责人座谈会，听取对当前经济形势的看法和建议。会议上，李克强强调必须依靠深化改革增强发展后劲，任何反周期的努力都应考虑它们长期的结构性效果以及对改革路径的影响。报道原文如下：

> 在有效应对好短期问题、保持经济合理增长速度的同时，应更加注重提高发展的质量和效益，把力气更多地放在推动经济转型升级上来，放到扩大就业和增加居民收入上来。

他说持续发展的推动力在于深化改革，针对中国经济的深层次矛盾，要对症下药，开出的每一剂"药方"，既能够治标，更能够治本。

> 即使必须要出台一些临时性的措施，也要注意不能给今后推进市场化改革和发展设置障碍。

采用这些原则并让它们更具有可行性需要进行一些分类。政策建议和措施可以分为以下几种：一是直接处理某些创造寻租温床和歪曲资源分配的扭曲（例如能源定价）；二是与机会不对称导致并激化的不平衡相关的措施（例如养老保险制度）；三是降低宏观经济运行风险，或提升宏观经济利益的一般性措施（例如金融体制改革）。

Huang 和 Tao（2010）提出中国不平衡的经济结构（以及因此在 2000 年以来迅速扩大的经常性账户盈余）归因于其"非对称市场自由化"。他们认为在中国商品市场主导自由化的同时，要素市场自由化相对滞后。他们计算了 2000～2009 年生产商每年利用要素市场扭曲所获得的"生产者补贴等价物"的近似值。表 2 总结了他们测算的结果。这是一个将讨论从一般进行到个别的好机会。

Huang 和 Tao 的测算显示劳动力、土地、资本以及环境都存在着实质性的扭曲。每一种扭曲都使得该领域的投入成本降低而因此产生"生产者补贴等价物"（原油就是公认的一种）。这些优势增加了很多部门的国际竞争力和赢利能力。这些超额利润来自商品和服务供给者的支出，他们的产出价格被压低，这实质上是一种利益在部门间的转移。劳动力成本被压低使得农民工处于劣势；本土的民营企业由于难以从正规的银行部门获得融资也处于劣势；最终用户获得的低价格使得上游能源供应商处于劣势；国内的储蓄者由于资本成本被抑制以及金融压抑而处于劣势；由于缺乏对于诸如环境恶化等负外部性的有效定价机制，中国以及全球的生态系统都一直在忍受破坏；中国企业由于成本基础被压制，因此与它们的国外竞争者相比有着天然的优势，而国外企业与中国企业相比则处于劣势。此外，诸如对国有企业和一些外商投资企业给予优惠待遇等部门内的扭曲也加剧了经济结构的扭曲，因为不是所有的中国企业都能有同等机会获得廉价要素供给（特别是土地和资本），并且进入一些关键部门的障碍也给当权者赋予了寻租的空间。

表 2   中国要素市场扭曲的生产者补贴等价物

单位：%

年份	土地	劳动力	资本	能源	环境	总体
2000	0.5	0.1	4.1	0.0	3.8	8.5
2005	1.3	2.4	3.0	1.7	3.0	11.4
2007	1.2	3.2	3.6	1.6	2.4	12.0
2009	0.9	2.7	3.5	0.7	1.8	9.6

资料来源：Huang 和 Tao（2010：Table 5.1）。

首先着手处理最透明的扭曲，当务之急是将电力和石油最终用户获得的能源价格进行市场化。建立一个为负外部性定价的体系，将一部分环境破坏的成本内生化，计入企业的盈亏。这是一个明确需要进一步改革的领域。Huang 和 Tao 指出，在这些领域进行改革所获得的综合效果是 2009 年生产者补贴等价物的降低，其约占 GDP 的 2.5%。在这两个领域已经有一系列的公告出现，中国也绝不是新对污染物征税的（OECD，2013：136），这些都表明政策制定者已经意识到这些问题并且愿意付诸行动。对排放物定价已经在一些行政区域开始试点，能源效率目标也被纳入国家和产业的五年计划（OECD，2013：Box 2.1：125），机动车的排放标准受到监测，可再生能源领域已经启动了巨大的投资（Australian Government Department of Climate Change and Energy Efficiency，2013）。

2013 年 3 月底公布了一些重要的能源价格公告（Taplin 和 Yao，2013）。中国煤炭价格机制的自由化，以及管理者将能源投入的市场价格比现在更频繁和完整地传递给最终使用者的意愿，都是利用价格信号引导提升能源效率的重要举措。这些领域的发展将有利于解决中国经济结构过度工业化的现状，但仍需进一步努力。尽管如此，中国零售柴油、汽油价格的税收份额与国际标准相比仍然偏低（OECD，2013：Figure 2.9：131），居民和工业用电成本也偏低（ibid：133）。

处理与资本相关的扭曲，从长期来看，它给宏观经济稳定性带来的好处更大。处理这个扭曲需要更广泛的方法。事实上，当李克强说"开出的每一剂'药方'，既能够治标，更能够治本"时，他就是表明重新设计刻画当前资本分配体系的参数必须被提上日程。要分拆开银行体系、影子金融、汇率制度和汇率构成复杂网络的每一层，货币政策体系并不简单。问题并不仅仅是资本对于一些大公司过于廉价。过去对于存款利率的管制使得家庭储蓄者获得的报酬非常低。金融市场缺乏发展以及不允许个人对外投资的汇率制度都使得可选择的投资品种非常有限。小微民营企业获得资本的价格偏高。由于汇率制度使得中国的出口商获得优势，从而提升了出口导向，而进口商则处于劣势，降低了国内的消费。

在能源和外部性定价改革中，已经出现了许多金融自由化领域的活动：尽管还没有彻底被放开管制，但存贷款利率的设置已经被赋予了更大的灵活性；鼓励私人和公众通过国内的债券市场融资；鼓励信贷资产证券化；从 2005 年放弃钉住美元以来，汇率的弹性日益增大；外汇储备已经稳定下来；作为贸易结算项目的人民币境外供给迅速增长，这正是国际化的核心部分；修订和制定了合格境外机构投资者、合格境内机构投资者以及新的人民币合格境外机构投资者机制；对外直接投资继续享有政策优惠。此外，从 2012 年年中以来，中国人民银行更加依赖于通过公开市场操作来管理流动性和信贷状况，而不是采用调整准备金率、窗口指导和贷款额度等传统的行政手段。进一步说，2012 年流动性增加时，人民银行的公开市场操作主要是反向回购协议，而不是发行和购买国债。2013 年，人民银行也利用反向回购协议来控制流动性的过快扩张。

所有这些活动的方向都是正确的，然而将利率自由化，特别是存款利率的自由化进行得更迅速将是非常受欢迎的举动。缓慢放松利率管制产生了一个意外的结果,即银行表外业务的迅速增长以及非银行金融机构在贷款供给中市场份额的增加。这些发展作为金融深化的结果是可喜的,金融系统中管制较弱的领域不可避免地提升了系统性风险。

下面讨论货币政策与外汇的联系,与增强市场力量在决定国内资本成本中的作用相一致,汇率的弹性自 2005 年以来得到了大幅提升,从某种程度上讲,货币已经是一种公认的反周期工具。尽管货币目前的波动率被限制在正负百分之一以内,但官方已经表态,放宽限制只是时间问题。中国人民银行副行长易纲 2013 年 4 月 18 日在华盛顿参加国际货币基金组织的会议时说:

> 去年我们将汇率浮动幅度从 0.5 个百分点增加到 1 个百分点。我认为在不远的将来我们将会把汇率浮动幅度增大更多。
>
> 在中国,我们进行这种循序渐进的改革,改革的方向是明确的。

采用循序渐进的方式改革汇率弹性的想法来自中国的结构性遗留问题,关于这点最明显的是它的高度出口导向以及改变成功方式的心理障碍。中国在转型期渐进式金融改革的成功已经恰如其分地得到了庆祝。然而当需要一个新模式而非从前模式的边际演进时,也许更大胆的策略显得更加合适。

可以推断出发展中经济体宏观经济稳定、人均 GDP 与金融改革之间的关系。我们将关于这种关系的抽象概念在图 5 中描绘出来。我们在横轴并未采用实际数据,因此这个假设的曲线中准确的点是未知的,并且每个经济体会因在工业化中对其金融系统采取的不同策略而大不相同。回想最初的讨论以及关于中国工业化路径和模式的比照分析,人均 GDP 在 2000 美元的水平时,在这个框架下寻求渐进式的金融改革是合理的。然而在人均 GDP 达到 8000 美元时,将宏观经济稳定性作为终极目标的情况下,这种策略的成本效益分析就不那么清晰了。鉴于国务院指出的"深化改革是一项艰巨而复杂的系统性工程,不是一夜之间可以完成的",我们认为今日在寻找新模式的中国如果不在图 5 中的交叉点,也不会离它太远。

深化金融放松管制涉及我们上文提及的三种改革类型。它会处理产生寻租和歪曲资源分配的某些扭曲(一些公司和行业的低资本成本),它也会处理机会不均等造成和激化的不平衡(降低进入门槛以促进竞争,增加民营企业和居民获得融资的机会），它还会最小化宏观经济风险，通过一般性方法提升宏观经济收益（通过增加市场化的资本分配来降低系统性风险）。

现在开始谈劳动力问题。农民工的基本工资近年来增长迅速，这是劳动力市场人口减少和旨在提升收入水平的政策相结合产生的效果。在过去，这个群体工资水平的上涨是其他工人工资水平上涨幅度的一半（Huang 和 Tao：appendix：27），但是通过一些关键方面可以看出他们仍然是弱势群体。

①他们和家人享受居住地公共服务而不是户口所在地公共服务的机会；

②享受居住地而非户口所在地社会安全的机会；

③享受和城市居民相同的非工资工作环境的机会。

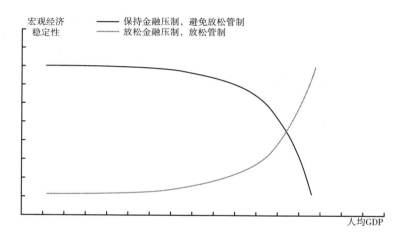

图 5　发展中经济体宏观经济稳定性、人均 GDP 以及金融改革的关系

给予农民工上述这些机会能够优化利用当前和未来城市化所带来的机会。这种最优化所带来的消费增加和相应的储蓄减少能够提升内需、缓解工业产能过剩，并且使经济的方向从出口外销转向供应内需。类似于金融改革问题，农民工问题也涉及许多基础政策领域，并且上文所述的三种机会也会分别对应三种类型的改革——处理某种扭曲（雇用农民工企业低廉的非工资成本）；处理机会不均等造成和激化的不平衡（提升教育和医疗服务的数量与质量）；最小化宏观经济风险，通过一般性方法提升宏观经济收益（为经济导向转变提供缓冲需求，帮助吸收工业产能过剩）。现在关于实现降低过度工业化以及最优化城市化这两个目标的互补性就非常明显了。

雇主雇用农民工而非城市居民可以显著降低非工资成本。这些成本包括社会保障税、失业保险、工伤保险、医疗保险以及住房和生育补贴。这是一项重要的从家庭部门向雇主的转移，通过减少消费促进了资本积累。这也是一个与竞争力有关的问题，它压低了贸易部门中劳动力密集型的中国制造业企业的成本。任何不区分户口类型的劳动法都将直接并永久地通过降低超额利润而提升收入中的劳动力份额。

此外，大多数农民工都很难获得城市户口，也因此不能享有其所带来的教育、医疗服务等福利。在一些农民工的主要目的地省份盛行一种打分制度，例如广东。这种打分制度对农民工不利。这种打分制度歧视那些受教育程度低、缺乏技能的工人，而大部分的农民工正是这种人（OECD，2013：97）。中国在人均GDP2000美元的水平时其人均受教育年限与日本和韩国相似，但在人均GDP到达8000美元时人均受教育年限已经落后于日本和韩国。并且由于户口制度的原因（OECD，2013：91），地区间教育质量参差不齐，也使得中国实际的教育水平比图2中粗略的显示要更低。这种情况也对中国的发展提出了一个新问题，即现在的劳动力能否适应一个从重工业转向服务业的新经济模式。

Watson（2012）呼吁建立一个所有中国公民都可以享受的综合性养老保险体系，这个体系应由中央统一管理并且随人而动。他的建议是建立一个恰当的社会保障制度改革模板。中国的财政体系有一个非常明显的低效率之处，即政府有效地集中了税收收入之后并未立即转移给支出项目。

向一个淡化制造、投资和出口并强调国内家庭消费的新模式转变必须伴随着财政改革。事实上，财政政策对于任何一个政府来说都是一个关键的武器，能够帮助政府改变生产要素的相对价格，并且改变国民收入在关键部门的分配状况。例如对国有企业在股利分配时的优惠待遇。政府应该并且能够要求国有企业支付更高的股利，然后将这项收入用于上述提及的改善农民工福利。国务院最近发布的关于收入再分配的指导方针中建立了这样的政策。当要素价格扭曲使得大型中央控股企业不成比例地获取超额利润时，将它们的超额利润以对经济结构有利的方式进行再分配而非进一步进行无效的资本积累是非常有意义的。从这个角度来说也可以实行竞争政策。在服务部门通过引入外商投资增强竞争以及在寡头垄断定价市场中增强竞争的政策能够显著有利于增长方式的再平衡（Tyers，2012）。

关于中国过去发展路径的另一个方面是基础设施与城市化的联系。在可比国比照分析中我们以用陆地面积衡量的铁路线长度作为基础设施的代表，得出中国过度工业化的结果。用一个更广阔的视角来看待基础设施的发展空间，2012 年中国的年均物流成本相当于 GDP 的 18.1%，而在美国这个比例只有 10%。① 关于中国的大规模城市轨道交通运输系统，OECD 指出其存在相当大的供给缺失。在中国最大的十个城市里，每平方公里的平均铁路密度是中国大陆以外主要城市地区平均铁路密度的 1/4，而每百万人口的平均铁路密度只有中国大陆以外主要城市地区平均铁路密度的 1/5。中国的"点对点"国际贸易物流在世界银行的物流表现指数中排名第 26 位（World Bank，2012），其效率要比样本中的有效边界低约 20%。世界银行的数据显示，目前只有 74% 的中国城市拥有公共卫生设备（World Bank，2013）。由于中国正力图最优化利用其城市化的机会，因此不难想象资本积累中用于基础设施建设的份额将提升，而用于制造业，特别是能源密集型和出口导向型的制造业的份额将降低。通过将投资分配到仍然缺乏资本的领域，同时减少向已经获得充足甚至超额资本的领域投资，能够提升资本在整个经济体中的有效性。

三 关于政治经济的评论

上述所有的政策建议，无论特殊的还是一般化的，在本质上都是规范化的。我们并未考虑可能来自中国体系中既得利益者的阻力。根深蒂固的寻租者们，或者叫作分利联盟［Olson（1982）］，不会在他们的特权受到攻击时优雅地后退。在中国忽视这种可能性是很幼稚的。事实上，当前的政府不仅仅承继了以往的收支结构，它还承继了得益于旧模式的利益结构，这将会使他们力图保卫既得利益以及保留特权。新的领导人意识到这是比建立新的发展模式更艰巨的挑战，用他们自己的话说就是"深化收入分配改革是一项复杂而艰巨的系统性工程，涉及很多利益的再分配"。

在寻租领域已经制定了一些措施来应对相应的问题。已经公布的关于"厉行节约"的政策包括：对行政任命国企高管薪酬实行限高，高管人员薪酬

---

① 中国的数据是根据 CEIC 数据库的数据计算出来的，美国的数据来自与上海一家叫作 AccessAsia 的咨询公司的交流。

增幅应低于企业职工平均工资增幅；严格执行现行的关于领导干部报告个人资产及收入有关事项的规定；严格控制国有及国有控股企业高管人员职务消费，规范车辆配备和使用、业务招待、考察培训等职务消费项目和标准（有证据显示由于厉行节约的要求，2013 年 2 月春节期间高端餐厅的营业额大幅下降）；适当提高基层公务员和艰苦边远地区公务员工资水平；对部分过高收入行业的国有及国有控股企业，严格实行企业工资总额和工资水平双重调控政策，逐步缩小行业工资收入差距；控制公务员数量并逐渐减少领导岗位。

最近国务院宣布了以下深度切入当前资源不平衡、不平等问题的政策。

①建立健全国有土地、海域、森林、矿产、水等公共资源出让收益全民共享机制，出让收益主要用于公共服务支出。

②改革完善财产税，特别是逐步扩大个人住房房产税改革试点范围。

③扩大国有资本收益上交范围。适当提高中央企业国有资本收益上交比例，"十二五"期间在现有比例的基础上再提高 5 个百分点左右。

前述三个领域对于深化改革和经济转型至关重要。但我们仍有一点意见，即竞争政策的缺失。对于转型期来说，将租金进行再分配是可行的办法，但是长期来看必须最小化租金本身。上文讨论了处理要素市场扭曲而产生租金的政策选择。在寡头垄断部门，不当的市场力量也会造成再分配的扭曲，这种扭曲使得利益从居民、政府、为投入要素支付高价的企业以及失去市场份额的外资企业流向一些国内企业。

中国领导人对当前状况明显还不满意，这让我们相信目前有前景的政策框架将会继续得以推行，并最终解决问题。在这个方面最初的挑战即下一次周期性下降，当新的增长模式还未建立稳固时，已经根深蒂固的旧模式还是有很大诱惑力的（McKay，2011）。上文已经引述过李克强对于这种将来可能出现的两难情况的观点，我们不妨在此回顾一遍：

在有效应对好短期问题、保持经济合理增长速度的同时，应更加注重提高发展的质量和效益，把力气更多地放在推动经济转型升级上来，放到扩大就业和增加居民收入上来。

即使必须要出台一些临时性的措施，也要注意不能给今后推进市场化改革和发展设置障碍。

四　结论

本文开篇即描述了中国的经济结构呈现出相对于其人均收入水平"过度工业化"和"低度城市化"的特征，以及作为一个巨大经济体过度依赖出口的现状。本文对二战后人均生活水平由2000美元上升至8000美元的经济体进行了比照分析。

中国历史发展路径及其引致的现行经济结构中，有一些方面阻碍了环保前提下生活水平的持续提升，同时也妨碍了收入和机会的公平化。其他方面则是对追求这些基本发展目标有益的。

之后我们描绘出了为适应新的发展模式政策所需做出的改变，同时讨论了政府已经付诸行动的措施。这个讨论最初由直接处理某种要素市场扭曲开始，之后扩展到宏观经济政策。我们的建议是：深化并加速金融改革，全盘考虑国际与国内现状；快速进行大规模的户口制度改革；保持当前以市场基础为能源定价的现状；优先基础设施投资而非工业产能投资；调整基本的长期财政策略以促成资源再分配。我们讨论得出的结果是乐观的，我们认为中国下一次转型的终极目标，即减少过度工业化、优化城市化及提升内需、减少出口之间是互补的。

在此我们给出了一个警告：关于路径依赖的很多方面都显示出这样一个情况，即中国领导人的选择和行为受到政治经济的诸多限制。当前的政策方向和目标是可喜的，但是我们认为缺乏一个界定清晰的竞争政策是现行政策框架的一个明显的缺陷。并且我们注意到，下一个周期性下降将会是对改革者们的巨大考验。

最后，中国领导人对当前状况明显还不满意，这让我们相信目前有前景的政策框架将会继续得以推行，并最终解决问题。追求上述互补目标的政策有很多值得称道的地方，然而在政策体系内仍有一场政治经济战斗需要打赢。减少过度工业化、优化城市化及提升内需、减少出口是中国成功转向新增长模式的必要条件。

棋盘已备，每个棋子正在运行之中。①

①　为借用甘道夫的不朽台词向《指环王》的作者道歉。

参考文献

Australian Government Department of Climate Change and Energy Efficiency, 2013, Climate Change: Countries Acting Now, http://www. climatechange. gov. au/en/government/international/global-action-facts-and-fiction/ ~/media/government/international/factsheets/IntAction-Facsheet-CountriesActingNow-20121113. pdf.

Batson, Andrew, 2013, "China's Lending Landmark", GK Dragonomics Ideas, 10 April, Subscription Research Service Available From http://gavekal. com/dragonomics/.

Bénétrix, Agustín S., O'Rourke Kevin H. and Williamson Jeffrey G., 2012, "The Spread of Manufacturing to the Periphery 1870 – 2007: Eight Stylized Facts", NBER Working Paper 18221, July.

Central Intelligence Agency, 2012, The World Factbook Online, Available at http://www. cia. gov/library/publications/the-world-factbook/index. html.

Démurger, Sylvie, 2012, "Mapping Modes of Rural Labour Migration in China", in Huw McKay and Ligang Song (eds.), Rebalancing and Sustaining Growth in China, ANU E Press, Canberra, pp. 207 – 24.

Huang, Yiping and Tao, Kunyu, 2010, "Causes and Remedies of China's External Imbalances", China Center for Economic Research Working Paper Series, Peking University, No. E2010002, 25 February.

Ma, Guonan and Wang, Y., 2010, "China's High Saving Rate: Myth and Reality", International Economics, No. 122 (December), pp. 5 – 40.

McKay, Huw, 2011, "China's Turbulent Half Decade", in Jane Golley and Ligang Song (eds.), Rising China: Global Challenges and Opportunities, ANU E Press, Canberra, pp. 9 – 28.

McKay, Huw and Ligang Song, 2012, "Rebalancing the Chinese Economy to Sustain Long-Term Growth", Huw McKay and Ligang Song (eds.), Rebalancing and Sustaining Growth in China, ANU E Press, Canberra, pp. 1 – 18.

Mitchell, Brian, 1975, European Historical Statistics: 1750 – 1970, Columbia University Press, New York.

International Historical Statistics: Africa and Asia, 1982, New York University Press, New York.

International Historical Statistics: The Americas 1750 – 1988, Macmillan Stockton Press, New York.

OECD, 2013, OECD Economic Surveys: China, March 2013.

Olson, Mancur, 1982, The Rise and Decline of Nations: Economic Growth, Stagflation and Structural Rigidities, Yale University Press, New Haven.

People's Daily online 2013, "No Winner in Competitive Currency Devaluation",

Available at http：//english. people. com. cn/90778/8212859. html.

Song, Ligang and Yu, Sheng, 2005, "Rapid Urbanisation and Implications for Growth in China", in Ross Garnaut and Ligang Song (eds.), The China Boom and Its Discontents, Asia Pacific Press, Canberra, pp. 105 – 27.

Song, Ligang, Wu, Jiang, and Zhang, Yongsheng 2010, "Urbanisation of Migrant Workers and Expansion of Domestic Demand", Social Sciences in China, Vol. 31, No. 3, pp. 194 – 216.

Taplin, Nate and Yao, Rosealea, 2013, "Powering Up Price Reform", GK Dragonomics Tools, 18 April, Subscription Research Service Available at http：// gavekal. com/dragonomics/.

Tyers, Rod, 2012, "Looking Inwards for Growth", Huw McKay and Ligang Song (eds.), Rebalancing and Sustaining Growth in China, ANU E Press, Canberra, pp. 19 – 44.

United Nations Development Program, 2013, International Human Development Indicators, available from http：//hdrstats. undp. org/en/indicators/.

United Nations, 2011, World Urbanization Prospects, the 2011 Revision, available from http：//esa. un. org/unup/.

Union of International Railways, 1991, UIC Member Railway Statistics—Synopsis, available at https：//www. uic. org/spip. php? article1350.

2001, UIC Member Railway Statistics—Synopsis, Available at https：//www. uic. org/ spip. php? article1350.

Watson, Andrew, 2009, "Social Security for China's Migrant Workers—Providing for Old Age", Journal of Current Chinese Affairs, Vol. 38, No. 4, pp. 85 – 115.

2012, "Building Social Welfare in China" in Huw McKay and Ligang Song (eds.), Rebalancing and Sustaining Growth in China, ANU E Press, Canberra, pp. 265 – 88.

World Bank, 2012, Connecting to Compete：Trade Logistics in the Global Economy, available at www. worldbank. org/lpi.

2013, World Development Indicators Online, Available from http：//data. worldbank. org/ topic/.

Xinhua News, 2013a, "China to Reform Income Distribution", Online at http：// english. people. com. cn/90778/8122934. html.

Xinhua News, 2013b, "Premier Stresses Foresight in Economic Policymaking", Online at http：//news. xinhuanet. com/english/china/2013 – 04/14/c_ 132308046. htm.

Xinhua News, 2013c, "Factbox：Highlights of China's Income Distribution Reform Plan", Online at http：//news. xinhuanet. com/english/china/201302/07/c_ 132155961. htm.

（曲　玥　译）

中国储蓄和全球经济表现[*]

Rod Tyers   Ying Zhang   Tsun Se Cheong

简 介

在过去的十年中，中国的过剩储蓄成为工业化世界中净债务居高不下的一个主要原因。事实上，2005 年之后，特别是经历了全球金融危机之后，它已经成为唯一占主导地位的金融来源。然而，随着国内债务的上升，中国的海外净储蓄增速已经放缓，经常账户盈余和外汇储备累积率同时收缩。中国的这种更慢、更"内向集中"的增长前景（Tyers，2012）会随时间进一步减少储蓄过剩的情况。这和日本的类似趋势共同造成了亚洲"储蓄过剩"[①]时代的终结，在其他条件不变时，这必然会提高全球的债务成本。尽管目前全球金融市场共同紧缩的迹象初现端倪，但这是因为欧盟、美国和日本这三大经济集团的中央银行共同开展的"量化宽松"（QE）的作用。这些经济体的政府继续发行新的债务，但这些债务越来越多地被中央银行而不是外国机构收购。全球金融危机以来，尽管存在流动性陷阱，这些地区的中央银行还是将它们的资产负债表扩大到了至少两倍，而且这种扩大的趋势仍将继续。[②]

这一全球关键货币供应的增长仅仅是一种可能性，因为在所有地区，政府财政引起的持续不确定性以及潜在的通货紧缩，已经导致全球投资组合持有人持有的"安全资产"——也就是现金和相关的短金融工具——的比例

　＊　本文的研究由澳大利亚研究委员会发现基金赞助（编号 DP0557885）。

　①　参见 Bernanke（2005），Chinn 和 Ito（2007），Choi 等（2008）和 Ito（2009）。

　②　截至 2013 年，日本自 2000 年以来的增长都相对较小。

达到了一个前所未有的低水平。然而，这种情况将会发生改变，到那个时候，各大央行将吸收大量的流动性。由于近期的量化宽松政策的实施，其资产负债表充斥着沉重的长期到期金融工具，这些最终都将回到市场上，并引起产量的迅速上升。这种影响将是显著的。一旦回到市场，就可能创造出过剩的长期工具，相比于更保守的货币紧缩条件下可能发生的情况，更直接地削减投资融资。

美国新增的廉价能源可能会导致北部的复苏，这在很大程度上依赖于中国储蓄增长放缓对美国资本市场和投资的影响。这意味着长期到期债权的需求下降，加剧市场的供大于求，并限制投资信贷。此外，中国将美元储蓄资产交换为中央政府债券，以及自2007年起将美元资产让与中国投资公司（CIC），改变了资金向外流动的准则，尤其是外国直接投资，把中国的外汇资产投资组合的分布变得与美国更加迥异。最终，这将意味着中国储蓄持续下降的冲击将不成比例地落到美国身上，有可能扼杀它的复苏。当然，这种悲观情况的影响可能被美国及其他几大经济体有效的财政巩固抵消，使得全球储蓄下降时，全球债务下降，引起私人投资的软着陆。

第一部分，我们将用基础的宏观经济学理论对这些问题进行分析。第二部分将回顾中国国内经济结构和增长政策的趋势以及它们为储蓄过剩带来的后果。第三部分会考察中国过剩储蓄随时间变化的范式，以及时间下降的背后其所隐含的趋势。在第四部分中我们会将焦点转移到全球经济及其近期表现上来，将讨论中国国际影响力的提升以及美国、欧盟和日本的表现，同时为中国过剩储蓄进一步下降的影响以及与其他经济集团的量化宽松政策的可能交互作用提供一个宏观经济层面的分析。第五部分将总结我们的结论。

一　中国经济的"再平衡"和过剩储蓄

中国的经济增长将会并且应该更多地由日益上涨的家庭消费而不是出口来支撑，这在国外已经是一种共识，最近在中国国内也被越来越多的人认同。[①] 国外的观点是商业主义，并且没有考虑中国出口导向型增长对国

---

① 国外，尤其是美国方面的观点，参见 Bergsten 等（2008）和 Lardy（2006，2012）。中国对于经济"再平衡"的官方评价，包括外部记录，参见 Wen（2007，2011）和 Yi（2011）。

外贸易条件的改善和投资融资及政府支出的成本下降带来的显著贡献。在中国的较大贸易合作伙伴中,这种观点背后主导的政治力量似乎是关于日益下降的整体经济表现,至少是相对于中国而言的高失业率以及随处可见的"外包"行为。[①] 此外,迄今为止由中国的出口导向型增长策略(Dooley等,2004)产生的共同获利由于其庞大的规模确实表现得相当短命。如图1所示,中国的出口自世纪之交以来迅速增长,现在已经主宰了世界轻工业贸易。

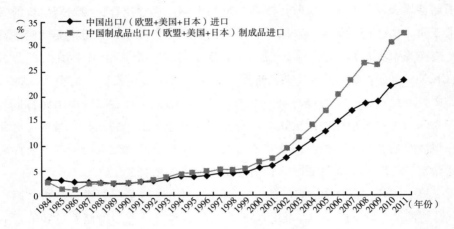

图1 中国在世界贸易中的崛起

资料来源:世界银行,http://data.worldbank.org。

持续增长的"内向性"

从表面上看,向内需驱动增长的转变是可能的,只需要增加消费、减少出口即可。但这个简单的想法存在两方面的问题。第一,出口导向型的增长战略着重在轻工业方面的生产,但是中国不断壮大的中产阶级需要的是更多的汽车和优质服务,包括交通、电信、医疗和教育。中国现有的产业不能突然转型为这些多元化的产品。第二,消费的上升意味着储蓄的减少,这可能会在这个最不适合的时机导致全球金融资本市场的紧缩。

---

① 外国对中国经济政策的敌意,已经被过去十年内巨大的经常账户盈余,及一些来自西方的声称"中国的政治体系否认基本人权或者庞大的政府和国防力量代表一种战略上的威胁"的论调进一步点燃。参见 Tyers(2012)。

此外，"内向性"战略还有相关的进一步风险。过快的结构和风气的变化可能会导致中国经济的动荡，这被有些人认为是"中等收入陷阱"威胁出现的信号，这种情况在其他发展中国家和地区相当普遍。[①] 紧缩势力，包括劳动力市场的紧缩，即将迎来一个刘易斯转折点，[②] 相关的农村流动劳动力枯竭和人口减少源于中国的计划生育政策，如图2所示。此外，还有之前没有被充分考虑的制造业扩张引起的高昂的环境成本，以及国有部门相关租金的日益增加引起的收入不平等。[③] 这种不平等也出现在中国周边的部分国家和地区，沉淀出日益增长的阶级种族矛盾和宗教冲突。

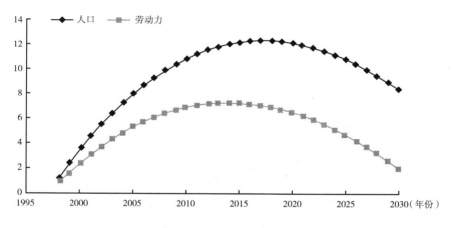

图2　中国经济放缓的人口统计学源头

资料来源：Golley 和 Tyers（2012）。

尽管如此，深度工业改革仍带来了可观的潜在收益，主要源自经济保护部分的租金减少和相关的成本及价格的降低。这些同时也扩展到一直由国有企业（SOE）掌控的受保护的服务业和重工业领域。其他向内集中的政策方针包括更多的政府提供的服务（这可能能够减少政府储

[①] 这一主题的关键文献包括 Easterly（2001），世界银行（2010），Eichengreen 等（2011），Riedel（2011）以及 Robertson 和 Ye（2013）。

[②] 中国的刘易斯转折点的时间是一个有争议的问题，争议的两方分别来自 Cai（2010），Garnaut（2010），Golley 和 Meng（2011），这些都只是大量文献中的一个样本。然而毫无疑问的是转折正在发生，即使最近的实际工资上涨是否意味着它的存在还没有定论。

[③] 对于机构和工业改革议程及其困难的考虑，可参见 Tyers 和 Lu（2008），Riedel（2011）以及 Deer 和 Song（2012）。

蓄），以及加速的人力资本增长，这可以减少服务业和重工业的成本以及这些领域中停滞的改革的重启。这些行业赚取的垄断租金与企业储蓄相连（Kuijs，2006；Song 等，2011），而后者在中国是相对庞大的，在最新的数据中占据了 GDP 的 1/5。促进进一步私有化或者以其他方式减少垄断租金的行业政策改革已经被证明足够多地减少了中国储蓄积累水平，以削弱现有资金过剩以及给世界经济过剩的储蓄带来的影响（Tyers，2012）。

储蓄的成分与中国的外部账户

国民储蓄包括家庭、企业和政府。储蓄中超过国内私人和公共投资的部分造成了经常账户盈余和外资收购的净值。因此，储蓄过剩是外资收购的净值，这个关系可以用下列等式清楚地表现出来：

$$CA = S_{HH} + S_C + (T - G) - I = S_D - I = \Delta R - FI_{Inward} + FI_{outward}$$
$$= X - M + N \tag{1}$$

这里 S_{HH} 是家庭储蓄，S_C 是企业储蓄，$(T - G)$ 是政府储蓄或财政盈余，S_D 是国内储蓄总额，I 是投资（包括共同投资），CA 是当前账户余额，N 是国外收入净值。[①] FI 代表国外投资流入或流出。在中国的情况下，由于跨境投资组合受到资本控制的限制（尽管没有完全消除），这些项主要由外商直接投资主导（Ma 和 McCauley，2007）。

因此，为了探索外部账户的影响，我们必须考虑家庭、企业和政府储蓄的变化，并与投资的变化进行比较。在计量中我们会遇到很多问题。首先，中国的 GDP 估计一方面基于开支账户，另一方面基于生产账户，这两方面之间存在不一致。我们使用开支账户估计总体储蓄，但需要资金数据流来将企业储蓄与家庭储蓄进行分离，这些数据都来自生产账户方面。其次，至少还有其他三个额外的计量问题可能抬高整体储蓄率（Ma 和 Yi，2010）：一是一贯的正库存积累会导致最终的消费被低估，这是由于消费支出的调查中库存被算作残余；二是明显被低估的房屋租金收入同时降低了收入和储蓄水平，这可能将储蓄率夸大了一个百分点

---

① 这一等式可以通过结合支出等式 $Y = C + I + G + X - M$ 和国民生产总值的等式 $Y + N = C + T + S$ 得到。这里，$S = S_{HH} + S_C$。

左右；三是在中国经营的外国公司的未分配利润被低估，导致了一些外国公司储蓄被算作国内公司储蓄。最近 Jonathan Garner 和 Helen Qiao（2013）发现了中国家庭消费在官方数据中被低估的进一步证据，他们总结家庭收入被低估（主要是因为消费调查没有统计非常富有的人，他们会少报收入），消费开支比官方估计的高。

除了全体国内储蓄超过投资的盈余趋势的评估外，还存在中国过剩储蓄的国际目的地的问题。需要注意的是，中国的过剩储蓄以对外直接投资的形式分散出去，在全球各国家间进行分配，我们接下来分别考虑以下几个方面。

家庭储蓄

Charles Horioka 和 Terada-Hagiwara（2012）曾分析过其他亚洲经济中的家庭储蓄的范式和时间趋势。他们指出，衡量家庭储蓄率的三个主要决定因素是人口的年龄结构、收入水平和金融部门的发展。储蓄率遵循凹的路径，在发展的初期阶段上升，之后随老龄化和金融发展下降，从而降低信贷约束。他们认为，中国的私人储蓄可能受互相抵消和对抗的两股力量影响从而保持稳定——老龄化和金融发展倾向于降低它，而高收入倾向于提高它。然而，在全球金融危机的余波和中国内向集中型发展战略的开端，我们可以预期到这一预测模式的变化。此外，Horioka 和 Terada-Hagiwara 的预测既不包含企业储蓄也不包含政府储蓄。2010 年家庭储蓄的官方估计如图 3 所示。从上述原因中我们可以看出一些问题，家庭储蓄，至少在最近很可能会遵循一个更低的发展路径。

企业储蓄

图 3 同时也给出了截至 2010 年的企业储蓄的变化趋势。估计是基于国民经济核算的尚未更新的"资金流"数据。展望未来，我们可以基于以下三个原因预测企业储蓄总额的变化。首先，全球金融危机以来的全球经济放缓影响到了国有部门的赢利能力，因此可以预测到企业储蓄在近几年也会发生下降。其次，持续的产业政策改革，一些国有企业的细分部门可能会进一步降低赢利能力并导致企业储蓄下降。最后，金融发展和全国正规及非正规的金融市场一体化已经逐步推进。随着日益增加的选择和更高的资金管理安全性，我们可以预测，企业储蓄的趋势会从三年前的高点向下回落。

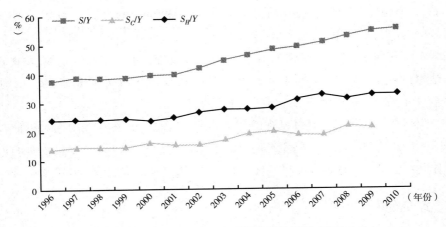

图3　中国私人、家庭和企业储蓄的趋势（按 GDP 占比）

注：私人储蓄为 $S = Y_N - C - T$，家庭储蓄为 $S_H = S - S_C$，企业储蓄 S_C 来自"资金流"数据。这些数据之间存在不一致性（Ma 和 Yi，2010），但是后者是企业储蓄的唯一来源。家庭储蓄的资金流数据表明，家庭储蓄在 2009 年约占 GDP 的 25%。

资料来源：国家账户统计数据。

政府储蓄

自从中国《税法》在 1994 年实施以来，国内经济已经逐渐整合，经济活动在"正规部门"中已经占据了越来越大的份额。这意味着，中央政府税收收入以远超 GDP 的速度急剧增加，如图 4 所示。与此同时，中央财政盈余不断扩大。然而资本管制和金融一体化的持续使得中国的高储蓄家庭和企业将资金转向国内商业银行。长期以来，这些银行将资金贷给国有企业和省级政府，以便贷款能够得到有效的集中包销。这些贷款相对近期的流向则是省级政府的地方公共投资的融资。[1] 如图 5 所示，它自 2002 年以来出现了显著增长，随着全球金融危机和政府在出口需求暂时下降时增加公共工程开支的计划而进一步加速。2007 年以后，省级赤字的总和超过了中央盈余，导致整体赤字扩大的幅度达到了前所未有的高度。因此，政府储蓄在后金融危机时代也在向消极的方向发生转变。[2]

---

[1]　尽管中央政府的全国财政收入与省级收入在 2011 年的比例是 50∶50。

[2]　政府储蓄在这里定义为 $T - G$，其中 G 是政府总开支，包含转让。

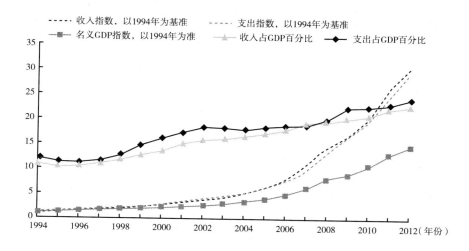

图4 中国政府收入和开支

注：收入、支出和名义GDP都以1994年为1进行了标准化。

资料来源：《中国统计年鉴2012》。

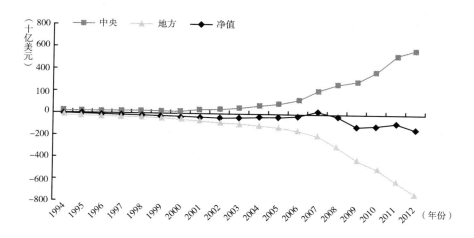

图5 中国政府净盈余

资料来源：《中国统计年鉴2012》。

投资对中国整体超额储蓄的影响

以上讨论表明，自2010年起，中国的国内储蓄总额已经缩减，尽管官方的统计数据在2011年仅显示出小幅下降，没有完全表现出这种趋势。与此同时，总投资（私人投资和公共投资）上升到 GDP 的近一半。事实上，2011 年和 2012 年已完成的固定资产投资的增长率为 24% 和 20%，仍远远快于记录的 GDP 增长。这引起了投资占 GDP 份额的持续上涨，如图 6 所示，确认了投资在近几年中对中国经济的"再平衡"做出了巨大的贡献，① 结果就是后金融危机时代尤其是 2010 年以来不断收缩的经常账户盈余。2012 年完整的经常账户数据尚未公布，但图中提供了一个估计值。尽管中国的盈余在 2012 年已经下降到低于世界其他地区的水平，但它仍然是保持最大盈余的单一国家。②

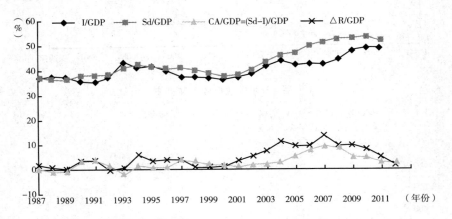

图 6 中国的储蓄、投资和经常账户盈余（占 GDP 百分比）

资料来源：《中国统计年鉴 2009 ~ 2012》；国际货币基金组织 IFS 数据库。2012 年的经常账户盈余数据是根据贸易平衡和作者对当年国外净因素收入的估计得到的。

展望未来，如果没有日益增长的浪费项目，我们很难想象投资率的进一步升高。并且，近期公共投资的加速被以下原因遏制，第一，金融危机后的国家经济刺激政策；第二，商业银行对受保护省级政府和国有企业贷款的偏好；第三，大量的储蓄过剩供应被国内市场的资本管制抑制。我们希望这三个条件都会随着时间而逐渐淡化影响，从而使未来过剩储蓄的影响仅仅取决于国内总储蓄率和投资率下降之差。我们认为，储蓄过剩的持续下降在未来很有可能会出现，不仅仅因为这是 2010 年以来的明显路径，同时也是考虑到了金融深化的趋势和越来越多的显示消费支出增速高于官方估计的证据。

---

① 这一趋势由 Lee 和 McKibbin（2007）预测。
② 国际货币基金组织 IFS 数据库。

二 储备和对外直接投资

中国储蓄过剩的一个关键因素是其官方外汇储备的累积率。尽管人民币的"国际化"已经初现成效，但是有效的资本管制一直在保留着，没有完全消除，大大限制了除了官方认可的向内和向外的外国直接投资以外的其他私人资金流动。家庭储蓄持续高于投资导致了外汇收入持续高于净出口。这些外汇盈余被存放在中国的商业银行中，但资本管制使其不能被银行存款持有人用于国际资产交易，因此常见的做法是被中国人民银行吸收并换取新印发的人民币。在不能完全自由兑换的情况下，这些资金必须被存放在国外，主要通过购买美国和欧洲政府债券的形式。① 2007 年，通过中国早期的对外直接投资、融资，中国投资公司（CIC，简称中投）存放美元资产的中央政府负债被转移。自那时起，CIC 就可以从商业银行直接收购外汇。结合私人储蓄的缓慢增长和相关的贸易顺差收缩，我们已经可以看出，官方外汇储备累积的速度正在放缓，它们在中国人民银行资产负债表上的作用也日益削弱，如图 7 所示。

因此，中国的外汇储备累积率根据国际和历史标准来看仍然很大，它的规模主要是对外资本管制的后果。事实上，法律禁止普通公民持有大量海外资产，但中国人民银行和中国投资公司及主要国有对外投资者已经开始代为持有海外资产。对外汇储备累积和其他向外现金流来说，重要的是它们在国际上的分布和随时间变化的程度。以低收益的外国政府债券形式存在的储备积累和中投向外投资的更高收益的投资组合之间的替换可能会导致中国过剩储蓄在海外的重新定向。

中投持有价值 5000 亿美元的投资组合，在美国、澳大利亚和一些亚洲国家资产中维持最大的份额。② 然而随着时间的推移，新的外国直接投资导致了一些变化，如表 1 所示。2011 年外国直接投资的流出量为 750 亿美元，主要流向其他亚洲国家。相比之下，同年官方外汇储备为 1280 亿美元，据

---

① 由此导致的货币扩张最初通过中国人民银行"冲销债券"的销售来进行（Tyers 和 Zhang，2011）。最近则改为通过提高存款准备金率等措施减少商业银行发行货币。

② 一些对外直接投资的具体信息可以参考《中国统计年鉴 2012》。《经济学人》（2013）给出了一个与官方统计数据稍有出入的总结。

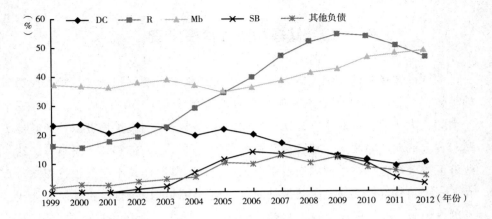

图 7　中国人民银行资产负债表的组成（按 GDP 占比）

注：DC 为国内信用，R 是官方外汇储备，Mb 为基础货币，SB 是中国人民银行发行的冲销债券。

资料来源：中国人民银行，货币当局 1999～2012 年的资产负债表。

推测很可能是用来收购美国债券的。因此，对外直接投资是一个相当大的抵消。在 2006 年，新的对外直接投资只有 176 亿美元，而外汇储备增长则达到 2470 亿美元。这意味着中国对外资金流动已经从美国强力转向亚洲的其他地区。

表 1　中国对外直接投资和地域分布

年份	年增长（十亿美元）	占比（%）					
		亚洲	非洲	欧洲	拉丁美洲	北美洲	大洋洲
2006 年	17.6	43.5	2.9	3.4	48.0	1.5	0.7
2007 年	26.5	62.6	5.9	5.8	18.5	4.2	2.9
2008 年	55.9	77.9	9.8	1.6	6.6	0.7	3.5
2009 年	56.5	71.5	2.5	5.9	13.0	2.7	4.4
2010 年	68.8	65.2	3.1	9.8	15.3	3.8	2.7
2011 年	74.7	60.9	4.3	11.1	16.0	3.3	4.4
2011 年底的对外直接投资储备	—	71.4	3.8	5.8	13.0	3.2	2.8
2011 年储备量（十亿美元）	425	425	303	16	24	55	13

资料来源：《中国统计年鉴 2012》。

三　全球金融的互相依赖和宏观经济政策

全球金融市场继续被美国主导，美国自 20 世纪 90 年代起持续保持结构性的经常账户赤字。尽管 2007 年以来的大部分问题都可以归咎于金融危机，但国际金融的整体格局不会被改变。重要的是，美国、欧盟和日本的政府希望处于净借款的位置，然而金融危机导致这三个地区的私人部门逆转为净储蓄位置，如图 8 所示。因此它用部分已经难以为继的主权债务，取代了部分同样难以为继的私人债务，留下了全球主权融资的高度不确定性。

在 2005 年发生了一次关键的转变，那时巨大的美国赤字还没有获得日本和产油国的盈余资金的支持。然而在那之后，这个融资的负担就渐渐落在了中国的肩上，如图 9 所示。截至 2010 年，中国已经加入了主要经济体俱乐部（Eickmeier 和 Kuehnlenz，2013），并成为世界其他国家或地区的主要融资供应商，尽管中国以外的其他地区和美国有着相似的经常账户余额。国际融资已经成为中国和美国两个国家之间的博弈。然而 2010 年后，中国的融资盈余角色开始随着国内的储蓄－投资平衡变化而褪色。它仍然是美国债务和股票的一个主要买家，然而注意到美国金融市场的潜在风险，中国的过剩储蓄应该进一步下降。

过去二十年间的国际金融

图 10 展示了 20 世纪 90 年代初以来短期和长期的美国国债收益率，这可以为我们深入了解导致全球金融危机的宏观经济事件提供一些启示。与收益率曲线的市场分割理论一致，我们可以想象一连串的短期合同串联的长期融资由于其交易成本而使人望而却步，使得短期和长期衍生工具在本质上以不同的价格进行交易。此外，短期债券是传统的国内货币政策工具，很少在国家至少是我们考虑的主要经济体之间买卖。相比之下，长期债券是私人储蓄和投资的工具。[①] 它们是持有股票的替代品，并且在国际上被广泛交易。因此

---

① 住房投资对短期利率非常敏感，因为大部分房屋贷款利率是浮动的，这是一个真实的经验法则。但投资、融资依赖于长期到期市场的假设相对比较准确，它对简化国际金融行为建模大有帮助。

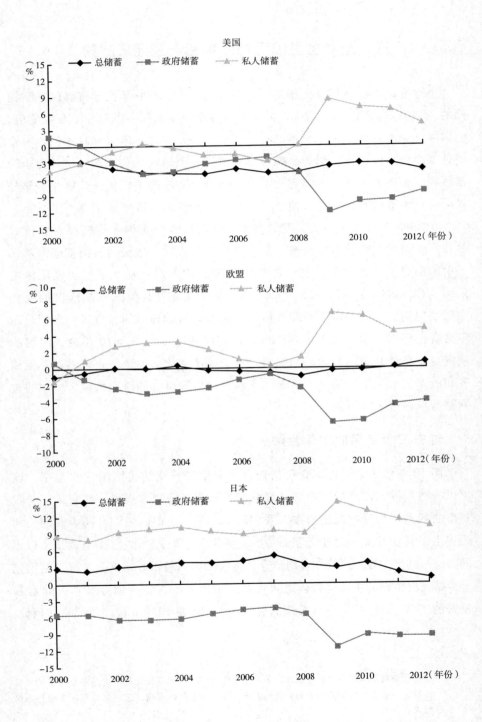

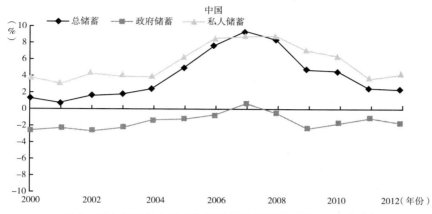

图8 四大经济体中私人和政府的净储蓄量（按 GDP 占比）

资料来源：国际货币基金组织，IFS 数据库；澳大利亚，ABS；中国（大陆，2012 年净因素收入的数值是根据作者的估计），国家统计局；美国，经济分析局；日本，日本央行；欧盟，欧盟统计局。

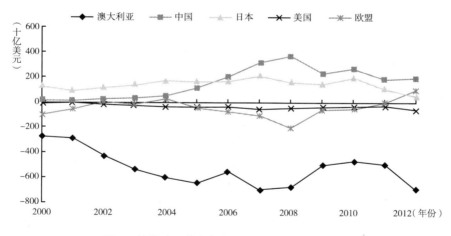

图9 关键地区的年超额储蓄（经常账户余额）

资料来源：国际货币基金组织，IFS 数据库；中国，国家统计局；日本，日本央行和财政司；欧盟，欧盟统计局；美国经济分析局。

长期债券的收益率比短期收益率更稳定，反映了全球储蓄和投资平衡中的变动情况。短期收益率反映了特定经济情况下商业周期中的货币宽松和紧缩情况。考虑到这一点，图 10 明确显示出美国在金融危机之前的两大周期，以及由 2004～2005 年汽油价格上涨导致的经济紧缩。2008 年后，美国进入了流动性陷阱，而欧洲和日本已经身处其中至少十年。

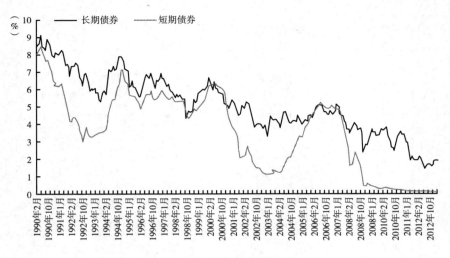

图10 过去二十年间美国国债收益率

资料来源：美国财政部。

图 10 中另一点值得注意的是长期债券收益率的持续平稳下降趋势。这是亚洲储蓄过剩的清晰信号。20 世纪 80 年代后，大部分的世界增长都发生在亚洲，在那里，储蓄率一直而且以后也会保持高于世界其他地区的水平。80 年代中期之前上涨的长期收益率已经持续下降。尽管没有在图中显示出来，但是这种长期趋势也体现在欧洲、加拿大和澳大利亚的长期债券收益率中。更重要的是，长期收益率的下降趋势在全球金融危机之后仍在三大经济体中持续，这可以从图 11 中最近的收益率数据中看到。然而，越来越多的证据显示由于日本和中国净储蓄的减少，亚洲的储蓄过剩已经结束。那么，长期收益率的进一步下降又应该如何解释呢？

量化宽松货币政策（QE）

最可能的解释是非常规的货币政策，或者 QE，中央银行通过大规模购买长期债券及相关金融工具实现货币扩张。对于 2007 年以来一直停滞不前的经济而言，这导致央行持有的资产大幅扩张，如图 11 所示。这些提高了长期债券和相关金融工具的价格并降低了它们的收益率。与一些更传统的货币政策不同，QE 关注广泛交易的工具，强调超越国界的国内货币循环。由于这一原因，QE 使得投资者在国外寻找更好的收益率，从而在美国、欧洲

图 11A 美国 2000 年以来的政府债券收益率

资料来源：美国财政部。

图 11B 欧洲 2000 年以来的政府债券收益率

资料来源：欧洲中央银行。

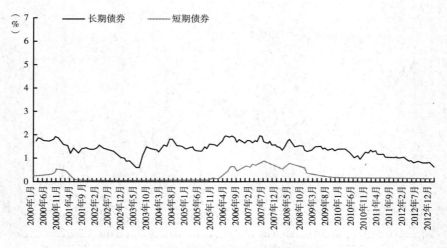

图 11C 日本 2000 年以来的政府债券收益率

图 11 美国、欧洲和日本 2000 年以来的政府债券收益率

资料来源：欧洲央行，路透社。

和日本导致了金融外流。[①] 近期央行资产负债表的扩张如图 12 所示。[②] 这种非常规的货币政策出现的目的又是什么呢？

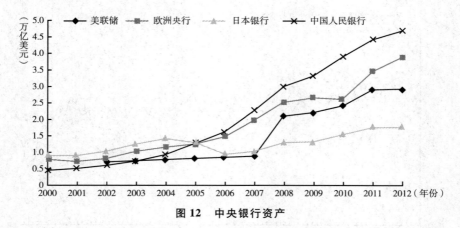

图 12 中央银行资产

资料来源：欧洲央行；美国、日本，圣路易斯联邦储备数据库；中国，国家统计局。

[①] 当然，从美联储的角度来看，QE 的一个明确理由是美国股票将会取代美国国债，并且它已经发生。美联储关于国际影响的发言则少得多。

[②] 值得注意的是，中国的货币基础相比其他国家是很大的，这可能是因为央行为应对高昂的存款准备金率而减少了货币发行。

进一步的财政扩张似乎不太明智，而流动性陷阱又阻止了传统的货币扩张。量化宽松政策提供了一种替代的刺激方式。中央银行收购为进一步的政府赤字提供了额外的便利。政府继续入不敷出，亚洲的顺差经济体越来越少地为他们的债务埋单，他们自己的央行可以收购这些债务。重要的是，新增的区域货币使对没有实施量化宽松政策的经济体的汇率贬值，至少在理论上，这可以刺激贸易部门。

全球博弈

量化宽松的一个重要意义在于，它是组成主要经济区域的小团体之间的战略游戏的一部分，中国现在已经是这个小团体中的一员。一个区域进行大量的货币扩张需要其他区域的回应，以避免可能造成竞争力降低的升值发生。在小团体外的其他转型经济体和资源出口经济体中，如澳大利亚，这种结果就是加速的通货膨胀，或者相对美国更大幅度的名义升值。[1] 如图13所示，2000年以来主要货币的变动中值得注意的一点就是美元的逐渐贬值。除此之外，日元、欧元和人民币倾向于以相同的方式变化，尤其是金融危机之后，大概稳定在2000年的水平，但兑美元都升值了1/3。最近，这种模式被日本更积极的量化宽松政策打破，日元相对其他货币大幅贬值。

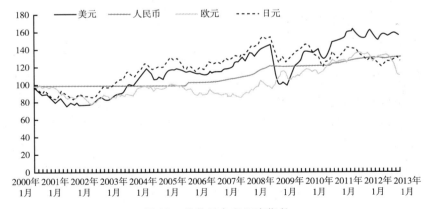

图13　兑美元名义汇率指数

资料来源：国际货币基金组织 IFS 数据库和欧洲统计局。

---

① 澳元是小团体外非违约风险经济体的资源货币，它也没有参与积极的货币扩张。因此，从量化宽松经济体中流出的寻求更高收益的资金提升了它的价值。

四　全球经济展望：减少中国储蓄的影响

世界各地的私人投资者都看到了主权债务的风险不会一直持续，因此他们持有量化宽松导致的多余现金，没有投资在新的厂房和设备上。投资者的信心只有在主权债务问题解决之后才能恢复，除非出现一个意想不到的冲击表明未来有更高的生产率。后者在很大程度上需要依赖政治斗争重新分配债务或者选择性违约。

然而，美国正面临着这样一个正面冲击，大量的价格低廉的天然气新能源。这可以吸引投资组合持有者进行新的私人投资，从而避免流动性。这样做可以发行新的债务和股票，压低债券价格并提高收益率。中央银行将设法避免吸收流动性带来的通货膨胀。他们的做法会影响很多方面。如果他们先出售持有的长期债券，将会进一步提高长期收益率。过去，日本和中国政府、石油输出国或他们的央行都曾经收购过这种债券。这一次，如果中国的过剩储蓄可以减少，并且丰富的新能源可以压低石油价格，那么这种救援就不会发生，除非允许一定程度的通胀，由此出现的信贷紧缩会扼杀经济复苏。

短期中国储蓄冲击的基本分析

为了解中国过剩储蓄的重要性，我们采用宏观经济行为的标准直观模型[①]来分析中国储蓄的单边下跌对中国经济和其伙伴国家经济的短期影响。首先，中国私人储蓄的减少将减少家庭资产的需求，提高家庭收益率。如果资本管制得当，这对国外私人资金流动[②]没有影响但是家庭消费会吸收原先出口的产品，减少经常账户盈余。购买国际商品的可用外汇减少，使中国的需求更多地转向国内商品，提高国内商品的相对价格，因此提高实际汇率。在金融领域，更高的国内收益率会提高持有货币的机会成本，减少实际结余

---

① 这是一个标准 Mundell（1963）- Fleming（1962）方法的弹性价格版本，标准的 Mundell（1963）- Fleming（1962）方法是现代宏观经济学的直觉基础。在后面的更广泛应用的定量分析中，我们会使用 Tyers 和 Cheong（2013）的模型来解决本文的问题。

② 不完善的资本管制意味着更大比例的国际流动，中国的追逐收益的投资者会选择持有国内资产而不是国外资产，从而减少资本账户的私人流出。

的需求。真正的升值需要的是通货膨胀、名义升值或者两者的结合，但是具体选择哪一个是由货币政策决定的。我们可以假设中国政府想要的是两者的结合，正如他们过去一段时间所做的那样。

其次来谈谈中国的经济合作伙伴。他们面临着三个冲击。第一，他们资产的外部需求收缩，为国内长期债券收益率带来上升压力。第二，国外通货膨胀导致物价水平偏高，从而使他们的贸易条件恶化。第三，与此相关但是更加有利的是实际货币的贬值。在国内金融市场，外国需求的减少提高了国内资产的收益率，减少了国内投资。实际上，由于国外的商品供应比国内的更有弹性，国内的总需求正在收缩，因此国内商品价格相对下降，导致实际贬值。

更高的国内收益率减少了对实际货币余额的国内需求，为防止通胀，我们需要货币紧缩。① 这就是量化宽松之前所做的。央行配备有长期到期资产，他们的通货膨胀目标政策会导致资产负债表的收缩。如果他们先在国际长期工具公开市场上抛售长期资产，试图回到传统的货币政策，就会加剧国内资产过剩，进一步提高国内外的收益率，更大幅度地减小国内投资。

最后，合作伙伴经济体将面对不利的贸易条款和大幅升高的投融资成本，尽管他们的实际汇率相对中国有所下降并且出口增加。这些情况的一些消极方面可以通过中央银行控制长期资产的发行以及他们过去二十年间允许的通货膨胀来抵消。事实上，一段时期的通货膨胀看似具有政治上的吸引力，无论是作为短时间内长期收益率加速提升的一个缓冲，还是作为减少主权债务负担的一种手段。然而，如果市场预计到这种通货膨胀，那么势必会促使债券市场上的私人抛售，根据收益率曲线的预期理论，这会拉高长期收益率。在此期间需要央行采取非常稳定的手段。

中国以外的经济区域的情况在一定程度上依赖于融资成本上升等。这是一种重要的时机的巧合——中国和日本的过剩储蓄减少正好发生在其他

---

① 如果我们相信收益率曲线的市场分割理论，也相信中国人民银行可能持有长期美国国债，那么美国的长期债券收益率将会上升。由于投资组合主要由长期到期资产或其他等价物组成，长期利率是持有货币的机会成本。

经济体的量化宽松政策之后的几年。尤其是对于美国，情况可能会被中国储蓄减少以及对美投资减少更糟。图 8 可以证明，即使是相当标准化的十年期政府债券合同在几大经济体之间也是有区别的。这意味着，对美国资产投资的分配减少会加速美国的金融紧缩。

五　结论

中国政府目前致力于更慢且更向内集中的增长，这将会抑制其过剩的储蓄。消费的增长将会减少家庭储蓄，垄断利润的减少以及进一步的金融发展会降低企业储蓄，近期省级债务的上升已经缩减了政府储蓄。这与日本储蓄的减少不谋而合，因此"亚洲的储蓄过剩"将会结束，最终引起全球债务成本上升。全球债务成本近期被美国、欧洲和日本的量化宽松政策所抑制。在主要经济区域中，减少中国储蓄将会使全球性传播的长期债券收益率提高，债务服务成本的上升对全球投资提出了新的挑战。

鉴于在降低的能源成本的辅助下，美国似乎要引领北方的复兴，这更依赖于中国储蓄增长放缓对美国资本市场和投资的影响。对美国经济的影响可能是不成比例的，不仅仅是因为两个经济体之间高度的相互依赖，也因为中国的金融流出从储备累积向其他方向转移，由原先的美国债券转向了外国直接投资，而后者的主要流向是亚洲的其他经济体。美国的融资成本相对大幅上升会抑制美国乃至全球的复苏。这种悲观情形的影响可以被大区域的财政联合所抵消，所以全球债务随全球储蓄下降而下降，导致私人投资的软着陆。然而如果没有财政联合，结果可能就是严重的全球紧缩。

现在急需吸引全球投资组合持有者的实际投资，投资组合持有者最近正在吸收现金，避免他们眼中的系统风险和越来越高的主权债务。实现这一目标需要建立新的产业，创造就业机会以及提高来自中国和其他亚洲出口商的新出口需求。考虑到中国的出口环境，其向内转变是明智的，但是与流行的观点不同的是，这一转变的时机是不恰当的。当传统货币政策不可避免地回归时，这些过剩的储蓄也随之而来。过剩储蓄的消失是一个主要的全球性负面冲击，它只是暂时由更大的经济区域的量化宽松政策掩饰起来了。

参考文献

Arora, V. & Tyers, R., 2011, "Asset Arbitrage and the Price of Oil", Economic Modelling, Vol. 29, No. 2, pp. 142 – 50, March.

Bergsten, C. F., Freeman, C., Lardy, N. R. & Mitchell, D. J., 2008, China's Rise: Challenges and Opportunities, Peterson Institute for International Economics, Washington DC.

Bernanke, B. S., 2005, "Remarks by the Governor", Sandridge Lecture, Virginia Association of Economists, Richmond Virginia, March, Federal Reserve Board.

Cai, F., 2010, "Demographic Transition, Demographic Dividend and Lewis Turning Point in China", China Economic Journal, Vol. 3, No. 2, pp. 107 – 19.

Chinn, M. D. & Ito, H., 2007, "Current Account Balances, Financial Development and Institutions: Assaying the World 'Saving Glut'", Journal of International Money and Finance, Vol. 26, pp. 546 – 69.

Choi, H., Mark N. C. & Sul, D., 2008, "Endogenous Discounting, the World Saving Glut and the US Current Account", Journal of International Economics, Vol. 75, pp. 30 – 53.

Deer, L. & Song, L., 2012, "China's Approach to Rebalancing: A Conceptual and Policy Framework", China & World Economy, Vol. 20, No. 1, pp. 1 – 26.

Dooley, M. P., Folkerts-Landau D. & Garber, P., 2004, "Direct Investment, Rising Real Wages and the Absorption of Excess Labor in the Periphery", NBER Working Paper 10626 (July), National Bureau of Economic Research, Cambridge MA.

Easterly, W., 2001, "The Lost Decades: Developing Countries Stagnation in Spite of Policy Reform 1980 – 1998", World Bank, Washington DC, February.

Economist, 2013, "ODI-lay Hee-Ho: The Expanding Scale and Scope of China's Outward Direct Investment", 19 January: http://www.economist.com/news/china/21569775-expanding-scale-and-scope-chinas-outward-direct-investment-odi-lay-hee-ho.

Eichengreen, B., Park, D. & Shin, K., 2011, "When Fast Growing Economies Slow Down: International Evidence and Implications for China", NBER Working Paper, 16919, Cambridge MA.

Eickmeier, S. & Kuehnlenz, M., 2013, "China's Role in Global Inflation Dynamics", Discussion Paper 7 – 2013, Deutsche Bundesbank.

Fleming, J. M., 1962, "Domestic Financial Policies Under Fixed and Under Flexible Exchange Rates", International Monetary Fund Staff Papers, Vol. 9, pp. 369 – 79.

Garnaut, R., 2010, "Macroeconomic Implications of the Turning Point", China Economic Journal, Vol. 3, No. 2, pp. 181 – 90.

Garner, J. & Qiao, H., 2013, "China—Household Consumption most likely US1. 6 trillion Larger than Officially Stated", Asian Insight, Morgan Stanley Research, 28 February, http：//www. morganstanleychina. com/views/121217. html.

Golley, J. & Meng, X. , 2011, "Has China Run out of Surplus Labour?", *Chinese Economic Review*, Vol. 22, No. 4, pp. 555 – 72.

Golley, J. & Tyers, R. , 2012, "Population Pessimism and Economic Optimism in China and India", *The World Economy*, Vol. 35, No. 11, pp. 1387 – 416.

Horioka, C. Y. & Terada-Hagiwara, A. , 2012, "The Determinants and Long-term Projections of Saving Rates in Developing Asia", *Japan and the World Economy*, Vol. 24, pp. 128 – 37.

Huang, Y. , 2013, "China's New Growth Model", East Asia Forum, 14 April, http：//www. eastasiaforum. org.

IMF, 2013, Fiscal Monitor：Fiscal Adjustment in an Uncertain World, World Economic and Financial Surveys, April, The International Monetary Fund, Washington DC.

Ito, H. , 2009, "US Current Account Debate with Japan then, and China Now", *Journal of Asian Economics*, Vol. 20, pp. 294 – 313.

Kuijs, L. , 2006, "How will China's Saving-Investment Balance Evolve?" World Bank Policy Research Working Paper 3958, Beijing, July.

Lardy, N. R. , 2006, "Toward a Consumption-Driven Growth Path", Policy Brief 06 – 6, Peterson Institute for International Economics, Washington DC.

2012, Sustaining China's Growth after the Global Financial Crisis, *Peterson Institute for International Economics*, Washington DC, January.

Lee, J. W. & McKibbin, W. J. , 2007, "Domestic Investment and External Imbalances in East Asia", CAMA Working Paper 4 – 2007, Australian National University, Canberra.

Lewis, W. A. , 1955, The Theory of Economic Growth, Taylor and Francis, London.

Lu, F. , Song, G. , Tang, J. , Zhao, H. & Liu, L. , 2008, "Profitability of Chinese Firms, 1978 – 2006", *China Economic Journal*, Vol. 1, No. 1.

Ma, G. & McCauley, R. N. , 2007, "How Effective are China's Capital Controls?", in R. Garnaut and L. Song (eds.), China：Linking Markets for Growth, Asia-Pacific Press, pp. 267 – 89.

Ma, G. & Yi, W. , 2010, "China's High Saving Rate：Myth and Reality", *International Economics*, Vol. 122, pp. 5 – 40.

Mundell, R. A. , 1963, "Capital Mobility and Stabilisation Policy under Fixed and Flexible Exchange Rates", *Canadian Journal of Economics and Political Science*, Vol. 29, pp. 475 – 85.

Riedel, J. , 2011, "The Slowing Down of Long-term Growth in Asia：Natural Causes, the Middle Income Trap and Politics", *School of Advanced International Studies*, Johns Hopkins University.

Robertson, P. E. & Ye, L. , 2013, "On the Existence of a Middle Income Trap", University of Western Australia Economics Discussion Paper 13 – 12, Perth, February.

Song, L. , Wu, J. & Zhang, Y. , 2010, "Urbanization of Migrant Workers and Expansion of Domestic Demand", *Social Sciences in China*, Vol. XXXI, No. 3, pp. 194 – 216.

Song, L., Yang, J. & Zhang, Y., 2011, State-owned Enterprises " Outward Investment and the Structural Reform in China", *China and the World Economy*, Vol. 19, No. 4, pp. 38 – 53.

Tyers, R., 2012, "Japan's Economic Stagnation: Causes and Global Implications", *The Economic Record*, Vol. 88, No. 283, pp. 459 – 607.

Tyers, R. & Cheong, T. C., 2013, "A Dynamic Global Model for Macroeconomic Analysis: Government Debt, Reserves, Bilateral Asset Holdings and Sector Specificity", presentation at the 16th Conference on Global Economic Analysis, Shanghai 12 – 14 June 2013, and CAMA Working Paper, February.

Tyers, R. & Lu, F., 2008, "Competition Policy, Corporate Saving and China's Current Account Surplus", Working Papers in Economics and Econometrics No. 496, *College of Business and Economics*, Australian National University, July.

Tyers, R. & Zhang, Y., 2011, "Appreciating the enminbi", *The World Economy*, Vol. 34, No. 2, pp. 265 – 97.

Wen, Jiabao, 2007, The Conditions for China to be able to Continue to Guarantee Stable and Rapid Economic Development, 16 March, viewed 28 October 2011, www. npc. gov. cn.

Report on Work of the Government, 5 March, viewed 24 March 2011, www. npc. gov. cn.

World Bank, 2010, "Escaping the Middle-Income Trap", East Asia and Pacific Economic Update 2010 Volume 2: Robust Recovery, Rising Risks.

Yi, Gang, 2011, "How China plans to strike an economic balance", 4 February, *CaiXin Online English*.

（闫博巍 译）

成长为创新型经济体：来自中国企业层面数据分析的发现

周伊晓

一 背景介绍

自 1978 年进行改革开放以来，中国经历了高速的经济发展（Lin，2011）。近年来的一个发展动向是中国希望成长为知识密集型经济体。中国的这一目标可能成为推动全球范围知识重新分布的动力（Serger 和 Breidne，2007）。在这一背景下，由 Jones 和 Romer（2010：231）提出的以下问题可能变得越来越重要。

> 中国的人口大约相当于美国、欧洲和日本人口的总和。在未来几十年中，中国的持续经济发展可能会使全球研发人员的数量翻番，从而推动世界科技发展。长期来看，这一发展趋势会对中国分享知识的国家有何影响呢？

2006 年，中国国务院颁布了《国家中长期科学和技术发展规划纲要（2006～2020）》（以下简称《纲要》），这反映了中国成为世界重要的知识源泉之一的决心。在《纲要》中，中国政府强调自主创新和企业研发的重要性。《纲要》对其所覆盖的 15 年的指导思想是，"独立创新，在选定的科技领域里取得跳跃式发展，支持和引导国家未来发展"（Sun 和 Du，2010）。

尽管教育、制度、科学和技术发展与经济增长之间存在复杂的联系，本文聚焦在一个问题上：制度如何影响中国的创新表现？

这一问题具有根本性的重要意义。一直以来，对于中国是如何在较低水平的制度环境里取得高速增长是备受争论的（Huang，2008）。众多经济增长领域的文献认为制度质量是决定经济增长和发展的根本因素，并且认为物质资本积累、人力资本积累和技术进步都是经济增长的表现（Acemoglu 和 Johnson，2005；Hall 和 Jones，1999）。然而中国的增长表现似乎是理论预测外的特例。一些学者提出中国可以被看作对现有的关于法律、制度和经济增长之间联系的理论的一个例外（Allen 等，2005）。中国之所以在过去 30 余年的发展中成为一个特例，可能是因为对于一个更靠近世界技术前沿并且依赖自身技术创新的经济体而言，过去中国所处的发展时期可能受制度质量的影响程度没有那么高。

目前，中国经济增长强劲的一个原因可能是劳动力和资本在制造业企业间的资源再分配（Song、Storesletten 和 Zilibotti，2011），以及主要从事出口导向的劳动密集型的制造业活动（Wu，2010）。具有这种特点的经济体的成功，相比于一个依靠企业研发投入作为主要技术进步和生产力增长来源的经济体，可能对于制度质量的依赖要少。这是因为研发投入是一个长期投资过程，其回报的获得需要经过较长的时间。而且，与物质资本投资、技术模仿和技术进口相比较，研发投入的一个本质特点是风险和成本都很高。如果产权保护，尤其是知识产权保护不力，企业便可能由于担心失去高投入的研发获得的成果而变得短视，不愿意进行研发投入。因此，如果中国希望继续向世界技术前沿收敛，向知识密集型经济体发展，那么便很可能不会再是制度对经济发展的重要性命题的一个例外。

本文旨在发掘中国各省之间的制度差异如何影响各省的企业的研发投入，从而增进我们对于中国创新前景的了解。目前已有一些研究运用跨国数据分析国家整体制度质量对研发投入的影响，但是本文是分析中国国内各省制度质量差异，运用各省之间的制度差异来回答：制度质量如何影响中国的创新前景？当制度质量提高时，企业是否会增加研发投入？这便是本文的核心问题。如果回答是肯定的，那么制度质量将成为未来中国实现科学和技术腾飞的决定因素之一。为了分析制度质量的作用，必须对其他可能影响企业研发投入的变量进行控制。因此，除了对于制度因素的关注，本文也将对各种影响企业研发投入的因素进行分析。

二 研发活动的省际差异

如图1所示，在过去的二十余年中，中国的国家研发投入（现价）经历了持续并且加速的增长。中国的国内生产总值在1990~2010年以10.4%的速度增长（Lin，2011），而研发投入的增长速度更快，因此中国的研发投入强度一直保持增长（见图2）。《纲要》确立了研发强度要在2020年前达到2.5%的目标，这一水平与美国、日本和韩国的当前水平相接近（Fisher-Vanden 和 Ho，2007）。

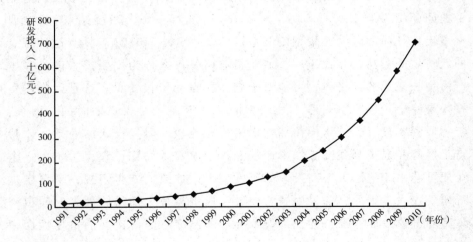

图1　1991~2010年中国的国家研发投入（现价）

一个分析中国科学与技术腾飞（Gao 和 Jefferson，2007）的有趣角度是更仔细地观察各省的表现。通过分析各省研发活动表现的差异，我们可以更好地了解决定研发强度变化的因素，进而帮助设计一些研发活动表现较弱的省可以用来增强其表现的政策。

图3和图4展示了1999年和2010年中国31个省市区的研发投入。

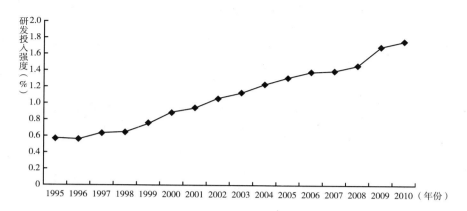

图2 中国的研发投入强度

1999年和2010年各省间的研发投入差异都是显著的，值得注意的是，在1999年，北京的研发投入遥遥领先，但若干省份比如江苏、广东、山东和浙江在十年内赶上了北京，江苏省的研发投入甚至超过了北京。图5展示了各省在1999～2010年研发强度的变化。其间，国家整体研发强度增加了大约1%，但各省之间的差异显著。天津、浙江、上海、江苏的研发强度实现了大约1.5%的快速增长；海南省的研发强度降低了；陕西省的研发强度几乎维持不变。

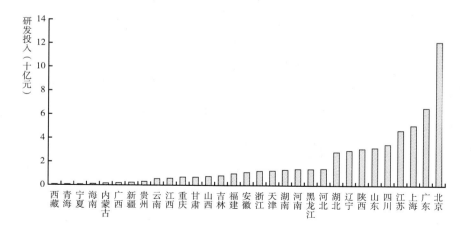

图3 1999年中国31个省市区的研发投入

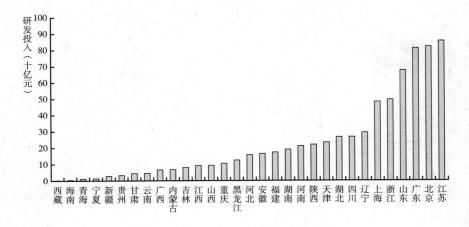

图 4　2010 年中国 31 个省市区的研发投入

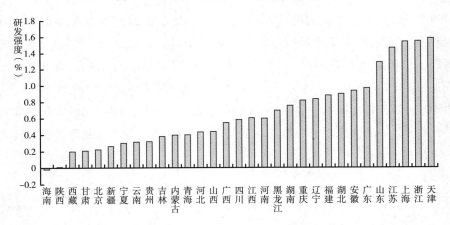

图 5　1999～2010 年中国 31 个省市区的研发强度变化

《纲要》不仅强调研发强度的增长，也提出要让企业成为进行研发活动的主体。各省在此方面的表现如何？笔者运用了由《中国科技统计年鉴》获得的大中型企业的数据来回答这个关于企业研发表现的问题。图 6 中显示的是在 1999 年和 2010 年各省大中型企业研发投入占全省总投入的比例和这一比例的变化程度。在 31 个省市区中，25 个省市区的大中型企业研发投入占全省的比例增加了。湖北、天津、河南、湖南和内蒙古，1999～2010 年的这个比例增加了 20 多个百分点。相较而言，海南的这个比例从 50% 显著下降到 26%；宁夏、青海、贵州、福建和广东的这一比例都是从 1999 年时多于 70% 开始发生下降。有意思的是，北京市的这一比例是很低的，在 2010 年仅为 13%，仅高于西藏一区。

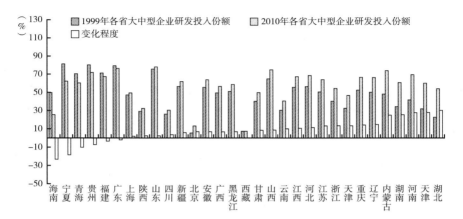

图 6　1999 年和 2010 年各省市区大中型企业研发投入份额及其变化程度

为了同时激发各省的研发强度和增强企业作为研发主体的重要性，非常关键的一方面是企业愿意将更多的资源投入到研发活动上。图 7 显示了 1999～2010 年各省大中型企业研发强度的变化。本文的焦点是运用企业数据研究大中型企业研发强度的决定因素。以往的研究在探究决定企业研发活动的因素时没有对企业所处经济环境的制度质量做出深入分析。因此，本文将探索这一问题。

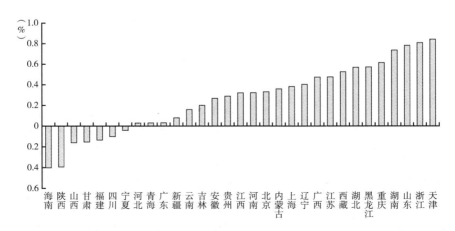

图 7　1999－2010 年各省大中型企业研发强度的变化

三 制度质量和企业研发活动

现有文献发现了若干个制度可能会影响企业创新活动的渠道。第一，在对外融资上，一些研究表明，良好的法律环境和有效率的金融系统可以促进企业对外融资，从而促进这些企业为投资进行融资的能力（La Porta 等，1997；Demirguc- Kunt 和 Maksimovic，1999；Beck 等，2006）。第二，在对内融资上，Cull 和 Xu（2005）发现面对政府征收的风险越大的企业的再投资比例越低。Lin 和 Wong（2012）也发现政府提供好的制度环境和服务是与企业的投资和销售增长呈正相关的。第三，创新活动作为一种特定的投资活动，具有对制度质量尤其敏感的特点。Jorde 和 Teece（1990）认为："创新……涉及不确定性，冒风险，探索和再探索，实验和测试。这是一项常遇死胡同的活动。"另一些研究也认为风险和不确定性是创新活动的突出特点，因为技术发展充满各种可能性。这些研究强调由政府制定的法律和规制对于降低进行创新活动的企业面临的风险和不确定性的重要意义（Kaasa、Kaldaru 和 Parts，2007）。

关于何种特定制度对于创新活动尤其重要，Eicher 和 Garcia-Penalosa（2008）认为在以研发和创新驱动的增长模型当中，知识产权的保护是最有影响的制度。罗默模型（1990）认为，企业为了生产新的中间品和获得它们的专利权而进行研发活动。当专利权被执行时，创新发明者面临的市场环境是垄断市场，从而可以享受创新成果的垄断利润；如果专利权没有被执行，产品被其他竞争企业所模仿和生产，在这种情况下，发明者将不能获得垄断利润。

尽管罗默模型适用于技术先进、依赖创新作为发展动力的国家，也有一部分文献关注的是经济体如何从单纯模仿转型为进行研发和创新。Eicher 和 Garcia-Penalosa（2008）提出，如果国家的初始制度水平高于一个临界值，国家将达到进行企业研发的均衡态；如果国家的初始制度水平低于这个临界值，国家将达到增长停滞和没有知识产权保护的另一个均衡态。若要从增长停滞和没有知识产权保护的均衡态转化为进行企业研发的高增长均衡态，必须的条件是采用高于临界值的制度水平。

四　其他企业研发活动的决定因素

有文献发现政府补贴对于企业研发活动有影响。比如，有文献认为通过使用国家经费来扶持私人部门的研发活动在许多国家是常见的。Eurostat（2009）的数据表明，从 20 世纪 90 年代中期到 21 世纪第一个十年的中期，欧盟 27 国政府投入占总研发投入的比例是 35%，美国是 30%，日本是18.5%（Zúñiga-Vincente 等，2012）。在政府研发投入中，很重要的一部分是用来补贴企业进行的研发活动。基于此种考虑，企业受到的补贴占企业工业销售额的比例可能是一个决定中国企业研发活动的变量而被纳入回归分析的解释变量中。

尽管本文考虑了企业研发活动是否受到政府补贴的影响，要进一步深入探索政府对企业研发补贴的经济影响还需要考虑以下两个在本文中没有触及的问题：第一，由政府补贴支持的研发活动是否有经济效率？政策扶持政策应该用来支持对社会总体利益有益，但私人企业没有足够激励去进行的研发活动。需要政策扶持的主要理由是存在诸如研发回报获得不完全、信息不完整和市场不完整等市场失灵现象。然而，要确定政府扶持应用在哪些项目上并不是一件简单的事情。第二，政府研发补贴和企业实际的研发投入之间是什么关系？政府补贴会激发还是挤出私人企业的研发投入（Lokshin 和 Mohnen，2012），这两个问题对于政府补贴是否能促进企业研发活动有重要意义，需要在未来进行研究。

企业能否获得资金也会影响企业的研发活动。研发投入的资金限制问题可能比其他投资形式的资金限制问题更严重。研发费用高的企业具备的可以用作抵押物的有形资产常常较少（Brown 等，2009）。研发经费大部分是用在科学家和研究人员的工资上，而这是一种人力资本投资，难以被用作获得信贷的抵押物。此外，为了保护对创新成果的产权，企业常常不能够或者不愿意向可能的资金提供者揭示关于创新成果的足够信息（Maskus、Neumann 和 Siedel，2012）。

为研发活动提供资金的渠道有内部资金（来自利润）和外部资金（信贷或资产）（Unger 和 Zagler，2003）。对企业层面创新活动的资金来源的研究表明，企业为了保持对研发成果的所有权，首先会诉诸内部资金。当需要更多的资金来支持研发活动时，企业会转向外部资金，其中首先寻求银行贷款，而后探索资本市场的资金（Maskus、Neumann 和 Siedel，2012）。为了探索资金限制对于企业研发活动的影响，在本文的回归分析中加入利润占工业销售额的比重、总负债占总资产的比重和利息支付占工业销售额的比重这三个变量，作为可能影响企业研发活动的因素。

　　和资金限制紧密相关的另一个问题是企业规模、市场结构和企业创新活动之间的关系。约瑟夫·熊彼得认为高产业集聚度的市场里的大型公司是技术进步的主要来源。他的这一论点的支撑原因有：大企业更有能力支付研发项目的固定成本；创新活动具有规模经济；大企业能够更好地利用没有被预见的创新成果；大企业可以通过同时承担许多研发项目来分散研发风险；大企业更容易获得外部资金（Symeonidis，1996）。对于有更大市场影响力的企业，它们更容易用本身的利润为研发提供资金，它们做研发的激励也更大，因为它们可以更容易从研发成果中获得回报。在本文中，雇用人数、企业销售额占其所在四分位行业总销售额的比例和四分位行业的赫芬代尔指数会进入回归分析来分别作为捕捉企业规模、企业影响力和市场结构的变量。

　　有研究表明，研发密集的企业支付的平均工资更高。对于研发强度和工资水平之间的正向关系，有四个可能的解释：高研发强度的企业对于雇用人员有特定职业和特殊技能的要求；高研发强度企业对雇用人员的教育水平和内在能力要求高；高研发强度企业会产生与雇用人员分享的准租金；高研发强度企业较大的规模（因为大企业有更强的能力分散研发固定成本）可能带来工资水平的溢价（Mishra 和 Smyth，2012）。因此，被雇用人员的平均工资被包含进回归分析中。

　　企业的年龄可能会对研发活动有两方面的影响。尽管 Lodere 和 Waelchli（2009）关注的焦点不是企业年龄和研发活动之间的关系，他们对于企业年龄的影响却做出了清晰的解释。一方面，较大的年龄让企业通过了解自己最善于在哪些领域运作以及学习如何更好地运作而变得更有效率；另一方面，较大的年龄可能使知识、能力退化和技巧过时从而引致机构退化。平衡这两方面，较大的企业年龄使企业更强大还是使企业负担更重并不清楚，所以我们对于回归分析中企业年龄这一解释变量的系数估计结果的预期是不确定的。

　　企业参加出口也可能影响企业研发活动。这可能是因为企业出口之前需要进行研发活动（Yu 和 Dai，2013），因为创新可以帮助企业在国际市场上维持竞争力（Porter，1990）。因果关系也可能是倒过来的，可能是出口企业在国际市场中更容易接触到全球范围内的知识，获得更多的知识外溢，从而促进了企业研发活动。作为国际市场中最大的出口国家之一，贸易参加与创新之间的关系对于中国未来的增长前景是至关重要的。

五　研究数据

本文中的分析是基于 2005～2007 年中国制造业企业的面板数据，数据来自由国家统计局编制的中国工业企业年度普查数据。这一普查提供了国有企业和年营业额 500 万元以上的企业的财务和经营情况的数据。国家统计局要求这些企业向当地统计局报告，当地统计局进而向国家统计局报告。国家统计局最终负责处理数据，得出普查结果。这一普查被认为是国家统计局编制的最全面的企业数据，覆盖的企业产出总额大约占其所属产业产出总额的 90%。国家统计局一直努力保持不同年份、产业和地区中数据收集的一致性（Yi、Wang 和 Kafouros，2013）。表 1 和表 2 展示了 2005～2007 年企业的相关信息。

为了量度中国各省份的制度质量，笔者采用了中国市场化指数（Fan、Wang 和 Zhu，2011）。中国市场化指数是一个测量中国各省市场化相对进程的指数（Wang、Fan 和 Zhu，2004）。它通过 5 个领域里的 23 个基本指标考量市场化表现。对于每一个领域，取几个基本指标的算术平均值作为这个领域的指数。进一步，5 个领域指数的算术平均值成为整体市场化进程指数。这 5 个领域包括政府和市场的关系、非国有经济的发展、产品市场发育、要素市场发育以及市场中介和市场法律环境的发展。在本文中，两个来自市场化指数系统的指标被用来反映制度质量：一是整体市场化进程指数；二是反映知识产权保护的基本指标，它是组成市场中介和市场法律环境的发展指标的一个分指标，它的计算是基于各省份平均每个技术人员专利申请数量和专利获得数量。一方面，在讨论企业进行创新活动的激励时，知识产权保护是备受关注的；另一方面，整体制度质量会影响企业生产的全过程和企业享受研发成果的能力。因此在之后的回归分析中，这两个对于制度质量的测量指标分别被采用。

表 1 企业相关信息

单位：个，%

年份	数量	样本企业数量	样本企业占比
2005	243994	26051	0.106769
2006	271002	29804	0.109977
2007	304936	34232	0.1122596

表 2 回归样本的描述性统计

Variables	Mean	Standard deviation	Min	Max
R&D intensity	0.0018	0.0146	0	0.9906
size	4.66	1.08	2.2	12.1
age	9.2	9.12	1	180
k	87.97	231.3	-4.78	26,818.19
herfindahl	0.015	0.027	0.00099	0.92
marketshare	0.0017	0.0089	0	0.88
wage	2.72	0.57	-5.3	8.39
profitability	0.0102	8.88	-7710.8	628.8
exportintensity	0.17	0.34	0	1.4
debtratio	0.57	0.44	-24.3	270.5
interestpayment	0.015	4.62	-28	4130
subsidy	0.0028	0.036	-0.24	17.24
intellectual property protection	13.22	10.59	0.02	41.47
overall institutional quality	8.47	1.58	0.29	10.92
percapitaGDP	26,329.84	12,033.13	5052	66,367

六 实证模型和估计

$$R\&Dintensity_{i,j,k,t} = \beta_0 + \beta_1 \times size_{i,j,k,t} + \beta_2 \times age_{i,j,k,t} + \beta_3 \times profitability_{i,j,k,t} +$$
$$\beta_4 \times exportintensity_{i,j,k,t} + \beta_5 \times wage_{i,j,k,t} + \beta_6 \times marketshare_{i,j,k,t} +$$
$$\beta_7 \times herfindahl_{j,t} + \beta_8 \times debtratio_{i,j,k,t} + \beta_9 \times k_{i,j,k,t} + \beta_{10} \times subsidy_{i,j,k,t} +$$
$$\beta_{11} \times interestpayment_{i,j,k,t} + \beta_{12} \times institutionalquality_{k,t} + \varepsilon_{i,j,k,t}$$

$$(1)$$

i 表示四分位产业里的一个企业个体，j 表示一个四分位产业，k 表示一个省份，t 表示一年。

$R\&Dintensity_{i,j,k,t}$ 是企业研发投入占工业销售的比例。这个变量反映企业在创新活动中的投入。创新活动的测量主要可以分为测量投入和测量产出。测量产出的指标有专利数量、重大创新数量和创新成果的市场价值等。最常用的测量投入的指标有企业研发投入和进行研发活动的人员数量（Symeonidis，1996）。由于本文的数据中没有专利数量和进行研发活动的人员数量的信息，企业研发强度被选用来反映企业创新活动。

$size_{i,j,k,t}$ 是企业雇用人数的自然对数。

$age_{i,j,k,t}$ 是自企业创办以来的年数。

$profitability_{i,j,k,t}$ 是利润占企业工业销售额的比例。

$exportintensity_{i,j,k,t}$ 是出口额占企业工业销售额的比例。

$wage_{i,j,k,t}$ 是被雇用人员的平均工资，即工资报酬与福利之和除以被雇用人员数量。

$marketshare_{i,j,k,t}$ 是企业工业销售额占其所在四分位行业总销售额的比例。

$herfindahl_{j,t}$ 是四分位行业的赫芬代尔指数，其计算方法是这一四分位行业内所有企业的市场份额的平方和。这一指数的区间是（0，1），0 表示每个企业的市场份额极小的完全竞争状态，1 表示一家企业占领市场的垄断状态。

$debtratio_{i,j,k,t}$ 是企业的总负债占企业总资产的比例。

$k_{i,j,k,t}$ 是企业平均每个雇用人员的固定资产净值。

$subsidy_{i,j,k,t}$ 是企业获得政府补助占企业工业销售额的比例。

$interestpayment_{i,j,k,t}$ 是企业支付的利息占企业工业销售额的比例。

$institutionalquality_{k,t}$ 是企业所处省份的制度环境的度量（整体制度质量和知识产权保护）。

$percapitaGDP_{k,t}$ 是企业所处省份的人均国内生产总值。

对式（1）进行计量估计的难点在于被解释变量 $R\&Dintensity_{i,j,k,t}$ 的观测值中有显著的一部分是零值。如果对非零观测值做最小二乘法估计，存在样本选择问题，其结果将是有偏的。另外由于存在不可测量的企业异质性（比如企业家的能力），估计问题变得更为复杂。同时存在的被解释变量的样本零值问题和企业固定效应问题要求我们寻找一个估计方法来同时处理这两个问题。以往的关于中国企业研发强度的研究采用随机效应的托宾模型。尽管这一方法注意到了被解释变量观测值有一部分是零值的问题，却假设企业异质性与其他解释变量不相关。如果企业的异质性体现在企业家的能力等，那么这个变量既可能影响企业研发强度，也可能影响其他解释变量（比如企业赢利性和市场份额）。因此，本文采取一个估计方法（Kyriazidou，1997）来同时处理样本选择和企业异质性问题。

七　实证结果

表 2 展示了回归样本的描述统计。表 3 和表 4 报告了回归结果。表 3 中我们看到的是知识产权保护如何影响企业研发强度，表 4 中呈现的是整体制度质量的作用。可以看到，基于这两个制度质量变量的结果是接近的。同等情况下，较大的企业规模增加企业进行研发活动的可能性；平均工资越高，赢利性越高，出口强度更高的企业更有可能进行研发活动；负债比例越大的企业越不可能做研发；企业受到的补贴强度越高就越可能进行研发；当企业所处省份的知识产权保护（或者整体制度）增强时，企业更可能做研发。各解释变量对已经从事研发活动的企业的研发强度的影响如下：如果企业所在四分位产业中竞争程度越弱，企业研发强度越高；企业市场份额越高，企业研发强度越低；企业利率支付占工业销售额的比例越高，企业研发强度越高。比较解释变量分别如何影响企业做研发的可能性和企业的研发强度，我们可以看到如下两点：第一，企业市场份额和利率支付占工业销售额的比例正向影响企业的研发强度，但不影响企业做研发的可能性。第二，企业规模、工资水平、赢利性、负债率、政府补助强度和企业所在省份的知识产权保护（或者整体制度）正向影响企业做研发的可能性，但不影响已经做研发的企业的研发强度。

一方面，本文发现规模更大、赢利性更高的企业更可能做研发，但研发强度并没有明确显示企业规模、赢利性和创新活动之间的复杂关系；另一方面，本文发现企业所在行业的产业集聚度越高，企业市场份额越小，企业的研发强度越高体现了市场影响力和创新之间的联系。然而，本文中关于企业规模、市场结构和企业创新的实证发现与熊彼得的论点并不一致，要对此做出一个有力的解释需要未来进行更深入的研究。

表3　回归结果

企业研发的可能性			企业研发强度	
Regressors	Coefficients	Standard error	Coefficients	Standard error
size	0.48 ***	2.6E − 02	− 2.3E − 03	1.6E − 03
age	− 0.0034	3.3E − 03	− 1.8E − 05	3.9E − 05
k	6.2E − 05	7.2E − 05	4.1E − 06	6.4E − 06
herfindahl	− 0.27	0.71	0.057 ***	2.0E − 02
marketshare	0.16	2.1	− 0.073 ***	2.6E − 02
wage	0.38 ***	2.1E − 02	6.5E − 04	1.3E − 03
profitability	0.055 **	2.6E − 02	− 0.010	5.6E − 03
exportintensity	0.29 ***	6.4E − 02	− 3.0E − 03	3.2E − 03
debtratio	− 0.15 ***	4.7E − 02	− 3.5E − 03	2.2E − 03
interestpayment	0.22	0.15	0.080 ***	3.0E − 02
subsidy	0.56 **	0.26	0.074	5.2E − 02
intellectual property protection	0.029 ***	4.3E − 03	− 7.9E − 05	2.0E − 04
percapitaGDP	− 7.70E − 07	8.5E − 06	4.6E − 07	3.6E − 07
year2006	0.075	2.5E − 02	6.1E − 04	8.7E − 04
year2007	0.15	4.9E − 02	− 1.6E − 03	1.7E − 03

注：***，**，* 分别表示在1%、5%和10%的水平下显著。

表4　回归结果

企业研发的可能性			企业研发强度	
Regressors	Coefficients	Standard error	Coefficients	Standard error
size	0.48 ***	2.62E − 02	− 1.2E − 03	1.3E − 03
age	− 0.0034	3.21E − 03	− 2.4E − 05	4.6E − 05
k	6.34E − 05	7.23E − 05	− 1.1E − 06	7.1E − 06
herfindahl	− 0.27	7.08E − 01	0.068 ***	2.6E − 02
marketshare	0.27	2.09E + 00	− 0.10 ***	3.5E − 02
wage	0.38 ***	2.05E − 02	1.3E − 03	1.4E − 03
profitability	0.055 **	2.56E − 02	− 0.015 *	8.3E − 03
exportintensity	0.30 ***	6.37E − 02	4.7E − 04	2.7E − 03
debtratio	− 0.15 ***	4.64E − 02	− 1.5E − 03	2.5E − 03
interestpayment	0.22	1.55E − 01	0.094 ***	3.8E − 02
subsidy	0.55 **	2.55E − 01	0.10	6.2E − 02
Overall institutional quality	0.022 ***	5.17E − 02	9.3E − 04	1.8E − 03
percapitaGDP	2.28E − 05 ***	6.34E − 06	4.0E − 07	3.0E − 07
year2006	− 0.0751 **	2.87E − 02	9.4E − 04	9.6E − 04
year2007	− 0.093 *	4.81E − 02	− 1.1E − 04	1.7E − 03

注：***，**，* 分别表示在1%、5%和10%的水平下显著。

关于资金限制与创新活动之间的关系，本文发现企业负债越高则做研发的可能性越低支持了企业内部资金是研发活动重要来源的假说。本文又发现利率支付显著正向影响研发强度，这表明外部资金，比如银行贷款，是企业研发活动的重要资金来源。另一个有意思的发现是企业获得的政府补助占工业销售额的比例显著正向影响企业进行研发的可能性。这一发现表明政府在中国的"科学技术腾飞"过程中可能起到举足轻重的作用，关于政府补助如何影响企业创新活动的投入和产出是一个需要进一步研究的问题。另外，本文还发现制度质量提高将鼓励企业开始做研发但却不增加已进行研发的企业的研发密度，这进一步引发我们关注其他决定企业研发强度的潜在因素。

基于我们对于较强知识产权保护将增强中国企业研发可能性的实证发现，我们认为为企业研发活动提供保护的制度是重要的，并且这一结论适用于中国经济。为了实现《纲要》所制定的让企业成为研发活动主体的目标，中国政府可以采用的一个有效策略是进一步建立促进市场运作和知识产权保护的制度来增加企业研发投入的期望回报。值得注意的是，由于制度变量只显著影响企业研发的可能性而不显著影响企业研发强度，增强制度保护的主要作用可能是引发一个经济系统的变化，使企业从单纯从事模仿转变为从事创新。一旦完成这一生产模式的变化，研发活动的持续增加可能取决于其他因素。

回归分析的解释变量中纳入企业所在省份的人均国内生产总值，从而控制来自经济发展阶段的影响。具有较高人均国内生产总值的省份可能具备较好的基础设施，更丰富的人力资本和更成熟的商业活动环境。这些因素都可能有利于企业研发活动，并且可能与制度质量相关，因此在回归分析中控制了企业所在省份的人均国内生产总值。回归结果显示这一变量不显著解释企业从事研发的可能性和已经从事研发的企业的研发强度，这进一步表明了制度质量本身的重要性。

八　政策含义

随着中国持续向处在世界前沿的国家收敛，中国经济向知识密集型和更具创新力转型变得更紧迫了。尽管有研究表明中国在较弱的制度环境中取得了快速增长（Huang，2008；Allen 等，2005），但本文发现制度质量对中国未来的经济增长起到关键作用，因为制度质量对中国的创新表现至关重要。

本文运用了一个 2005～2007 年的覆盖所有国有企业和年营业额 500 万元以上的企业的面板样本。基于一个能够同时处理样本选择和企业固定效应的估计方法（Kyriazidou，1997），本文的实证发现表明，控制其他可能影响企业研发活动的因素，当企业所处省份的整体制度水平和知识产权保护水平提高时，企业进行研发活动的可能性将增加，但一旦开始研发，企业的研发强度却不显著受到制度质量的影响。因此，增强国内制度质量是中国迈向建立知识密集型经济体，成长为世界研发强国并为世界知识库做贡献的重要一步。为了保证企业创新能力的持续增长，我们需要对其他影响企业研发强度的因素做出深入分析。

参考文献

Acemoglu, D., Johnson, S. & Robinson, J. A., 2001, "The Colonial Origins of Comparative Development: An Empirical Investigation", *American Economic Review*, Vol. 91, No. 5, pp. 1369 – 401.

2002, "Reversal of Fortune: Geography and Institutions in the Making of the Modern World Income Distribution", *Quarterly Journal of Economics*, Vol. 107, pp. 1231 – 94.

Acemoglu, D. & Johnson, S. 2005, "Unbundling Institutions", *Journal of Political Economy*, Vol. 113, pp. 949 – 95.

Allen, F., Qian, J. & Qian, M., 2005, "Law, Finance, and Economic Growth in China", *Journal of Financial Economics*, Vol. 77, pp. 57 – 116.

Beck, T. & Demirguc-Kunt, A., 2006, "Small and Medium-Size Enterprises: Access to Finance as Growth Constraint", *Journal of Banking and Finance*, Vol. 30, pp. 2931 – 43.

Brown, J. R., Fazzari, S. M. & Petersen, B. C., 2009, "Financing Innovation and Growth: Cash Flow, External Equity, and the 1990s R&D Boom", *The Journal of Finance*, Vol. 64, pp. 151 – 85.

Cull, R. & Xu, L. C., 2005, "Institutions, Ownership, and Finance: The Determinant of Profit Reinvestment Among Chinese Firms", *Journal of Financial Economics*, Vol. 77, pp. 117 – 46.

Demirguc-Kunt, A. & Maksimovic, V., 1999, "Institutions, Financial Markets, and Firm Debt Maturity", *Journal of Financial Economics*, Vol. 54, pp. 295 – 336.

Eicher, T. & García-Peñalosa, C., 2008, "Endogenous Strength of Intellectual Property Rights: Implications for Economic Development and Growth", *European Economic Review*, Vol. 52, No. 2, pp. 237 – 58.

Eurostat, 2009, "Research and Development Expenditure, by Sectors of Performance", European Commission.

Fan, G., Wang, X. & Zhu, H., 2011, NERI INDEX of Marketization of China's Provinces 2011 Report (in Chinese).

Fisher-Vanden, K. & Ho, M. S., 2007, "How do Market Reforms Affect China's Responsiveness to Environmental Policy?" *Journal of Development Economics*, Vol. 82, No. 1, pp. 200 – 33. Gao, J. & Jefferson, G., 2007, "Science and Technology Take-off in China: Sources of Rising R&D Intensity", *Asia Pacific Business Review*, Vol. 13, No. 3, pp. 357 – 71.

Hall, R. E. & Jones, C. I., 1999, "Why Do Some Countries Produce So Much More Output per Worker than Others?" *Quarterly Journal of Economics*, Vol. 114, pp. 83 – 116.

Huang, Y., 2008, *Capitalism with Chinese Characteristics*, Cambridge University Press.

Hutschenreiter G. & Zhang, G., 2007, "China's Quest for Innovation-driven Growth: The Policy Dimension", *Journal of Industrial Competition and Trade*, Vol. 7, No. 3 – 4, pp. 245 – 54.

Jones, C. I. & Romer, P. M., 2010, "The New Kaldor Facts: Ideas, Institutions, Population, and Human Capital", *American Economic Journal: Macroeconomics*, American Economic Association, January, Vol. 2, No. 1, pp. 224 – 45.

Jorde, T. M. & Teece, D. J., 1990, "Innovation and Cooperation: Implications for Competition and Antitrust", *Journal of Economic Perspectives*, Vol. 4, No. 3, pp. 75 – 96.

Kaasa, A., Kaldaru, H. & Parts, E., 2007, "Social Capital and Institutional Quality as Factors of Innovation: Evidence from Europe", Working Paper Series of the University of Tartu.

Kyriazidou, E., 1997, "Estimation of a Panel Data Sample Selection Model", *Econometrica*, Vol. 65, pp. 1335 – 64.

La Porta, R., Lopez-de-Silanes, F., Shleifer, A. & Vishny, R., 1997, "Legal Determinants of External Finance", *Journal of Finance*, Vol. 52, pp. 1131 – 50.

Lin, J. Y., 2011, "China and the Global Economy", *China Economic Journal*, Vol. 4, No. 1, pp. 1 – 14.

Lin, C. & Wong, S. M., 2012, "Government Intervention and Firm Investment: Evidence From International Micro-data", *Journal of International Money and Finance*, Vol. 32, pp. 637 – 53.

Lokshin, B. & Mohnen, P., 2012, "How Effective are Level-Based R&D Tax Credits? Evidence From The Netherlands", *Applied Economics*, Vol. 44, No. 12, pp. 1527 – 38.

Loderer, C. & Waelchli, U., 2009, "Firm Age and Performance", University of Bern, Working Paper. Maskus, K. E., Neumann, R. & Seidel, T., 2012, "How National and International Financial Development Affect Industrial R&D", *European Economic Review*, Vol. 56, No. 1, pp. 72 – 83.

Mishra, V. & Smyth, R., 2012, "Technological Change and Wages in China: Evidence from Matched Employer-Employee Data", Monash Economics Working Papers 28 – 12, Monash University, Department of Economics.

Porter, M. E., 1990, *The Competitive Advantage of Nations*, Free Press, MacMillan, New York.

Romer, P., 1990, "Endogenous Technological Change", *Journal of Political Economy*, Vol. 98, No. 5.

Serger, S. S. & Breidne, M., 2007, "China's Fifteen-year Plan for Science and Technology: An Assessment", *Asia Policy*, No. 4, pp. 135 – 64.

Song, Z., Storesletten, K. & Zilibotti, F., 2011, "Growing Like China", *American Economic Review*, Vol. 101, No. 1, pp. 196 – 233.

Sun, Y. & Du, D., 2010, "Determinants of Industrial Innovation in China: Evidence from its Recent Economic Census", *Technovation*, Vol. 30, No. 9 – 10, pp. 540 – 50.

Symeonidis, G., 1996, "Innovation, Firm Size and Market Structure: Schumpeterian Hypothesis and Some New Themes", Economics Department Working Paper No. 161, London School of Economics.

Unger, B. & Zagler, M., 2003, "Institutional and Organizational Determinants of Product Innovations", *Innovation*, Vol. 16, No. 3, pp. 293 – 310.

Wang, X., Fan, G. & Zhu, H., 2004, "Marketization in China: Progress and Prospects", in R. Garnaut & L. Song (eds.), *China: Is Rapid Growth Sustainable?*, Asia Pacific Press, Canberra, pp. 118 – 36.

Wu, Y., 2010, "Innovation and Economic Growth in China", Discussion Paper 10. 10, The University of Western Australia.

Yi, J., Wang, C. & Kafouros, M., 2012, "The effects of innovation capabilities on exporting: do institutional forces matter?" *International Business Review*, Vol. 22, No. 2, pp. 392 – 406.

Yu, M. & Dai, M. 2013, "Firm R&D, Absorptive Capacity, and Learning by Exporting: Firm-Level Evidence from China", *The World Economy*.

Zúñiga-Vicente, J., Alonso-Borrego, C., Forcadell, F. & Galan, J., 2012, "Assessing the Effect of Public Subsidies on Firm R&D Investment: A Survey", *Journal of Economic Surveys*.

（周伊晓 译）

中国农村发展的
成就与挑战

李 周

引 言

在改革期间（1978～2012 年），农业部门的发展为中国经济转型发挥了重要作用。首先，以推行家庭承包责任制为基本内容的农村改革极大地提高了农产品产出和农业生产力，使数亿农民摆脱了绝对贫困。其次，由农业部门生产率提高和允许农村劳动力流动的制度改革所引发的前所未有的、大规模的农村劳动力向城市转移，使中国获得了由资源转移带来的巨大的经济增长效益。再次，过去的三十余年，看似无限供应的劳动力从农村流到城市，为中国工业化进程做出了积极贡献。最后，农业部门的发展，包括产出的增加和生产率的上升，使中国有效地应对了用世界上 7% 的耕地满足全球 1/5 的人口的食物需求的挑战。

然而，在土地制度改革和管理、农业生产的规模经济、农业技术进步、耕地肥力、农村社会保障制度和农村社区管理等方面，农业部门也面临着重大挑战。这些挑战表明，中国只有实施新的发展战略方能实现农业的进一步发展。本文回顾了中国农业发展主要的成就，并讨论了当前面临的重大挑战。为了应对这些挑战，政府必须深化农业改革，包括土地制度改革，促进农业生产的技术进步，为农民提供必要的社会支持和保护，努力解决城乡居民收入不平等，改变农产品消费模式，以改善国民健康水平和减少农业资源浪费。

一 农业发展的成就

（一）农业增长

1. 粮食增产速度加快

1952年是中国粮食产量恢复到战前最高水平的年份。1952～2012年的60年间，前30年（1952～1982年），中国粮食产量由1.6亿吨增加到3.5亿吨，增长了1.9亿吨；后30年（1982～2012年），粮食产量由3.5亿吨增加到5.9亿吨，增长了2.4亿吨，比前30年多增产0.5亿吨。

2. 其他农产品增长稳定

改革初期，中国农产品产量增速较快，20世纪90年代末进入总量平衡、丰年有余阶段后，主要农产品产量增速减缓，但产量的稳定性明显提高（见图1）。

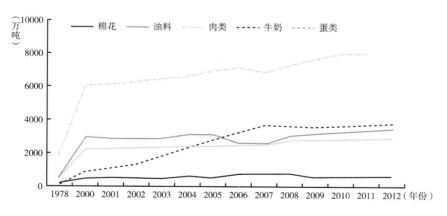

图1 1978年和2000年以来其他主要农产品产量增长趋势

3. 主要农产品人均占有量增加

在粮食增产加快和人口增长减缓的共同作用下，2012年，中国人均粮食产量为435.4公斤，分别比1978年和2000年高出116.4公斤和69.3公斤。同期，人均猪牛羊肉产量分别高出45.5公斤和17.0公斤；水产品分别高出38.7公斤和14.2公斤；牛奶分别高出27.7公斤和21.1公斤；油料分别高出20.2公斤和2.3公斤；棉花分别高出2.8公斤和1.6公斤。

(二) 农业生产条件改善

家庭联产承包责任制的推广，是改革初期中国农业超常规增长的主要因素。农业进入常规增长以后，农业增长的主要因素是机械、灌溉、测土配方、地膜覆盖、良种等技术的推广应用和农产品生产向优势产区的集中等。

1. 综合机械化率提高

1978～2012年，中国农业综合机械化率由18.8%上升到56%，提高了37.2个百分点。其中，1978～2000年的22年间，农业综合机械化率提高了10.2个百分点，2000～2012年的12年间，农业综合机械化率提高了27个百分点。这表明，进入21世纪后，中国农业综合机械化率的提高速度显著加快。

2. 有效灌溉面积增加

中国有效灌溉面积由1978年的4500万公顷增至2000年的5382万公顷和2012年的6340万公顷。1978～2012年的34年间，有效灌溉面积前22年间增加了882万公顷，后12年间增加了958万公顷。

3. 测土配方施肥技术得到普遍采用

中国于2005年开始推广测土配方施肥技术。到2012年，测土配方施肥技术推广面积达13亿亩以上，惠及全国2/3以上的农户。农户调查结果表明，应用测土配方施肥技术的地块，小麦、水稻、玉米亩均增产3.7%、3.8%、5.9%，增收30元以上；蔬菜、果树等作物亩均增收100元以上。应用此项技术后，全国平均每年减少不合理施肥100多万吨。[①]

4. 地膜覆盖面积增长

地膜覆盖是保障旱地农业生产稳定性的重要举措。1993～2012年，全国地膜覆盖面积由不足600万公顷增加到2333万公顷，增长了2倍多。

5. 良种覆盖率有所提高

中国粮棉油主要品种的良种覆盖率于2005年达到90%，2012年提高到96%。而更为重要的是，良种的更换速度快，这是农产品持续增产的主要因素之一。

---

① 梁宝忠：《全国测土配方施肥工作重心转移到配方肥推广应用新阶段》，农业部网站，2012年5月21日。

6. 主要农产品的生产集中度逐渐提高

从表 1 中可以看出，13 个粮食主产省粮食产量占全国粮食总产量的份额由 1949～1959 年的 69.21% 上升到 2010～2012 年的 77.78%，提高了 8.57 个百分点（这还是前期包括重庆、后期不包括重庆的情况）。此外，全国已经形成了东北的大豆、玉米带，黄淮海地区的花生、小麦带，长江流域的油菜带，黄河流域和西北内陆的棉花产业带。13 个生猪主产省猪肉产量占全国总产量的 75% 以上，7 个牛奶主产省牛奶产量占全国总产量的 60% 以上。

表 1 13 个粮食主产省粮食产量占全国粮食总产量的份额

粮食主产省	1949～1959 年	1960～1969 年	1970～1979 年	1980～1989 年	1990～1999 年	2000～2009 年	2010～2012 年
河　北	4.79	4.92	5.21	4.91	5.40	5.50	5.47
内蒙古	1.99	2.09	1.70	1.52	2.57	3.33	4.12
辽　宁	3.48	3.26	3.76	3.25	3.28	3.35	3.42
吉　林	3.21	3.01	3.12	3.47	4.41	4.94	5.45
黑龙江	4.51	4.25	4.53	4.10	5.72	5.99	9.52
江　苏	6.57	6.95	7.15	8.02	7.01	6.21	5.78
安　徽	5.05	4.67	5.35	5.56	5.25	5.67	5.54
江　西	3.41	4.03	3.81	3.87	3.49	3.62	4.07
山　东	7.21	6.50	6.90	7.66	8.44	8.04	7.73
河　南	6.61	5.82	6.42	7.02	7.54	9.55	9.68
湖　北	5.21	5.63	5.47	5.54	5.18	4.51	4.16
湖　南	5.85	5.94	6.30	6.59	5.70	5.62	5.12
四　川	11.32	10.21	9.26	10.12	9.32	8.82	7.72
13 个主产省	69.21	67.28	68.98	71.63	73.31	75.15	77.78

资料来源：国家统计局（编）《中国统计年鉴》（历年），中国统计出版社。

（三）农业全要素生产率（TFP）提高

1. 农业全要素生产率对农业增长的贡献率越来越高

李周、张海鹏（2013）的研究表明，1985～2010 年，中国农业全要素生产率每年提高约 1 个百分点（见表 2）。农业部发布的信息表明，2012 年，技术进步对农业增长的贡献率为 54.5%（人民网，2013 年 2 月 7 日）。

表 2　中国农业 TFP 增长率及其分解（1985～2010 年）

年　份	技术效率	技术进步	TFP	年　份	技术效率	技术进步	TFP
1986/1985	0.964	1.086	1.048	2001/2000	0.986	1.027	1.012
1987/1986	0.997	1.000	0.996	2002/2001	1.006	0.990	0.996
1988/1987	0.978	1.077	1.053	2003/2002	0.976	1.092	1.066
1989/1988	1.008	1.039	1.047	2004/2003	0.997	1.125	1.122
1990/1989	1.007	1.025	1.033	2005/2004	0.970	1.055	1.023
1991/1990	0.972	1.014	0.986	2006/2005	1.208	1.050	1.269
1992/1991	0.939	1.052	0.987	2007/2006	0.808	1.074	0.868
1993/1992	0.988	1.165	1.150	2008/2007	0.997	1.103	1.100
1994/1993	0.979	1.120	1.097	2009/2008	1.021	1.030	1.052
1995/1994	1.047	1.096	1.147	2010/2009	0.992	1.028	1.020
1996/1995	0.989	1.061	1.049	1989/1985	0.983	1.058	1.036
1997/1996	0.954	1.030	0.982	1995/1990	0.988	1.077	1.064
1998/1997	0.992	0.952	0.944	2003/1996	0.987	1.015	1.001
1999/1998	1.025	0.970	0.994	2004/2010	0.993	1.066	1.059
2000/1999	0.966	1.008	0.973	2010/1985	0.988	1.051	1.038

注：全国指数通过各省份指数的几何平均得到。

2. 农业全要素生产率的提高来自技术进步

1985～2010 年，中国农业全要素生产率的年均增长率为 3.8%。其中，农业技术的年均增长率为 5.1%；农业技术效率的年均增长率为 -1.2%。技术进步推动了中国农业全要素生产率的增长，而技术效率下降抵消了农业技术水平提高的部分效果。

无论是把研究时期划分为 4 个子时期（1985～1989 年、1990～1995 年、1996～2003 年、2004～2010 年），还是划分为粮食主产区和非粮食主产区或者东部地区、中部地区和西部地区，结果都是如此。由此表明，中国这个阶段的农业全要素生产率增长属于技术诱导型增长。

3. 技术效率的改进空间大于规模效率的改进空间

从表 3 中可以看出，中国粮食生产的技术效率为 0.795，还有较大的改进空间；规模效率为 0.957，改进空间不是很大。许庆等（2011）的研究表明，小麦、水稻和玉米三种粮食作物生产几乎不存在显著的规模效率。但是，扩大土地经营规模对降低生产成本有显著影响。经营规模每增加 1 亩，可降低 2%～10% 的成本，即农业经营规模的扩大对增加农民收入有显著作用。

表 3　中国粮食生产经济效率

省　份	技术效率	规模效率	省　份	技术效率	规模效率	省　份	技术效率	规模效率
北　京	0.766	0.999	安　徽	0.786	0.878	四　川	0.861	0.810
天　津	0.745	0.980	福　建	0.795	0.940	贵　州	0.708	0.940
河　北	0.748	0.907	江　西	0.834	0.995	云　南	0.574	0.998
山　西	0.570	0.984	山　东	1.00	0.905	西　藏	1.00	1.00
内蒙古	0.719	0.951	河　南	1.00	0.831	陕　西	0.524	0.985
辽　宁	0.868	0.993	湖　北	0.864	0.954	甘　肃	0.536	0.974
吉　林	1.00	1.00	湖　南	0.908	0.971	青　海	0.623	0.960
黑龙江	1.00	1.00	广　东	0.796	0.951	宁　夏	0.625	0.997
上　海	1.00	1.00	广　西	0.698	0.966	新　疆	0.954	0.957
江　苏	0.989	0.938	海　南	0.648	0.961	全　国	0.795	0.957
浙　江	0.917	0.969	重　庆	0.596	0.980			

资料来源：杨天荣、陆迁（2009）。

二　农村发展的成就

最近 10 来年，随着国家"三农"政策的改进，农村的发展环境得到了较大的改善。

（一）从集中农业剩余转向扶持农业发展

税费改革前[①]，基层政府和村委会通过农业税、牧业税、农业特产税和"三提"、"五统"及摊派，每年从农民那里收取 1500 亿～1600 亿元，其中，税收占 1/3 左右。农业税的取消，铲除了"搭车"收费的根基和平台，所以，"三提"、"五统"及摊派也不存在了。

2004 年以来，中央政府和省级政府相继出台了粮食直补、良种补贴、大型农机具购置补贴和农业生产资料综合补贴等一系列惠农政策，得到了广大农民的普遍欢迎。从表 4 中可以看出，除粮食直补于 2007 年保持稳定以外，其余各项补贴的投放量越来越大。

---

① 中国政府从 2003 年开始全面推行农村（业）税费改革，到 2004 年底，税费改革的主要任务基本结束。

表 4 中央政府的农业补贴

单位：亿元

年份	合计	农资综合补贴	粮食直补	良种补贴	农机具补贴
2003	130.0	—	—	—	—
2004	145.2	—	116	28.5	0.7
2005	173.7	—	132	38.7	3.0
2006	309.5	120.0	142	41.5	6.0
2007	513.6	276.0	151	66.6	20.0
2008	1030.4	716.0	151	123.4	40.0
2009	1274.5	795.0	151	198.5	130.0
2010	1225.9	705.9	151	204.0	165.0
2011	1406.0	860.0	151	220.0	175.0
2012	1664.0	1078.0	151	220.0	215.0

资料来源：财政部公布的各年中央政府的农业补贴数据。

（二）从一般扶持拓展到重点扶持

为了促进主要农产品生产区域格局的形成，中央政府在保持普惠性政策的基础上又实施了重点扶持政策，例如，2005 年实施了奖励种粮大县的政策（见表5），2007 年实施了奖励生猪调出大县的政策（每年 15 亿元），2008 年实施了奖励产油大县的政策（每年 25 亿元）。在产业政策的引导下，农产品生产逐步向优势产区集中，农业生产的区域分工越来越明显。

表 5 中央直接奖励种粮大县的财政专款

	2005 年	2006 年	2007 年	2008 年	2009 年	2010 年	2011 年
金额（亿元）	55	85	125	140	175	210	225

资料来源：财政部公布的各年中央直接奖励种粮大县的财政专款数据。

（三）从发展生产拓展到保护生态

最近 10 多年，中国越来越重视生态保护和建设，分别出台了旨在保护森林、草原和湿地生态系统的政策。

1. 森林保护

为了消除采伐森林对生态环境的负面影响，中国于 1998 年开始实施天然林资源保护工程。天然林资源保护工程包括长江上游、黄河上中游地区天然林资源保护工程和东北、内蒙古等重点国有林区天然林资源保护工程两部分。工程一期（2000～2010年）分为两个阶段。第一阶段（2000～2005年）以停止天然林采伐、建设生态公益林、分流和安置下岗职工为主要内容；第二阶段（2006～2010年）以保护天然林资源、恢复林草植被、促进林区经济和社会可持续发展为主要内容。工程总投资为962亿元。天然林资源保护工程的实施，有效地保护了5600万公顷天然林，营造公益林1526.7万公顷，森林蓄积量净增4.6亿立方米。

2011年，天然林资源保护工程进入第二期（2011～2020年），总投资为2440.2亿元。主要目标是：到2020年，增加公益林775万公顷，新增森林面积520万公顷、森林蓄积量11亿立方米、碳汇4.16亿吨，生物多样性明显增加，林区社会实现和谐稳定。

退耕还林还草工程是迄今为止中国投资量最大、涉及面最广、任务量最重、群众参与度最高的生态建设工程。该工程一期投资2245亿元。通过退耕还林和荒山造林、封山育林，共增加林地3.64亿亩，项目区森林覆盖率平均提高2个百分点以上。2007年退耕还林粮食和生活费补助期满后，国家新增投资2066亿元，实施工程二期，继续对退耕农户给予现金补助。两个实施期共投资4311亿元。

中国还实施了防护林体系建设工程、环北京地区防沙治沙工程、野生动植物保护及自然保护区建设工程和速生丰产用材林工程。在这些工程的推动下，中国林业建设的速度显著加快。第七次森林资源清查（2004～2008年）与第一次森林资源清查（1973～1976年）相比，全国森林面积由12186万公顷增加到19545万公顷，增长了60.4%；活立木总蓄积量由95.3亿立方米增加到149.1亿立方米，增长了56.5%；森林覆盖率由12.70%上升到20.36%。

林业六大工程的实施，年增固碳量为33822万吨，其中，新增森林的年增固碳量为17500万吨，占年增固碳总量的一半以上，为减缓气候变化的负面影响做出了贡献。

2. 草地保护

改革以来，牧区从追求畜产品产量的"草畜双承包"战略到"增草增畜，提质增效"战略，再到"退牧还草，围封转移"战略，完成了由经济为主到生态经济并重再到生态优先的发展战略转变。

2003～2010 年，退牧还草工程总投资 143 亿元，其中，中央补助 100 亿元，地方配套 43 亿元。具体措施是：对于禁牧，每亩每年补助饲料粮 5.5 公斤（折 4.95 元）；对于季节性休牧，按 3 个月计算，每亩每年补助饲料粮 1.375 公斤（折 1.2375 元），补助期限为 5 年；对于草原围栏，每亩补助 16.5 元。

为了加强草原生态保护，转变畜牧业发展方式，促进牧民持续增收，维护国家生态安全，从 2011 年起，每年安排 136 亿元财政资金，在内蒙古、新疆、西藏、青海、四川、甘肃、宁夏和云南 8 个主要草原牧区省（区），建立草原生态保护补助奖励机制。具体措施如下。

（1）实施禁牧补助。对严重退化的草原实行禁牧封育，按每公顷 90 元的标准给予补助。

（2）实施草畜平衡奖励。对禁牧区域以外的可利用草原，在核定合理载畜量的基础上，按每公顷 22.5 元的标准对未超载放牧的牧民给予奖励。

（3）发放牧民生产补贴。增加畜牧良种补贴，补贴范围由肉牛和绵羊拓展到牦牛和山羊；实施牧草良种补贴，对 8 省（区）600 万公顷人工草场，按每公顷 150 元的标准给予补贴；实施生产资料综合补贴，对 8 省（区）约 200 万户牧民，按每户 500 元的标准给予补贴。

退牧还草工程共对 4.4 亿亩草场实行禁牧休牧。农业部全国草原监测显示，退牧还草工程区植被盖度、高度、产草量与非工程区相比，分别高出了 29%、64%、78%。[①]

3. 湿地保护

20 世纪 50～70 年代，大量湖泊与湿地被围垦成农田。20 世纪 80 年代中期基本实现粮食自给后，国家开始实施"退田还湖"政策。该工程的实施，实现了千百年来从围湖造田、与湖争地到大规模退田还湖的历史性转变。

在国务院批准的《全国湿地保护工程规划（2002～2030 年）》中，确立了到 2030 年 90% 以上的天然湿地得到有效保护、湿地生态系统的功能得到充分发挥、湿地资源实现可持续利用的目标。

---

① 张毅：《全国草原进入春季禁牧休牧期》，《人民日报》2007 年 4 月 11 日。

（四） 从经济发展拓展到社会发展

随着国民经济综合实力的逐步提高，农村先后实施了农村免费义务教育、新型农村合作医疗、基础设施供给均等化、农村居民最低生活保障、农村居民社会养老保险等制度。

1. 农村免费义务教育

2006 年，中国开始实施免费义务教育。具体内容是：全部免除农村义务教育阶段学生学杂费，对贫困家庭学生免费提供教科书并补助寄宿生生活费；提高农村中小学公用经费保障水平；建立农村中小学校舍维修改造资金和农村中小学教师工资保障机制。

2006 年，这项政策率先在西部地区和中部部分地区实施。2007 年，该项政策在全国农村实施，同时提高了寄宿生生活费基本补助标准和校舍维修改造标准，并将免费教科书覆盖范围扩大到全国农村义务教育阶段全部学生。政府安排的"两免一补"资金，相当于为全国农民减少支出 2300 多亿元，平均每个小学生家庭年减负 250 元，初中生家庭年减负 390 元。

目前，中国小学净入学率达 99.5%，初中毛入学率达 98.5%，分别比世界平均水平高 13 个和 20 个百分点，接近发达国家平均水平。

2. 新型农村合作医疗

2003 年，新型农村合作医疗制度（简称"新农合"）迅速推进，至 2008 年基本覆盖全部农村居民。2012 年底，全国有 2566 个县（市、区）建立了新型农村合作医疗，参合人口数达 8.05 亿人，参合率为 98.3%。最初人均筹资标准为 30 元，其中，政府补助 20 元，农民交纳 10 元。2012 年，人均筹资标准由 30 元提高到 300 元，其中，政府补助 250 元，个人缴费 50 元。2012 年度，新农合筹资总额达 2484.7 亿元，人均筹资 308.5 元；全国新农合基金支出 2408.0 亿元；补偿支出受益 17.45 亿人次，其中，住院补偿 0.85 亿人次，普通门诊补偿 15.41 亿人次。新型农村合作医疗制度有效减轻了农民就医经济负担。

3. 基础设施供给均等化

（1）农民安全饮水。农民安全饮水保障有两个目标。第一个目标是确保农民饮水数量安全，即常年有水喝，取水不困难。这个目标已经在 2000 年实现。第二个目标是确保农民饮水质量安全。2000 年，全国农村共有

3.79 亿饮水不安全人口。"十五"时期，解决了 0.67 亿农村人口的饮水安全问题，"十一五"时期，解决了 2.13 亿农村人口的饮水安全问题。按照现有的进度，2013 年将全面解决农民饮水安全问题。

（2）农村生产生活用电。农村用电保障有三个目标。第一个目标是消灭无电县，基本消灭无电乡和无电村。这个目标在 1997 年就实现了。第二个目标是提高农村供电的可靠性，降低农村居民用电价格，为农村经济社会发展创造良好条件。这个目标在"十一五"时期末基本实现。现在的目标是建成安全可靠、管理规范的新型农村电网，全面实现城乡用电同网同价。

（3）农村公路。农村公路建设有四个目标。其中，通车率（农村通可供机动车行驶的道路）目标在 20 世纪末已基本实现，通达率［乡（镇）和建制村通达标准为路面宽度分别大于 3.5 米和 3.0 米，且能保证晴雨通车］目标在"十五"期间已基本完成，通畅率（通畅标准是在通达标准的基础上达到路面硬化）目标和通客运目标在"十一五"期间也已基本完成，现在的目标是追求城乡公路网一体化。

在农村基础设施供给上，国家还在通邮、通广播的基础上，实现了通电视、通电话和通互联网。

4. 农村居民最低生活保障

1996 年，中国开始在少数省（市）的农村试点最低生活保障制度，2007 年，该制度被推广到全国农村。需要指出的是，各年农村低保的实施情况存在很大差异（见表 6）。

表 6　中国农村最低生活保障制度演进情况

	2007 年	2008 年	2009 年	2010 年	2011 年
保障户数（万户）	1608.5	1982.2	2291.7	2528.7	2672.8
保障人数（万人）	3566.3	4305.5	4760.0	5214.0	5305.7
低保资金（亿元）	109.1	228.7	363.0	445.0	667.7
低保标准（元/月）	70.0	82.3	100.8	117.0	143.2

资料来源：民政部公布的各年中国农村最低生活保障数据。

5. 农村居民社会养老保险

2006 年以来，国家又开始推行农村居民社会养老保险制度（简称"新农保"）。截至 2011 年，在新农保试点地区，已有 3.26 亿农村居民参保，其中，实际领取待遇人数为 8525 万人。这意味着农村居民养老正在由依赖土地资源养老向依靠经济剩余养老转变，由家庭养老向社会养老转变。虽然新农保的意义目前还是象征性的，但可以相信，它在消除二元经济体制方面的重要作用会随着时间的推移逐渐显现出来。

三　农民对经济发展的贡献

（一）农民对经济增长的贡献继续增大

在计划经济体制下，农民必须居住在农村，必须从事农业生产，必须参加集体生产劳动。农村改革的主线是向农民赋权。改革初期赋予农民经营土地的自主权。农民凭借这个权利，很快就解决了全国农产品短缺的问题。20世纪 80 年代中期赋予农民在农村从事非农产业的权利。农民凭借这个权利，创造出乡镇工业占据中国工业半壁江山的奇迹。20 世纪 90 年代以来赋予农民进城就业的权利。农民凭借这个权利，很快就成为中国工人阶级的主力军。

农民工数量从 1985 年的 5960 万人增加到 2012 年的 26261 万人，增加了3.4 倍。随着农民就业领域和就业空间的拓展，他们对国民经济的贡献已经由农业拓展到非农产业，由农村拓展到城市。从表 7 中可以看出，2008～2012年，农民工创造的 GDP 占全国 GDP 总量的份额由 32.1% 上升到 38.6%，5 年间提高了 6.5 个百分点。如果考虑政府部门和事业单位的职工并不创造 GDP的实际情况，农民工创造的 GDP 占全国 GDP 总量的份额会更大。

表 7　农民工创造的 GDP 占全国 GDP 总量份额的变化

年份	农民工数量（万人）	外出农民工平均月工资（元/月）	农民工工资总额（亿元）	农民工创造的 GDP（亿元）	全国 GDP 总额（亿元）	农民工创造的 GDP 占 GDP 总量的份额（%）
2008	22542	1340	36247.5	100687.6	314045.4	32.1
2009	22978	1417	39071.8	108532.8	340902.8	31.8
2010	24223	1690	49124.2	136456.2	401512.8	34.0
2011	25278	2049	62153.5	172648.7	472881.6	36.5
2012	26261	2290	72165.2	200459.0	519322.0	38.6

注：在《中国统计年鉴》中，工资约占 GDP 的 36%，故按 36% 这个参数来推算农民工创造的GDP。

资料来源：近几年国家统计局发布的农民工监测调查报告。

（二）农民收入快速增长

1978～2012 年，农民人均纯收入由 133.6 元增加到 7917 元，按可比价格计算，增长了 10.77 倍。同期，城镇居民人均可支配收入由 343.4 元增加到 24565 元，按可比价格计算，增长了 10.46 倍。城乡居民收入提高的幅度基本上是一致的。一些学者根据名义收入的变化得出城乡居民收入差距扩大的结论，可能具有片面性。第一，在计划经济时期，几乎所有农民都愿意"农转非"，即用土地换户籍；80 年代初期，上海等个别地方的农民开始不愿意"农转非"；而现在，不愿意"农转非"的农民已经拓展到西部地区。农民行为的变化不支持城乡收入差距扩大的判断。第二，农产品价格扭曲已经消除，农业税费已经废除，取之于农的因素已经不再存在。这些变化不支持城乡居民收入差距扩大的判断。第三，工资决定的市场扭曲逐步削弱，农业补贴在增加。这些变化也不支持城乡居民收入差距扩大的判断。第四，农民打工收入存在被低估的问题。农民往往把能带回家的收入作为打工收入。1.6 亿外出就业的农民工，他们在打工地的消费支出按年人均 3500 元计算为 5600 亿元，这表明，农民人均收入少算了 600 元以上。第五，城镇居民收入中包含改革性收入，例如住房补贴、医疗补助等。

（三）农民福利趋于改善

除了农民收入增长较快以外，农民福利改善也是一个非常值得关注的内容。

第一，中西部地区的发展和县域经济的发展，为越来越多的农民工创造了就近就业的机会。农民工就近就业并不一定增加收入，但家庭成员的生活质量会显著提高，由此带来了明显的福利改善。

第二，农业外包作业对家庭劳动的替代，一方面增加了农户的生产支出，另一方面减轻了农户的农业劳动强度。农户的农业收入过去需要投入大量高强度的劳动才能获得，现在只需投入少量低强度的劳动就能获得。虽然农民的农业收入增长得不是很快，但是，农民的福利却大大增加了。

第三，市场服务对家务的替代，一方面使农户的食品支出显著增加，并抑制了恩格尔系数的下降；另一方面使农民的闲暇时间增多，农民由此得到的福利显著地增多了。

四 农村发展面临的挑战

(一) 农业竞争力下降的挑战

近些年来，中国农产品净进口趋于上升，不仅土地密集型产品大豆大量进口，玉米进口量趋于增加，而且稻谷、棉花等劳动密集型农产品的进口量也在增加。中国农业竞争力下降有一系列原因。一是农业劳动力成本不断提高。从表 8 中可以看出，2004 年，水稻、小麦、玉米亩均用工分别为 11.85 工日、8.10 工日和 9.97 工日；到 2010 年，分别下降到 7.82 工日、5.64 工日和 7.33 工日；同期，亩均劳动用工成本分别从 171.44 元、111.84 元和 140.49 元上升到 266.58 元、178.83 元和 235.10 元。二是土地成本不断提高。随着土地流转规模的扩大，特别是流转需求大于流转供给引起转包价格上升，平均每公顷农田的年转包费已经增加到 9000~12000 元。三是其他要素成本增加。由于这三个因素都将长期存在，所以，如何应对农业竞争力下降，是中国农业必须面对的一个挑战。

表 8 三大谷物亩均用工和亩均用工成本的变化

单位：工日，元/亩

	用工量（工日）			用工成本（元）		
	2004 年	2010 年	下降（%）	2004 年	2010 年	增长（%）
平均	9.97	6.93	30.5	141.26	226.84	60.6
稻谷	11.85	7.82	34.0	171.44	266.58	55.5
小麦	8.10	5.64	30.4	111.84	178.83	59.9
玉米	9.97	7.33	26.5	140.49	235.10	67.3

资料来源：国家发展和改革委员会价格司（编）《全国农产品成本收益资料汇编》（2005 年和 2011 年），中国统计出版社。

(二) 耕作强度降低成为常态的挑战

中国农业正在由传统农业向现代农业转变。传统农业追求产量最大化，它追加投入至边际产量为零之处；现代农业追求利润最大化，它追加投入至边际投入等于边际收入之处，由于少了边际产出小于边际投入阶段的投入，所以，耕作强度降低是农业转型后的结果或常态。在现实中，对于农业耕作强度下降，最容易观察到的现象是在两季农区农户改双季种植为单季种植。"双改单"的优点是：①农民增收。2006年，中国双季稻每公顷的净利润为3813.7元，而单季稻为4504.5元，即种植单季稻的利润更高。②节省灌溉用水、化肥和农药等投入。③休耕一季有利于耕地肥力的维持。"双改单"的缺点是单位耕地上的总产量下降，但总产量下降幅度低于播种面积下降幅度。1998~2006年，中国双季稻区水稻播种面积减少了13%，水稻总产量减少了5.4%。如果考虑多种一季的种子消耗，可用于生活消费的粮食的减少还会低一些。由于耕作强度和复种指数下降并导致农作物总产量下降的现象难以扭转，所以，如何应对这个变化是中国农业必须面对的另一个挑战。

土地的肥力是有限的，耕作强度和复种指数并不是越高越好。改革初期，现在的两季农区有些是种三季的，由于"三三得九"不如"二五得十"，这些地区改为种两季。现在是不是出现了"二五得十"不如"一十得十"的情形，需要冷静观察。今后，必须放弃凡是作物可以生长的季节就必须种植的传统观念，必须改变把有利于维持土壤肥力的休耕扭曲为撂荒的说法。在粮食相对紧缺的时候，国家可以采取补贴的方法鼓励农民种植两季粮食；在粮食相对丰裕的时候，应该尊重农民"双改单"的做法。

（三）推进规模经营的挑战

农民之间或农民与企业之间通过耕地使用权流转，推进农业规模经营，是农业转型的题中应有之义，也是提高中国农业竞争力和分享规模经济的关键举措。但是，农民不仅关注规模效益，也关注分享规模效益的风险。他们不愿意为了分享规模效益而承担可能引发的土地产权风险，是很多规模效益无法形成的主要原因。此外，农民进入城市和非农产业的障碍尚未完全消除，农村社会保障体系尚未建立起来，也是制约农村土地流转的重要原因。如何确保农户没有丧失土地产权的风险，转移到非农产业的农民有稳定的就业机会和收入来源，并完成社会保障对土地保障的替代，是推进土地规模经营必须应对的挑战。在这些事情尚未做好之前，不应高估土地规模经营的好处并低估土地规模经营的实现难度。

前面已经指出，对于粮食生产，土地规模经营的主要好处是降低成本、增加收入，而提高粮食产量的作用有限。现实中的土地流转大多与耕地非粮化有关，即土地规模经营并不等同于粮食生产的规模经营。更为重要的是，农业经营规模必须与经济发展水平和农业形成的基础相适应[①]，而不宜以其他国家的农业经营模式为标杆。

除了规模经营外，提高农业效率的措施还有很多：第一，积极引导农户在生产要素购买、农产品出售、土地整理、农业基础设施修建和维护等方面开展互助合作；第二，采用先进的农艺技术；第三，建立和完善农业装备服务外包体系；第四，优化产业布局，提升产业结构。这些措施的操作难度小于土地流转措施，应该成为政府引导政策的优先选项。

（四）推进农民合作的挑战

农民合作有很多好处，但现实中农民合作面临不少问题。第一，利用国家政策为自己谋利益的所谓"农村精英"较多，而愿意为其他农户提供帮助的农村精英太少，这是农民合作难以推进的主要原因。第二，农业生产外包服务市场的形成，满足了广大农户采用机耕、机播、机收的需求。基于市场的跨社区的农业装备服务外包对基于地缘的社区内部的农户合作的替代，在一定程度上削弱了农户对合作组织的需求。第三，农业公司的快速进入，由此形成的"公司＋农户"的经营模式，对农民合作社具有替代作用。如何提高农民合作的内聚力量并削弱影响合作的外部力量，是推进农民合作必须面对的挑战。

（五）强化粮食消费管理的挑战

2012 年，中国人均粮食产量为 435 公斤，人均肉类产量为 54.6 公斤，人均水产品产量为 43.6 公斤，分别比世界平均水平（332.7 公斤、42.1 公斤和 22.1 公斤）高出 30.7%、29.7% 和 97.3%。除乳制品外，中国人均蔬菜、水果产量也高于世界平均水平。但是，由于管理措施不够健全，存在一系列的浪费现象和不合理的消费现象。如何有效地解决这些问题，保障农业可持续发展，是中国必须应对的挑战。

需要采取的措施包括：改善粮食仓储设施条件，减少仓储损失；制定加

[①] 一般来说，移民主导的农业，其平均经营规模较大，例如美国、加拿大、巴西、阿根廷和中国东北地区、新疆；非移民主导的农业，其平均经营规模都较小。

工标准，引导企业适度加工；强化对粮食变性加工的限制政策，制止玉米深加工企业的机会主义行为；普及食品健康知识，使国民懂得感官指标的局限性，明白大米过精、面粉过白、油色过浅，不仅影响国民身体健康，影响粮食安全，还增加能耗，增加生产成本，增加污染的道理；改变商业企业不利于节约粮食的营销策略。

（六）　城镇化进程中保护农民土地产权的挑战

在城镇化过程中，所用土地最初以占用耕地为主；中央政府强化基本农田管理后，先转为旧城改造，但旧城面积有限，且改造成本很高，又转为农村建设用地整理。2000～2010 年，农村居民点从 330 多万个下降到 270 万个，减少了约 20%。这种情形的出现具有客观必然性，需要讨论的是以何种方式推进这个过程。

发展城镇确实需要有所扬弃。然而，扬弃造成的损失是立即就能感受到的快变量，而发展带来的利益是具有滞后性的慢变量。更为棘手的是，在不少情况下，扬弃造成的损失的承受者和发展带来的利益的获得者并不是完全一致的。所以，推进城镇化的关键不在于扬弃的魄力，而在于妥善、有效地解决好发展与扬弃的关系的智慧。

第一，农村建设用地整理应该循序渐进，而不必操之过急。根据笔者的调查，一些地方的少数官员不是按照城镇化的进程整理农村建设用地，而是急于在自己的任期内把农村建设用地都整理完。第二，特定的农村建设用地整理要同特定群体的城镇化相联系，以确保农村建设用地整理具有内生性，而不宜强制农民为别人的城镇化而整理自己的农村建设用地。第三，不宜就土地论土地。城镇化是发展的结果而不是发展的前提，政府要从清除非农产业、城镇的进入障碍，构建农村社会保障体系入手，使越来越多的农民具有稳定的非农就业机会和收入来源，并完成社会保障对土地保障的替代。第四，政策上赋予农民利用整理出来的建设用地建设城市的权利，解决农民被动失地的问题。如何处理好上述问题，是推进城镇化必须面对的挑战。

（七）　农村社区管理体制的挑战

加强农村社区管理，要从提高农民组织化程度、政府的公共服务能力和协同管理水平入手。农村社区管理的主要任务是：增强社区凝聚力，促进农村社区发展；调解各种矛盾，维护农村社区稳定；构建对话渠道，使农民群众能够表达利益诉求，使政府能够倾听农民意愿。为了促进农村社区的民主管理，政府必须接受农民社团组织的监督，必须做出能够让农民参与政府管理的制度安排。要健全村级公益事业"一事一议"财政奖补机制，完善奖补办法，加大奖补力度，促进村级公益事业健康发展，改变政府大包大揽的做法。如何通过向农民集体赋权进行政府管理转型，是各级政府必须面对的挑战。

（八）农村分化与稳定关系的挑战

中国农村正处于传统农村社区急剧分化、农民就业结构快速变化的过程中。市场机制和政府扶持是这个过程中的两股重要力量。其中，市场机制的主要作用是促进传统农村社区分化，而政府扶持的主要作用是维护农村社区稳定。分化有利于增加农民的发展机会，稳定则有利于降低农民的风险，这两股力量相互补充则事半功倍，相互替代则会事倍功半。市场是自发地发生作用的，所以，这两股力量是互补还是替代（甚至冲突），主要取决于政府。对于政府来说，如何使其采取的举措顺应农民的选择，而不是试图改变农民的选择，把国家的需求和农民的需求有机结合起来，是处理农村分化与农村稳定的关系必须面对的挑战。

五　结论

中国农村正在经历的快速的经济和社会变化，对农民的行为方式、传统社区和政府的运作方式都产生了重大影响。面对这些挑战，政府要实施与市场机制互补和相容的政策，在快速的城市化进程中为农民工和农民创造更多的就业机会，并在快速的社会变迁过程中保持农村社会的稳定。同样重要的是，政府采取的措施要符合或尊重农民自己的选择。

总之，中国的"三农"既是国民经济的薄弱环节，又是推动国民经济发展的重要力量。所以在政策设计上，既要从发展成果公平分享的角度，加大向"三农"倾斜的力度，把"蛋糕"分得更合理；又要从推动发展的角度，把"三农"的作用充分发挥出来，把"蛋糕"做得更大。

参考文献

Li Zhou and Zhang Haipeng, Productivity Growth in China Agriculture during 1985 – 2010, *Journal of Integrative Agriculture*, No. 10, 2013.

杨天荣、陆迁:《基于我国粮食区域专业化生产的效率分析》,《西南农业大学学报》(社会科学版) 2009 年第 6 期。

许庆、尹荣、梁章辉:《规模经济、规模报酬与农业适度规模经营——基于我国粮食生产的实证研究》,《经济研究》2011 年第 3 期。

张军、覃志豪、李文娟、尤飞、张文博、张伟、程敏:《1949 ~ 2009 年中国粮食生产发展与空间分布演变研究》,《中国农学通报》2011 年第 24 期。

城乡人口迁移的趋势及政策影响：2008～2012年[*]

孟　昕

在过去20年里中国经历了前所未有的经济增长。在此期间农村劳动力向城镇迁移的数量（存量），已从1996年的3900万增至2011年的1.59亿（国家统计局，2012年）。农民工对中国的经济奇迹做出了显著贡献。可以预见，在未来20年中，城乡劳动力迁移将伴随着中国经济的成熟而继续增长。然而，对这场大规模劳动力迁移运动却一直缺乏系统完整的记录。在这方面，本项目（"中国农民工调查"项目）可以起到补充作用。在过去5年中，"中国农民工调查"项目一直在监测城乡迁移过程中的变化。本文旨在从农民工的人口构成、劳动力市场的变化以及农民工的社会福利及保障等方面展示城乡迁移的动态进展。

"中国农民工调查"项目始于2008年初。迄今为止我们已收到了5批年度监测数据。该调查是在9个省中的15个城市进行的。这些城市包括主要沿海出口地区，诸如广州、深圳、东莞、上海、无锡、南京、杭州和宁波；以及内陆地区的主要城市：成都、重庆、武汉、合肥、蚌埠、郑州和洛阳。2008～2010年，还进行了两个与之相伴的对农村住户和城镇住户的调查。农村住户调查是在农民工调查的15个城市所在省份的农村地区进行的，

---

*　本文发表在《比较》总第65辑。2008年，计生委开展了"中国农民工调查"项目，历时4年，本文是调查报告的摘要版。

城镇住户调查是在同样这 15 个城市及另外 4 个城市中进行的。农村调查和城镇调查都使用国家统计局的统计年报住户统计调查样本。对农民工调查与这两个样本间的比较，我们能确定农民工的显著特征。2010 年之后，由于缺乏资金，农村住户调查和城镇住户调查被中断，但城市农民工调查持续到今天。

"中国农民工调查"是一个具有时间连续性的纵向调查项目，该调查随着时间的推移追踪农民工。2008 年，从上述 15 个城市中选取了由 5000 个农民工家庭构成的一个随机抽样样本。然而，在 2009 年调查中近 63% 的 2008 年的样本流失了。如此之高的流失率是由样本性质造成的：频繁的流动及全球金融危机的影响。全球金融危机使中国的出口减少了 20%，而出口产业主要雇用的是农民工，因此导致大量农民工返乡，从而在 2009 年的调查中无法找到这些住户。自 2009 年之后，流失率已从 63% 逐步下降到 2012 年的 35%。为了维持原有的样本规模，每年我们重新抽样一定数量的新家庭。因此，除 2008 年以外，以后每年的城市农民工调查有两个子样本：一个追踪部分上一年度的样本（标记为老样本），另一个抽取新的随机样本（标记为新样本）。新样本将从总体上给我们展示关于农民工的代表性图景，而老样本则呈现农民工生活和工作的动态图景。

一 进城农民工的人口结构及中国未来劳动力供给形势

理解进城农民工的人口结构，是理解中国非熟练劳动力供给的最重要的问题之一。基于 1979 年推出的独生子女政策在城镇地区执行严格，但在农村地区的执行不那么严格的事实，中国未来的劳动力供给增量主要依赖于农村户籍人口。这可从图 1 展示的人口金字塔中清楚地看出。[①]

图 1 清楚地表明，中国的城镇户籍人口正在逐渐减少。城镇"金字塔"呈现菱形。农村户籍人口也有减少趋势，但其绝对数量远远大于城镇人口。

---

① 孟昕（2012）使用 2000 年人口普查数据呈现了同样的图表。

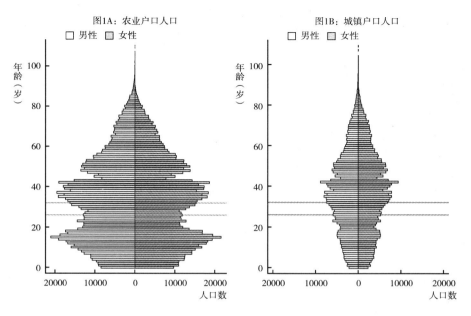

图 1　城乡户籍人口的塔形图

资料来源：笔者根据 2005 年全国 1% 人口抽样调查中 25% 的样本进行的计算。

而且，农村户籍人口的减少与 1959～1961 年发生的饥荒直接相关，这个年龄段的人口减少也带来他们下一代相应年龄段人口的减少。这是造成金字塔中出现锯齿状的主要原因。当然，独生子女政策对农村户籍人口的数量也有很大影响，但还没有像城市户籍人口那样把"金字塔"形变成菱形的程度。这表明未来的出生率可能再度增长。因此，未来的城市劳动力供给主要取决于农村户籍人口。

然而，图 1 并没有把已经在城市工作的农村户籍人口区分出来。要确立未来向城市提供的潜在额外劳动力的供给规模，我们需要理解当前的城镇劳动力供给的人口结构，包括城镇户籍人口和进城农民工。这种计算也必须包括未来供给潜在来源的规模：迄今尚未迁移的农村户籍劳动力。

要做到这一点，我们使用"中国农民工调查"的 2008 年农村住户、城镇住户和城市农民工调查的样本。需要注意的是，在城市农民工调查中，"农民工"被定义为有农村户籍，但目前生活和工作在调查中所包括的 15

个城市之一的个人。农村住户调查记录了往年农村家庭所有成员的迁移经历。在农村住户调查中，根据对以下三个问题的回答来定义"农民工"：a. 上年该人有多少个月居住在他/她自己村/镇之外？（如果少于一个月，按一个月记录）；b. 如果上年该人在他/她自己的村外达三个月或更长时间，他/她居住在何处？①本县之内的农村地区；②本省之内、本县之外的农村地区；③其他省份的农村地区；④县城；⑤本省的其他城市；⑥其他省份的城市；⑦其他（请说明）；c. 如果该人在他/她自己的村外达三个月或更长时间，目的是什么？①上学；②参军；③工作；④探亲访友；⑤其他（请说明）。"农民工"据此被定义为在他/她居住的县境之外的城镇地区（问题b，答案为⑤~⑦）工作三个月或更长时间（问题c，答案为③）的农村家庭成员。

图2考察了城镇和农村地区的农民工和非农民工劳动力（年龄在16岁至65岁之间的就业或失业的个人）的年龄和性别分布。图2A中的左图把所有城镇户口劳动力作为1，考察了总体城镇户口劳动力中每个年龄和性别组所占的份额。同样，图2A中的右图把我们的15个城市样本中的农民工劳动力样本作为1，考察了农民工劳动力的年龄和性别分布。图2B把农村调查中的劳动力（包括非农民工和农民工）作为1，考察了农村户口劳动力中非农民工的年龄和性别分布（左图）及农民工的年龄和性别分布（右图）。

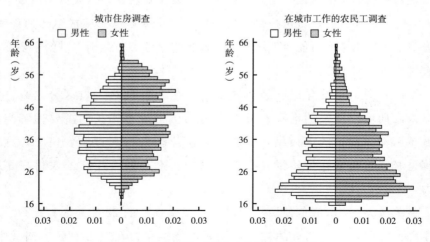

图2A　劳动力在每一个样本中的年龄和性别分布

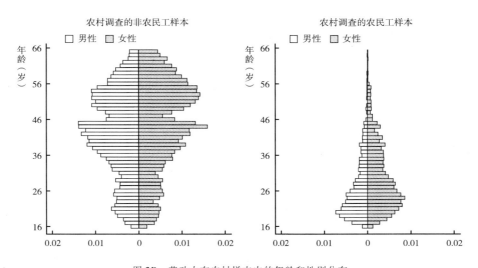

图 2B　劳动力在农村样本中的年龄和性别分布

图 2　按户口和迁移状态区分的年龄和性别分布

资料来源："中国农民工调查"农村住户调查、城镇住户调查以及城市农民工调查样本。

城市中的多数农民工的年龄为 16～30 岁，男性多于女性。相对于城镇户口的劳动力，显然农民工比城镇户口劳动力年轻很多。

农民工在农村户口劳动力总量中仍仅占一个小的比例：在 2008 年为 21%，在 2010 年为 22%。如果我们把那些迁移到自己户口所在县县城中工作的人也包括在内，这个比例将提高到 24.3%；如果把对上年迁移时间长度的限制从工作外出三个月或更长时间，放松为不论何种原因曾在任何一段时间长度中外出过，这一比例将提高到 29.2%。因此，无论我们如何定义"农民工"，他们仍只在农村户籍劳动力中占据很小的比例。

然而，这些图显示，超过一半的农村户口年轻工人（16～30 岁）已迁移到他们自己的家乡县城以外的城市（如果将自己家乡县城以内的城市也包括在内，基本情况仍然成立），特别是对男性而言更是如此。尽管如此，多数 16～64 岁的农村劳动力仍然尚未迁移，在 2010 年也是如此。

值得注意的是许多在该调查时定义为非农民工的人事实上是返乡农民工。例如，在 2010 年曾经有过迁移经历的农村工人总量中，有 34% 的人在调查时已经返乡。图 3 分别展示了农村户籍劳动力中农民工、返乡农民工和非农民工的年龄和性别分布。该图清楚地表明，在所有年龄段中都有很多返乡农民工，但最为明显的是 20～26 岁的男女工人。这在很大程度上可能与结婚生子有关。试想如果这些返乡农民工可以在城里结婚、生子，很多返乡的农民工可能就不会返乡了。这对城镇劳动力供给会有显著影响，本文稍后会讨论该问题。

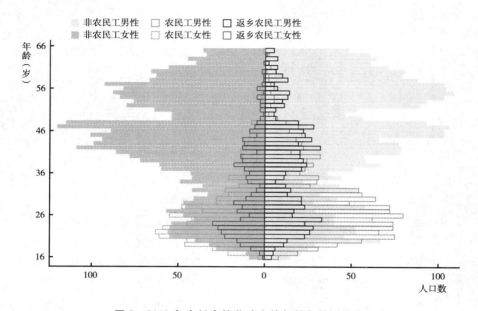

图 3　2010 年农村户籍劳动力的年龄和性别分布

资料来源："中国农民工调查"项目农村住户调查、城镇住户调查和城市农民工调查 2008 年的样本。

如果我们考察均值，会发现总的来说农民工比那些仍生活在农村和有城镇户口的劳动力相对年轻，并且更多是男性。表 1 中的 A 部分表明，城镇户口劳动力的平均年龄在 40 岁左右，其中 55% 是男性工人。农村户口非农民工劳动力的平均年龄为 43 岁左右，其中 52% 是男性。相比之下，城市农民工平均年轻 10 岁（平均年龄 31 岁左右），其中 60% 是男性。

我们讨论的下一个问题是，城市农民工劳动力的年龄和性别分布在过去 5 年中是否发生了变化？表 1 中 B 部分的列 1 和列 2 及 C 部分的列 1 和列 2 分别展示了全样本和新样本中的农民工的平均年龄和男性的比例。全样本中包括了被追踪调查数年的个人。全样本数据表明，每个年份中平均年龄的增长大约不到 1 岁，且男性工人的比例已略有下降。但全样本提供的年龄变化信息可能具有误导性。这是因为被追踪调查的人的年龄随着时间的推移而增长。不过当我们考察新样本的年龄变化时，这个问题就可以解决。C 部分的数据表明农民工的平均年龄的增长非常小。在这五年里农民工的平均年龄从 31.18 岁增至 32.88 岁，平均每年增长了 0.34 岁。最显著的变化发生在 2011～2012 年。

表 1 不同样本的汇总统计

	A 农村、城镇和农民工样本：2008 年调查				样本量（人）
	年龄(1)（岁）	男性(2)（%）	首次迁移距今年数(3)（年）	受学校教育年数(4)（年）	
城镇户口	40.24	0.55		10.28	7813
在城市中的农民工	31.18	0.60		8.83	6749
农村户口非农民工	42.96	0.52		6.89	15352
年份	B 农民工全样本				样本量（人）
	年龄（岁）	男性（%）	首次迁移距今年数（年）	受学校教育年数（年）	
2008	31.18	0.60	7.81	8.99	6749
2009	32.19	0.58	8.59	9.05	7399
2010	32.50	0.58	8.54	9.15	7155
2011	33.12	0.56	9.60	9.01	7793
2012	34.32	0.56	10.55	8.96	8068
年份	C 农民工新样本				样本量（人）
	年龄（岁）	男性（%）	首次迁移距今年数（年）	受学校教育年数（年）	
2008	31.18	0.60	7.81	8.99	6749
2009	31.57	0.59	7.96	9.12	4594
2010	31.20	0.58	6.67	9.30	3308
2011	31.78	0.56	8.09	8.97	3083
2012	32.88	0.57	8.95	9.02	2647

资料来源：笔者根据调查的农村、城镇和农民工样本计算而得。

图 4 展示了 2008 年和 2012 年的迁移劳动力的年龄和性别分布。新样本部分显示，在过去 5 年中，年龄在 40 岁以上的农民工的比例增加了，同时年龄在 20 岁以下的比例下降了。在女性劳动力中这一点尤其显著。这也许显示了一个有趣的趋势：可能现在农村户籍人口中的年轻一代比 5 年前更希

望去上学，且年龄在 40 岁及以上的农村户籍人口更希望迁移到城市。然而，单靠劳动力金字塔无法提供这些问题的答案。

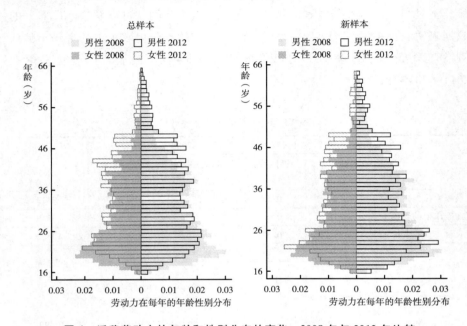

图 4　迁移劳动力的年龄和性别分布的变化：2008 年与 2012 年比较

资料来源："中国农民工调查"项目农村住户调查、城镇住户调查和城市农民工调查的样本。

为了研究这个问题，我们转向那些在每年调查之前的一年转移出来的人的数据。在"中国农民工调查"项目的城市农民工调查中，我们请每一个农民工告诉我们他/她是哪一年第一次转移到城市工作的。根据这个问题我们可以挑出那些在 2006～2010 年转移出来的劳动力，[①] 并考察总体年龄结构的变化是否是因为进城农民工年龄结构发生了变化。如果前面所述的年龄分布变化表现了进城农民工趋势的变化，我们应该最能在这些新增农民工的年龄构成中看出来。表 2 给出了结果。如果说 2006～2010 年新增农民工的年龄构成有所变化的话，趋势与我们前面从横断面数据中看到的情况相反。从 2006 年起新转移到城市的、年龄在 16～25 岁的农民工所占比重逐

———————————

① 由于 2011 年和 2012 年新增转移农民工在我们样本中的数量较小（小于 200 人），为避免代表性不足，在此不予讨论。

年增高，从 2006 年的 56.54% 增长到 2010 年的 77.53% ，而 36 岁及以上的农民工所占比重却逐年下降。这一趋势与表 1 和图 4 展示的从横截面比较中所观察到的图景并不一致。对此一个可能的解释是农民工现在停留在城市的时间比以往长了。因此，我们在城市中观察到的农民工的年龄正在逐渐增大。

表 2　各年份新增迁移劳动力中每个年龄组的比例

单位：%

年龄 / 年份	2006	2007	2008	2009	2010
16～25 岁	56.54	63.14	66.64	68.91	77.53
26～35 岁	21.40	15.33	13.64	14.39	8.49
36～45 岁	13.90	13.55	9.97	9.76	7.31
46～55 岁	6.02	5.02	6.80	5.86	4.93
56～65 岁	2.14	2.96	2.95	1.08	1.74
合　计	100.00	100.00	100.00	100.00	100.00

资料来源："中国农民工调查"项目农村住户调查、城镇住户调查和城市农民工调查的样本。

二　就业和工资

农民工的就业和工资主要受到市场状况的影响。考虑到他们在城里没有或只有很有限的最低生活保障和失业救济金，失去工作的农民工通常就回到他们农村的家。因此，城市中农民工的失业率是非常低的。在我们调查的这 5 年中，农民工的失业率从未超过 1.8%。然而，这并不意味着农民工没有失去工作，而只是数据采集的局限性和农民工地域流动造成的结果。假设我们的数据采集能够做到跟踪每一个人，我们无疑将发现因为失业而返乡或更换城市的人的比例会更高。在本节中，我们主要讨论工作时间和工资问题。

工作时间

农民工享有的劳动保护非常有限，由于面临着诸多制度性限制，他们看不到未来在城市定居的希望。于是，他们来到城市便尽力努力工作赚钱，然后回家。因此，在城市，他们工作的时间极长。例如，在 2008 年，挣工薪的农民工每周平均工作小时数为 60 小时，而城镇户口工人是 43 小时，相差 17 个小时。图 5 展示了这两组人的每周工作时间分布。这表明，绝大多数城镇工人一周工作 40 小时，而半数以上农民工每周工作超过 50 小时。

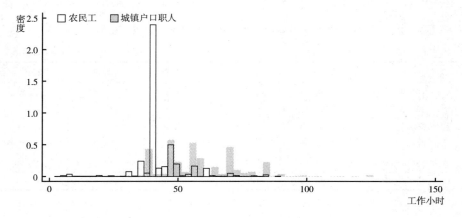

图 5　2008 年挣工薪的城镇户口职工和农民工的每周工作小时数

资料来源：笔者根据 2008 年调查的农村、城镇和农民工样本计算而得。

研究发现工作时间长对心理健康不利。我们的数据明确显示出这样的相关性（可参见 Frijters、Johnston 和 Meng，2011）。图 6 中横坐标是每周工作

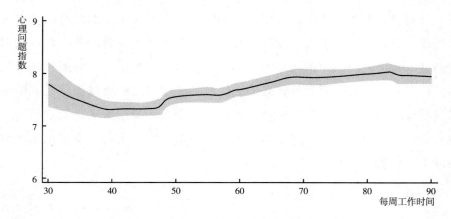

图 6　工作时间和心理健康问题之间的关系

资料来源：笔者根据 2008 年调查的农村、城镇和农民工样本计算而得。

时间，纵坐标是心理问题指数。特别是，每周工作超过 50 小时的农民工的心理健康问题高发。长远看，这不仅将对中国最重要的劳动大军的人力资本有显著影响，而且也将会导致中国未来医疗保健费用的增加，加重社会或个人负担。

好消息是工作时间似乎略有下降。2008 年挣工薪的农民工工人每周平均工作 60 小时。从那时起工作时间已略有下降，2012 年为每周 58 小时。不过，这一下降的速度是很缓慢的。

工资

在过去的 5 年中，农民工的工资已显著增加。这在一定程度上反映了非熟练劳动力市场供给的收缩，也可能是政府政策的结果。

2008～2012 年，工薪收入者的月工资和小时工资每年分别增长了 12% 和 14%。特别是，2010～2011 年实际每小时工资增加了 23%。在同一时期，最低工资也大幅提升。例如，2010～2011 年，我们调查的 15 个城市平均最低工资增长了将近 19%，珠江三角洲及长江三角洲城市的最低工资都提高了 20% 左右（15 个城市的最低工资数据来自各地政府官方网页）。这也许表明许多地方政府利用最低工资来干预产业结构。近年来，很多发达地区的城市都反复提及提升价值增值链的重要性，并试图减少劳动密集型产业。也许，他们正在尝试把最低工资作为政策工具，取代直接挑选行业赢家的办法，达到将低利润产业挤出城市的目的。然而，这还需要更多的深入调研去确认。

然而，有趣的是，如此大幅度的工资增长在 2012 年似乎已经停止。2012 年与 2011 年相比，实际小时工资增长只有 3.7%（见图 7）。

上面提到的工资增长，没有考虑随着农民工工龄和工作经验的增长而自然导致工资增长的因素起了多大作用。农民工在城市每多工作一年，他们所积累的工作经验也更多，变得更加熟练，因此也会挣得更多。这个问题可通过如下方式处理：建立一个工资方程进行回归，对个人的人力资本和其他与工资相关的特征进行控制，并把年份虚拟变量包括在内，这样就可以剔除由于人力资本增加而导致的工资提高，考察同样质量的工人由于市场价格的变化而导致的薪酬变化。我们以两种不同工资数据来进行回归分析。除了当前工作的月工资之外，"中国农民工调查"项目还请农民工报告他们第一次迁

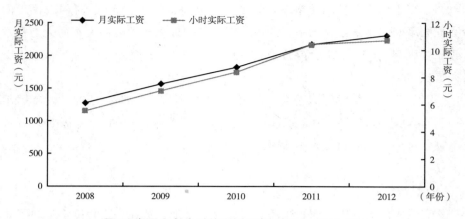

图 7　每月和每小时的实际工资（2008～2012 年）

资料来源："中国农民工调查"项目农村住户调查、城镇住户调查和城市农民工调查的样本。

移的年份以及他们第一份工作的第一个月所获得的工资。这个变量为我们提供了一个较长的时间周期并且剔除了累积工作经验的增长所造成的工资增长。我们将最早迁移年份限制在 2000 年，并估计了在控制年龄、受教育程度、就业城市以及设置一个性别虚拟变量情况下的实际第一个月的工资方程。表 3 中报告了所估计出的工薪收入者的两种不同的工资方程。

表 3　工资回归结果

变　量	实际每月工资对数	实际每小时工资对数	第一份工作的第一个月的实际月工资对数
年龄	0.033 *** ［0.002］	0.047 *** ［0.002］	0.021 *** ［0.004］
年龄平方	- 0.001 *** ［0.000］	- 0.001 *** ［0.000］	- 0.000 *** ［0.000］
受教育年数	0.024 *** ［0.001］	0.040 *** ［0.001］	0.028 *** ［0.003］
男性虚拟变量	0.195 *** ［0.005］	0.162 *** ［0.007］	0.054 *** ［0.011］
自第一次迁移以来的年数	0.019 *** ［0.001］	0.014 *** ［0.002］	
自第一次迁移以来的年数^2	- 0.000 *** ［0.000］	- 0.000 *** ［0.000］	

续表

变　量	实际每月 工资对数	实际每小时 工资对数	第一份工作的第一个月的 实际月工资对数
2001 年			0.055 ** [0.025]
2002 年			0.076 *** [0.024]
2003 年			0.116 *** [0.023]
2004 年			0.142 *** [0.023]
2005 年			0.228 *** [0.023]
2006 年			0.319 *** [0.024]
2007 年			0.304 *** [0.024]
2008 年			0.450 *** [0.027]
2009 年	0.196 *** [0.008]	0.223 *** [0.010]	0.569 *** [0.031]
2010 年	0.329 *** [0.008]	0.362 *** [0.010]	0.639 *** [0.037]
2011 年	0.523 *** [0.008]	0.564 *** [0.010]	0.868 *** [0.050]
2012 年	0.569 *** [0.008]	0.611 *** [0.010]	0.885 *** [0.068]
城市虚拟变量	有	有	有
常数项	6.224 *** [0.031]	0.459 *** [0.039]	5.787 *** [0.078]
观察数量	23522	23449	12864
R 平方	0.394	0.341	0.167

资料来源：笔者估算而得。

用当前的月度工资数据作为因变量，5 年中（2008～2012 年）平均每年增长 9.7%，但 2011～2012 年的增量要低得多，为 4.6%。运用第一份工作的第一个月的数据，13 年的年平均增长为 5.0%；2008～2012 年，年度

变化为 7.5% 。有数据显示了农民工第一份工作的第一个月的工资的年变
化，该数据证实，2008 年之后的时期曾经有过非常高的工资增长，但
2011 ~ 2012 年增长速度已下降到 1.7% 。然而，重要的是要注意到，2010
年（我们有城镇住户调查数据的最后一年），挣工薪的农民工的每小时工资
仅仅是城镇工薪工人的 52% 。

　　实际工资增长率的显著下降可能是中国经济放缓的一个迹象，实际工资
增长率下降是否也与物价水平相关，还有待更深入的研究。

三　迁移的持续时间及其对农民工劳动力供给的影响

　　近期农民工工资显著增加的部分原因是农民工劳动力市场趋紧。这在很
大程度上与农民工迁移的持续时间有关。缺乏社会保障大大缩短了迁移的持
续时间。由于缺乏获得社会福利（医疗、失业救济、退休金、对老人和孩
子的照顾、子女教育）的途径，农民工每当患病、失业、需要照顾家庭或
赡养老人时，就不得不返回农村的家。这些显著缩短了迁移的持续时间。如
果每个人在城市中停留更长的时间，城市中的农民工劳动力供给将会有同比
例的增加。

　　在正常情形下，一个健康的工人在 16 岁以后或 20 岁出头开始工作，在
50 多岁的后期到 60 岁出头退休。因此，正常的工作期限为 35 ~ 40 年。然而，
由于上文提到的对迁移的限制，目前农民工平均仅在城市中工作 8 ~ 9 年。

　　表 1 的第 3 列显示了样本农民工自第一次来到城市至今所经过的年数。
这项指标可能高估了迁移的持续时间，因为它没有剔除下述情况：有些农民
工自他们首次迁移到城市之后，曾返回他们的农村家乡生活相当长的时间，
然后又出来，而这又是经常发生的事。不过，它给出了一个对趋势的粗略展
示。这里更可靠的测算来自新样本，因为总样本中包括了我们随着时间的推
移而追踪的人，他们的"首次迁移距今年数"肯定是随着时间的推移而增
加的。新样本的数据表明，首次迁移距今平均年数已从 2008 年的 7.8 年升
至 2012 年的近 9 年。试想一下，如果城市将变得更加欢迎农民工家庭，迁
移的平均持续时间就会从 9 年提高到 18 年，这将相当于使农民工的当前供
给量增长 1 倍。如果这种情况发生，农民工劳动力市场短缺的情况就会消
失。

四 社会保障覆盖率

能否获得社会保障是农民工能否长期留在城市的重要的因素之一。由于缺乏医疗、养老、工伤和失业等社会保险，农民工无法彻底切断他们与农村的联系。只要他们患病、在工作时受伤、失业或变老，他们就不得不返回农村的家乡。这在很大程度上降低了农民工的迁移持续时间，而这又明显地限制了农民工的劳动力供给。因此，改善农民工的社会保障状况不仅有益于农民工本身，也将是消除劳动力供给障碍的重要措施之一。

过去 5 年里在这方面已经有了一些改进（见图 8）。例如，样本中拥有失业保险的农民工比例从 2008 年的 11% 升至 2012 年的 21%。同样，拥有医疗、养老、工伤保险的农民工比率分别从 2008 年的 13%、18% 和 17% 升至 2012 年的 27%、31% 和 23%，然而，绝大多数农民工仍然在没有任何经济或医疗保障的情况下在城市工作。此外，还有一个情况值得注意，即近年来，签订了某种类型的劳动合同的农民工比例似乎有了大幅下降。2008～2010 年，这方面出现了显著改善，但自那时以来这一比例已从 2010 年的 66% 下降到 2012 年的 59%。在总样本和新样本中都可以观察到这个趋势。

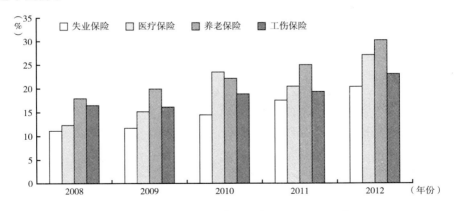

图 8　农民工的社会保障覆盖率：2008～2012 年

资料来源：笔者根据"中国农民工调查"项目农村住户调查、城镇住户调查和城市农民工调查样本计算而得。

五　人力资本积累

除了劳动力供给增加的好处外，增加迁移的持续时间对人力资本积累，进而对劳动生产率的提高都是极其有益的。运用表3第1列中报告的回归结果，我们绘制了一张城市工作年限与收入关系的轮廓图（图9）。此图显示，控制其他特征不变，农民工每在城市中多工作一年，他们的收入将增长2%。这说明通过干中学和在职培训，农民工的劳动生产率有了显著提高。这样的好处在农民工首次迁移到城市之后的第24年达到峰值。只有在那之后生产率的提高才开始消失。可惜的是，在我们的样本中的每一年里，仅有不到3%的农民工在城市工作达到或超过了24年。考虑到当前的农民工平均迁移持续时间约9年，这与国民经济能从其劳动力中获得的最大回报相差甚远，无疑是一个严重的人力资本浪费。

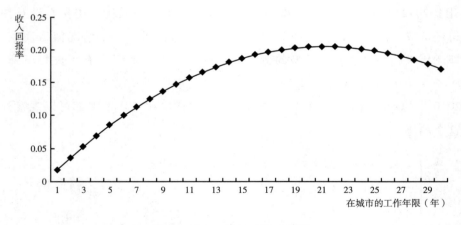

图9　城市工作经验的回报率

资料来源：笔者根据"中国农民工调查"项目农村住户调查、城镇住户调查和城市农民工调查样本计算而得。

另外，人力资本积累还与正规的学校教育有关。农民工平均受过8.83年的学校教育，这与农村未迁移劳动力仅6.89年相比，高出约2年。然而，农民工的受教育程度仍然远低于城镇户籍工人，后者平均受过10.28年的学校教育（见表1C部分的第4列）。

在过去5年中，农民工的平均受教育水平没有大的改变。表1B部分的第 4 列表明，农民工的平均教育水平只有很轻微的增加。

表 3 还显示，农民工的教育回报率是非常低的。最高的估计是从小时工资方程获得的，在这种情况下观察到每增加 1 年的学校教育会增加 4% 的回报。在过去 5 年里，这个回报率没有大的改变。运用城镇住户调查数据，人们发现学校教育回报率是 7.2%，比农民工的学校教育回报率高出 80% 以上。这种教育回报率的显著差异可能是从农村地区获得的教育质量较低的结果。它也可能与农民工被拒绝薪酬较高的工作有关，换句话说，是劳动力市场歧视的结果。

教育的低回报率可能反过来又阻碍了农村孩子接受较高水平的教育。

农村与城镇地区之间的教育数量和质量的巨大差距问题，是一个关乎中国未来劳动力供给的大问题。正如前面提到的那样，在未来几十年里，中国城市的主要劳动力供给将来自农村户籍人口。如果不尽快改善农村教育，中国未来劳动力供给的质量无疑将拖累经济增长。

六　结论

运用 2008～2012 年的"中国农民工调查"数据和 2005 年全国 1% 的人口抽样调查数据，本文展示了在此期间城乡迁移的重要特征。这些特征对中国未来劳动力市场发展具有深远的政策含义。

在未来几十年里，中国城市劳动力的增加将主要来自农村户籍人口。现在已经转移到城市工作的农村劳动力只有不到 30%。所以，潜在可转移的人口还有相当大的比例。

然而，他们的迁移在很大程度上取决于政府的迁移政策。当前，农民工缺少社会保障阻碍了很多人转入城市，或阻碍了其在城市居留更长时间。

目前农民工在城市平均停留 8～9 年。如果这个持续时间能提高 1 倍，城市中的农民工劳动力供给就可以增加 1 倍。此外，我们发现，基于农民工城市工作经验的当前回报率，农民工生产率的提高在第 24 年达到峰值。然而，目前的平均迁移持续时间与生产率峰值相差甚远，这说明迁移持续时间较短造成了显著的生产率损失。农民工的迁移持续时间在很大程度上也取决于迁移政策。

当经济运行良好时，对迁移的限制显然带来了城市农民工的短缺。比如, 2010～2011 年, 挣工薪的农民工的月收入增加了 23% , 同期最低工资也增加了 20% 。在此期间工资骤增可能部分是由于政府政策, 而工资增长似乎已经在 2012 年告终。2011～2012 年月度毛收入的增长只有 3.7% , 远低于此前一年的 23% , 这可能说明了经济下滑的程度相当严重。主要因为制度限制, 我们还观察到迁移的一些长期不良后果。这些限制使农民工缺乏长远预期, 他们将自己看成城市的临时工。他们的目标就是在短期内尽可能挣更多的钱, 然后再回乡生活, 所以, 他们在城市工作的时间很长, 这又反映出农民工劳动保障的缺乏。长时间工作已经给农民工带来了心理健康问题。

参考文献

Frijters, P. , Johnston, D. & Meng, X. , 2009, "The Mental Health Cost of Long Working Hours: The Case of Rural Chinese Migrants", Unpublished Manuscript, Australian National University.

Gong, Xiaodong, Kong, Sherry Tao, Li, Shi & Meng, Xin, 2008, "Rural-Urban Migrants: A Driving Force for Growth", in Ligang Song and Wing Thye Woo (eds.), China's Dilemma, ANU E Press and Asia Pacific Press, Canberra.

National Bureau of Statistics (NBS), 2012, China Yearbook of Household Survey, China Statistics Press.

为实现长效发展而改革
中国的公共财政制度

Christine Wong

引 言

现代国家中，政府具备三个方面的主要职能：首先是配置资源——包括提供国土防御、国内秩序和法律体系等公共产品；其次是对收入进行再分配——包括提供社会保障和安全保证；最后是维持宏观经济的稳定。为了筹措经费以实现上述职能，政府需要募集财政资金；而政府募集财政资金的能力，又与所在国家的经济规模和经济增长的速度密切相关。自 2008 年全球金融危机以来，公众越来越深刻地认识到了公共财政对于一国能够实现健康运行具有重要意义，原因在于：公共财政既涉及经济增长的前景，又与公民福利的状况紧密相连。

在由计划经济向市场经济转变的过程中，中国需要重建既有的公共财政体系，因为先前的公共财政体系镶嵌于中央计划经济的制度框架之中，完全不适于一个混合经济体的需要。通过行政手段对价格进行管理，以及国家对于工业部门进行全面垄断控制，这是支撑中央计划经济的两根立柱。而当上述两大支柱在 20 世纪 80 年代被逐步废除之后，中央政府的财政收入就陷入了直线下降的窘境。1996 年是中央财政收入情况最为恶劣的一年；当年，中国的财政收入只占全国国内生产总值的 11%，这仅仅相当于先前财政收入规模的 1/3。直到从 1994 年开始实施的分税制改革逐步落到实处，财政收入下降的情况才得以逆转。通过分税制改革，中国引入了一套新的税收系统，并且建立了国家税务总局（Wong 和 Bird，2008）。

重塑公共财政，不仅需要建立一套新型财政机制，而且需要改革原有的预算制度。在中央计划经济体制下，中国的预算曾经在很大程度上仅仅承担着记账的功能，预算工作从属于为协调投入和产出而进行的实体规划，而财政部在中央政府各机构中的位次也曾经很低。随着计划经济时代走向结束，预算越来越成为政府在配置资源时所倚重的主要工具。而为了支持预算在国民经济运行过程中所承担的这一新角色，则需要通过进行重大改革而建立起一套预算管理制度。实践证明，这个过程不仅远比先前设想得棘手许多，而且目前尚未完成；造成这种情况的一个重要原因，在于上述改革需要财政部在公共资源管理中发挥更为积极和主要的作用。

笔者将在本文中审视中国当前的公共财政状况，并对这个领域所必须进行的改革展开讨论，这些改革能够提升中国公共财政在支持长效经济发展方面所具备的能力。本文重点聚焦于预算在稳定宏观经济过程中所发挥的作用。顺承这一思路，笔者将说明地方政府的行为和措施为何在很大程度上使得中央政府对于宏观经济进行调控变得更为困难；不过，笔者已在其他论文中对于政府间财政体系改革进行过讨论，因而在本文中将不会再对此着重进行重复讨论。[①]

在以下第一部分中，笔者将简要回顾中国政府迄今为止已经实施的财政改革。在随后的两部分中，笔者将集中关注两个改革成效明显不尽如人意的关键领域：首先，是长期存在的预算外财政资源以及碎片化的预算管理方式；其次，是政府在遏制公共投资过度方面表现乏力。上述两个领域都是公共财政管理的重要组成部分，但这些领域的改革进程却依然面临着相当顽固的阻力。在最后一部分中，笔者将讨论由习近平和李克强所领导的新一届中央政府所必须面对的宏观经济挑战，并且提出一些公共财政体系所迫切需要采取的紧急补救措施。

一　对于财政体制的修补式改革

自 1987 年开始，中国逐渐告别了中央计划经济，朝更加去中心化和更

---

① Wong（2009），Wong（2010），Wong（2013）。

为复杂的市场经济不断转型。在这一过程中，为了建立一套能够支持转型期经济健康运行和稳健增长的新型财政体制，中国走过了漫长的道路。应该承认，上述改革令人印象深刻，并且几乎涵盖了财政体制的所有方面。

税收制度改革[①]

恢复财政系统的健康运行，是必须首先解决的紧要问题，因此，税收改革成为财政领域的第一场主要改革。正如前文所指出的那样，自 1994 年开始，中央政府围绕增值税、营业税、企业所得税、个人所得税以及财产、土地交易和土地使用等方面的一些税收，建立起了一套新型税收制度。上述税种均为按照统一税率征收的广基税（Broad-based Taxes），因而既有利于税收征管，也便于对不同区域的纳税能力进行监测。然而，仅从如下两个例子来看，上述税收制度仍有很大的改进空间。第一，目前中国的财政收入过分取决于生产活动而非实际收入；因而，在各地竞相吸引工商业企业的背景之下，上述制度很可能会对资源配置造成扭曲。第二，对于流转税的过分依赖，以及收入税在税收总额中所占的比例过低，导致税收结构中缺少累进税率机制（Progressivity）。不过，总体而言，改革后的税收制度具有较高的收入弹性，也确实使得财政收入实现了快速而丰厚的增长——在过去十年里，中国财政收入的增长率大致是其国内生产总值（GDP）增长率的 1.5 倍。

公共财政管理改革[②]

随着财政收入的增长，中国政府自 20 世纪 90 年代末开始，将工作重点转向了财政管理改革。从那时起，政府引入了一系列广泛的政策措施，包括对预算编制、预算分类、国库管理、政府采购等事项进行改革，并且建立了一套新型财务信息系统。至此，中国的预算过程才较中央计划经济年代有了显著的变革。1997 年，世界银行的一个工作小组发现，中国的预算过程充满零敲碎补的被动应对举措，用于准备预算编制的时间远远不足，对于国家

[①]　Wong 和 Bird（2008），World Bank（2002）中提供了更详细的相关讨论。

[②]　更多的关于公共财政改革的详细讨论，参见 Wong（2005），Wong（2012）和 World Bank（2000）。

战略重点缺乏集中关切，无法为适应不断涌现出的新需求而有效调整财政支出，难以准确追踪公共资源被如何使用，甚至无法知晓到底有多少人在为政府工作（World Bank，2000）。随着预算成为政府配置资源和进行宏观经济管理的关键工具，其重要性也得以逐步提升。相应的，预算作为管理公共支出的政策工具，也迫切需要通过改革来提升运作效率。

自 1999 年开始，财政部引入了新的预算编制和审批程序，并强化了向全国人民代表大会进行预算结算情况报告的机制。为了适应新的预算程序，财政部于 1999 年进行了一次大规模改组，从而简化了预算编制工作的程序（Wong，2005）。预算编制改革的核心，在于引入部门预算，而这一新制度能够清楚地识别出每个政府部门的全部资源与开销。上述堪称中国为建立新型公共财政体制所迈出的第一步，而这场改革的最终目标，在于使得每个政府部门都能够负责任地使用好它们所获得的公共财政资金。

在此过程中，为管理政府的现金收入与支出，中国还建立了国库单一账户（Treasury Single Account）。此前，支出监管一直是中国预算过程中的一个薄弱环节，而财政部对于财政资金在何时通过何种方式花销则一无所知。虽然政府在事前对于资源如何分配投入了大量精力，但这些财政资源的实际支出过程却缺乏监督，而对于公共经费的挪用和其他各种滥用行为，则只有通过偶尔进行的审计才得以曝光。随着预算拨款的总账与国库单一账户的挂钩，至少从原则上来说，政府得以对公共资金的真实情况进行实时监控。

为了支持国库改革和改进预算工作，财政部已经开始着手建立一套新的政府财政管理信息系统。2006 年，一套新型会计分类系统被投入使用，通过对政府业务职能进行分类，提高了追踪支出情况的能力。同时，政府采购程序也实现了标准化，引入了许多国际组织在对设备和服务进行大规模招标采购时所使用的操作准则。这项改革不仅能够有效提高政府采购的成本收益比率，还能减少腐败滋生的土壤。

在过去十年时间里，通过上述改革，中国为建立现代化的预算管理制度打下了初步基础。此外，在提升预算透明度和提高向全国人民代表大会的报告质量这两个方面，中国也取得了长足的进步。如今，政府每年向全国人民代表大会所提供的预算决算报告要远比过去详细许多。20 世纪 90 年代时，这份报告不过寥寥数页；而关于 2012 年政府决算和 2013 年政府预算草案的报告，则包括了 23 张补充表格和 12 幅统计图，披露了关于财政收入、财政支出和中央转移支付的许多细节。根据最新统计，2012 年，包括财政部在内的 91 个中央政府部门分别将各自的预算放到互联网上供公众监督，其中财政部部门预算的篇幅为 32 页，而这份文件到 2013 年已经扩展至 38 页。①

政府间财政关系和分税制改革

就预算支出而言，中国的财政制度堪称世界上较分散的财政制度之一。中央政府的开销不过国家预算支出总额的 1/4。在改革初期，这一比例超过了 50%；而 2011 年，这一比例却已经下降至 17%。这种权力下放背后的主要驱动因素，在于预算支出结构出现了变化。在向市场经济转型的过程中，随着政府逐渐减少了直接向经济活动提供资金的行为，公共支出的分配权重越来越多地转向了公共服务领域。上述变化使得地方政府在公共支出中所承担的比重越来越大，原因在于：几乎所有的公共服务——包括那些特别需要投入的服务，例如基础教育、卫生保健、社会保障和基础设施等——都被分配给了地方政府，而且往往是由基层政府来承担。例如，像区县这样的第四级政府，就担负着国家对于教育和医疗等领域的绝大部分支出（Wong，1991，2009；Word Bank，2002）。

考虑到地方政府所扮演的重要角色，财政改革中的一个应当被优先强调的重点，在于建立适宜的政府间财政关系体制。然而，在整个 20 世纪 90 年代，这一领域却很少受到关注。事实上，1994 年分税制改革的原则性目标，在于阻止财政收入进一步下滑，特别是确保中央政府对于资源的控制能力不受侵蚀。为了实现上述目标，此次改革重新集中了财政资源，而经过这次改革，中央政府控制了几乎半数的财政预算资金。然而，由于支出项目的责任安排没有改变，改革留给了地方政府一个巨大的财政缺口；当中央政府不愿意或者不能够提供财政援助时，需要承担上述公共支出的地方政府，就必然要面临严重的财政困难，从而导致公共服务短缺普遍存在，并且使得不同区域间的公共服务水平出现巨大差距（Wong，2007）。到 20 世纪 90 年代后期，许多地方政府在养老金支付方面出现了困难，并且普遍发生了拖欠教师和公务员工资的情况。农村地区的基层政府在这一过程中承受着最为沉重的

---

① 上述报告可通过以下链接下载：http：//www. mof. gov. cn/zhengwuxinxi/caizhengshuju/201304/t20130416_ 825081. html。

压力，因为它们在行政结构中处于底层，又在争取财政资源的竞争中处于绝对劣势（Fork 和 Wong，2008）。

进入 21 世纪以来，特别是在刚刚过去的几年中，中央政府已经做出了艰苦的努力，试图逐步解决上述财政问题。惠及"三农"① 是胡锦涛和温家宝领导下的中央政府所推行的一项标志性政策工程。在这一政策的引导下，大量财政资源被投入到农村地区的公共服务中。许多受到中央政府补贴的政策工程得以开展实施，包括旨在废除所有农业税和相关收费的农村税费改革，旨在确保免除学费与提升农村医务教育拨款额度标准的"新型教育资金保障机制"，旨在对农民实施医疗保险全覆盖的新型农村合作医疗项目，以及旨在为农村贫困人口提供收入支持的"低保"项目（Wong，2000）。随着这些项目逐步改变了公共财政资源的分配结构，县乡两级政府支出占国家预算支出总额的比例，已经从 1998 年的 28% 上升到了如今的 40%。

胡锦涛和温家宝执政期间所出台的政策，大多是在关于政府间收入支出权责的既有分配框架中实施的；鉴于上述特点，许多政策的落实，在很大程度上需要倚重转移支付的作用。虽然不断增加对于公共服务——尤其是农村地区的公共服务——的财政投入，带来了显而易见的有利影响；但是，在财政资金转移支付的过程中，也普遍存在着效率扭曲和低下的问题。不仅如此，大量使用转移支付手段，也不可避免地增加了中央政府的行政负担。中央政府规模有限，既不适宜承载如此繁重的行政负担，又显然缺乏对于中央财政转移支付实施有效监测和评估的能力（Wong，2010，2012）。

从长远来看，公共财政改革很可能被视为一种为提升效率水平和公平程度而进行的财政支出配置方式调整。在过去的十年中，为调整政府间财政关系，中央发起了三场改革。这些改革均着力于理顺省级以下的政府间财政关系，包括"省直管县"（Province-managing-counties）、"以县为主"（County-as-key-link）和"乡财县管"（County-managing-township-finances）等内容。旨在确立"以县为主"管理体制的财政改革，肇始于 2002 年左右，这项改

---

① "三农"指代"农业、农村和农民"。与三农政策相关的研究论文，参见 Fork 和 Wong（2008）及 Lin 和 Wong（2012）。

革将履行教育、医疗保健和其他关键公共服务的责任，由乡镇政府上收至县级政府。与此同时，"乡财县管"改革将乡镇政府的会计和支出职能收归县级政府。而此后展开的"省直管县"改革，则取消了地市级政府的中层财政管理职能，在省县两级政府之间建立起关于财政资源和相关权责义务的直接通道。根据官方表述，这些改革旨在加强县级政府的财政能力，并提升各级基层政府的财务管理水平（Xie，2011）。在操作层面上，通过这些改革，政府在财政方面的行政层级由原来的五级减少到现在的三级，而这对于便利中央政府的转移支付工作同样具有重要作用。

二　预算外财政收入和分散的预算控制

在 2013 年 3 月提交给全国人民代表大会的预算报告中，时任财政部部长的谢旭人汇报了包含四类财政收入的三项"预算"，具体包括：由税收收入和非税财政收入构成的"公共财政预算"、"政府性基金预算"以及新近创建的"国有资本经营预算"，后者主要由大型国有企业（SOE）上缴的利润构成。谢旭人还宣布，自 2013 年开始，财政部还将向全国人民代表大会汇报"社会保险基金预算"。在 2013 年预算草案中，他首次以"社会保险基金收入"的名义，报告了社会保险费与相关财政补贴的总额度。

表1　2012 年全面预算中的财政收入构成

	人民币（十亿元）	比例（%）
公共财政预算	11721	64.2
税收收入	10060	55.1
非税收入	1661	9.1
政府性基金收入	4137	22.6
土地收入	2889	15.8
其他政府性资金收入	1248	6.8
国有资本经营收入	157	0.9
社会保险基金收入（仅保险费部分）	2255	12.3
总　　计	18270	

资料来源：2013 年 3 月 5 日财政部向全国人民代表大会所做的预算报告。

表 1 列出了每一子项所对应的财政收入详情，包括公民和企业向社会保险基金（SIF）所缴纳的保险费，笔者将上述各项收入合称为 2012 年度"全面预算"。由于土地收入规模较大，笔者特别将之与其他政府性基金收入分别列出。从表 1 中，我们可以看到，2012 年全国税收总额为 10.06 万亿元人民币，在全部财政收入中仅占 55.1%，即比一半稍强。而全面预算还包括以下几个组成部分。

从"预算外资金"到"非税收入"

预算外资金（EBF）的增长，可以追溯至 20 世纪 80~90 年代。那时，由于预算经费显著缩水，政府对于公共服务的资金支持力度出现了全面下滑。在这种情况下，包括中小学校在内的公共服务提供机构，平均而言只能从财政拨款中获得大约一半的运行经费，而其余开支则需要通过收取费用和从"其他收入"① 中获得。即使是地方警察部门，通常也只能从财政中获得发放薪酬的经费，而用于采购制服、警棍和其他设备的资金，则需要通过罚款和处罚来获得（Bai，2004）。为了保证公共服务得以正常提供，地方政府和公共部门被鼓励自行寻找补充收入的来源（Wong，2009）。由于这些机构被允许将部分征缴上来的收入用于发放奖金或者补充工资，它们有动机通过乱收费和乱罚款等方式索取更多收入（World Bank，2005；Wong，2009）。在这种情况下，政府收费和各种其他征缴的额度不断增加。到 20 世纪 90 年代后期，通过这些渠道获取的政府收入，已经占到中国国内生产总值（GDP）的 8%~10%。据报告，半数甚至更高比例的地方政府支出经费来自此类收入（Fan，1998；Wong，1998，2001）。

自 1998 年以来，中央政府已经采取了多项措施，试图扭转上述趋势。中央政府所使用的主要策略，包括打击乱收费和乱罚款，将政府部门和机构的行政事业性收费尽可能多地纳入财政预算当中，提高对于预算外财政收入主要来源项目收入和支出情况的监察力度，以及将预算外收入逐步转化为税收。

上述努力已经取得了一定程度的成功。许多行政收费已被取消，而留下的财政空缺则由预算经费支持填补。其中最为著名的变化，要数 2001~

---

① 关于这一时期公共服务提供机构获取资金方式的详细探讨，参见 World Bank（2005）。

2003 年开展的农村税费改革运动，这场运动废除了所有农村税费。如今，行政事业收费依然呈现增长态势，这部分经费虽然尚未进行统一预算，却已被纳入预算管理的范畴。如同下文即将讨论的那样，通过对属于预算外资金范畴的一些最主要的财政收入来源进行重新分类或者予以撤销，政府得以削减原本汇总在预算外资金这一科目名下进行报告的内容。最终，在 2010 年，"预算外资金"不再作为一个官方科目出现在财政部报告之中，而原本归于这一科目的财政资金，则被重新冠名为"非税收入"（NTR）进行汇报。2012 年，中国非税收入的总规模为 1.66 万亿元人民币，相当于国内生产总值的 3.2%。

政府性基金

　　财政预算中的"政府性资金"（GF）这一子目创建于 1996 年。当时，中央政府在对预算外资金进行重新分类时，将其中 13 项数额最大的科目统归为政府性资金，其中包括公路养护费、车辆购置费、铁路建设基金、电力基金、三峡大坝基金、机场管理费及建设基金等。1997 年，上述各科目经费的合计总额，在全部预算外资金中所占据的比例超过 1/4。创设政府性基金这一子目的初衷，在于改进对于这些经费收入情况的报告机制，以便为进一步将这些收费项目转化为税收打下基础；因为一旦这些项目转化为税收，它们就可以被置于预算的监督与控制之下。上述设想已经在一些领域被转化成为现实，例如公路养护费和车辆购置费已被燃油税取而代之。然而，随着一些正在迅速增长的大型财政收入项目被划入，政府性基金的规模仍在稳步增长。2010 年，在政府性基金这一子目下，已经涵盖了超过 50 项基金，总财政收入额度达到 3.7 万亿元人民币，占中国国内生产总值的 9.2%；而同一时期中国的税收总额，也不过 7.3 万亿元人民币。[1]目前，规模最为庞大的政府性基金包括"（城区）新增建设用地土地有偿使用费"、"铁路建设基金"、"水利建设基金"和"地方教育附加"等。这些政府性基金基本上可以被看成"准税金"（Quasi-taxes），由相关行政主管机关决定征收，并且不需要经过全国

---

① 　数据来源于财政部在 2011 年 7 月公布的《2010 年全国公共财政收入决算表》，访问于 2012 年 2 月 18 日，网络链接：http://yss.mof.gov.cn/2010juesuan/201107/t20110720_578448.html。

人民代表大会批准。换句话说，政府性基金只不过是预算外资金的一个新名称。

土地出让收入

除了收取使用费并开征"准税金"之外，将国有资产进行货币化，是政府用以补充预算的另一项主要财政收入来源，而地方政府的主要资产就是土地。① 除了直接出让既有的城市土地，地方政府获取财政收入的另一个手段，是将农业用地转换成为非农业用途的土地。这是一项有利可图的活动，而地方政府在这一活动中享有制度上赋予的垄断地位。由于法律将农业用地的征用价格规定在较低的水平，因此，当城市土地价格上涨之后，升值产生的绝大部分收入都流向了地方政府。②

自 20 世纪 90 年代初期起，地方政府就开始挖掘这一丰厚的收入来源（Wong，1997；Guan 和 Peng，2011）。随着城市化进程的步步深入，土地价值也不断攀高。如今，出让土地已经成为地市级政府的关键收入来源。2011 年，全国范围内的土地出让收入总额高达 3.11 万亿元人民币，而这一数字在 2012 年回落至 2.89 万亿元人民币。2007 年，中央政府曾考虑将土地收入作为一项政府性基金，并曾要求将这些经费汇入国库并纳入预算管理范畴。

国有资本运营收入

这一子目现在看起来有些名不符实，因为其中仅仅包括由中央政府控制并向国有资产监督管理委员会（SASAC）负责的 117 家大型国有公司（企业集团）所上缴的利润。国有资产监督管理委员会成立于 2003 年，隶属于国务院。目前，上述企业所上缴的利润，在其利润总额中只占一小部分。2012 年，上述国有企业的资产总额高达 26.06 万亿元人民币，几乎相当于中国国内生产总值的一半；然而，这些企业所上缴的利润，却只有971 亿元人民币。③ 这部分预算资金的额度，非常有可能在未来实现增长，

---

① 1982 年《宪法》规定，城市土地归国家所有，而农村土地则归集体所有。

② 参见 Cao 等（2008）以及 Tao 等（2010）。

③ 参见 http：//blogs. ft. com/beyond-brics/2013/03/27/chinas-new-captain-of-industry/？ utm _ source = Sinocism + Newsletter&utm _ campaign = e1a48e008c-Sinocism03 _ 28 _ 13&utm _ medium = email。

因为新任财政部部长已经宣布，要在国有企业利润中提取更大份额以上缴国库。

社会保险基金

随着覆盖城市职工退休养老、工伤、失业、生育和健康等方面的保险计划逐步实施，社会保险基金（SIF）于 1996 年正式建立。[①] 20 世纪 80 年代，退休职工的养老金逐渐不再由企业负责发放，而地市一级的养老金统筹系统则随之逐步建立起来。到 1991 年，上述变革得以受到中央政府正式确认，国务院要求在城市一级建立养老保险统筹机制，无论城市的具体行政级别是省级、地级还是县级。[②] 这一机制在 20 世纪 90 年代期间历经了数个步骤的调整，最终形成了今天仍在运作的制度框架。

在新机制下，城市政府负责收取雇员和雇主为各类社会保险所缴纳的保险费用，并对社会保险基金承担托管责任。虽然社会保险的制度框架建立在由中央政府所颁布的法规基础之上，但是该制度框架中的许多细节却并未得以详细规定，而实际上是由省市两级政府进行自由裁量的（Hussain，2007）。为最大限度减少财政风险，城市政府被允许设置社会保险的缴费比率和收益水平，以便对收入和支出进行平衡。不过，近些年来，中央政府已经采取了一些行动，试图通过统筹基金来缩小不同地区在养老金缴费比率和收益水平上的差距。

尽管城市被作为社会保险的预算单位，但是社会保险基金却是由人力资源和社会保障部（MOHRSS）以及地方各级社会保障局管理的，并且没有被纳入预算范畴。[③] 随着城市化和人口老龄化等进程的不断加剧，以及随着社会保险供给规模受最近政策影响而显著扩大，社会保险基金也在迅速膨胀。社会保险基金的覆盖范围，最初仅仅包括国有企业员工的退休金和一项失业保险计划，而如今则不仅包括为那些从未正式参加过工作的城市居民提供养

---

① 对于社会保险基金的建立及其构成情况的更详细的介绍，参见 Hussain（2007）、Wang（2005）以及 Watson（2009）。
② 参见国务院于 1991 年 6 月颁布的《关于企业职工养老保险制度改革的决定》。
③ 在预算中，列于"社会保障和就业援助"这一子目之下的支出项目，包括社会福利、灾难救援以及对于社会保障基金短缺部分的补贴，而主要的社会保障支出，则被列于"社会保险基金"这一子目之下。

老金，还包括基本的医疗保险、工伤保险和生育保险项目。2011 年，参保人和参保机构所缴纳的保险费，在社会保险基金中所占的比例已经上升到了5.4%。

三 碎片化的财政控制

尽管上文提到的各类财政收入（即广义的预算外收入）自 20 世纪 90 年代甚至更早以前便已经存在，但直到 2014 年，它们才首次被汇总在同一份报告中提交给全国人民代表大会进行审议。事实上，这些预算外收入的一个显著特点，就是相关信息散布在不同的渠道之中。例如，在中国分散的统计制度之下，与社会保险基金有关的信息不属于财政数据的范畴，而是由人力资源和社会保障部负责报告。直到最近，关于土地出让金规模的公开汇总信息非常有限，因为这些收入几乎全部由地方政府掌握，而中央政府很难获取相关方面的准确数据。① 不仅如此，直到 2001 年，土地流转大多通过政府划拨和协议出让的方式实现，而土地出让的真实价格则在很大程度上是不透明的。国土资源部已经公布了可回溯至 2001 年的全国和省级统计数据。然而，这些数据并不完整。根据审计署对于包括北京、天津、重庆和广州在内的 11 个城市进行审计后所发布的一份报告，2004～2006 年，土地出让收入被低报的比例，竟然高达 71%。② 从 2007 年起，土地出让收入被列为一项政府性资金，上报比例似乎有所增加。上文提到的那份由审计署发布的报告指出，接受审计的 11 个城市低报土地出让收入的比例，在2007～2008 年锐减至 20%。

碎片化的统计报告反映着碎片化的财政控制。在中国的预算决算报告的各个组成部分中，只有税收收入完全由财政部及地方各级财政局进行统一的预算管理。像非税收入和政府性基金这样被列入预算并部分上缴国库的收入项目，其"所有权"以及相应的分配权则仍然属于征收机关。土地收入归属地方政府，大多数由地市一级政府获得，并且在预算之外进行分配。正如

---

① 直到最近几年，中央政府持续宣称有权分享土地出让收入，因而获取相关信息的难度更被人为地加剧了。
② 参见 Fu（2010）。

上文所提到的那样，社会保险基金子目下的资金，实际上是由各地社会保险统筹基金分别进行管理的，并且未被列入严格意义上的预算范畴。换句话说，在所有财政收入中，仅有税收收入和部分非税收入是完全通过预算程序进行分配的，中央政府也只能根据政策重点对于这部分资金如何分配做出引导。除此之外，几乎所有其他资金都被指定用于特定目的，并且由不同部委和地方政府进行分配。最重要的问题在于，财政部及地方各级财政局缺乏对财政收入进行全面管理和统一约束的权力。

图1展示了中国全面预算的变化趋势，涵盖了除政府借贷之外的所有已知财政收入（读者需要牢记，这些数据并非完全可靠，因为它们收集于不同机构，这些机构常常使用不同的定义，而不同定义之间并非总能相互匹配；同时，这些数据也经常会被修正和调整）。就全国范围而言，全面预算的规模增长迅速。2006年，全面预算金额占中国国内生产总值的30.1%；到2010年，这一数字已增长至36.2%，创下了历史最高纪录；而2012年，这一数字又回落至35.1%。中国全面预算的增长趋势，与其经济中的去中心化力量有关。全面预算的每个组成部分是增长还是萎缩，既取决于政府的主观目标，也受制于其所面临的外部环境。2006~2012年中国全面预算的增长，主要是通过土地出让收入提升实现的，而众所周知，这一财政资源相当不稳定。在图1所涵盖的六个年份中，公共财政预算（即税收收入以及

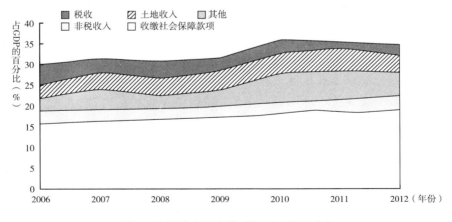

图1 中国的全面预算（2006~2012年）

资料来源：笔者根据财政部决算报表、历年《中国统计年鉴》和历年《中国国土资源公报》计算而得。图中的"其他"收入，包括除土地转让和国有资产利润之外的其他政府收入。

非税收入）也得以稳步增长，从占国内生产总值的18.9%上升至22.6%。同时，社会保险基金的参与率和覆盖范围也实现了稳步增长。全面预算总额每年以几乎国内生产总值1%的速度迅速增长，这应当引起政策制定者的警觉。

四　公共投资管理

政府在转型期最重要的角色转变与投资有关。通过改革，政府收缩了职能，试图将工作重心从直接决定投资结构转向确保为经济增长和公共服务提供足够的支持。实践证明，为政府瘦身是一件棘手的工作，而公共投资管理系统的改革进展也并非平顺。

就表面数据而言，中国政府在投资公共基础设施方面的成绩，一直非常突出。十年以前，中国的高速公路里程不足1万公里，而目前全国高速公路里程已经超过6.51万公里，总长度仅次于美国，位居世界第二。仅在2006~2010年期间，中国的公路里程就延伸了63.9万公里，其中包括3.3万公里高速公路。同一时期内，中国的铁路里程也延伸了1.6万公里。中国拥有一些世界上最大和最现代的机场，并且投入巨资兴建集装箱港口设施。在过去的三十年中，中国的城市化速度异常迅猛；在此期间，中国兴修了大量城市设施，并且对城市提供了多项公共服务，以接纳5亿新近涌入城市的人口（Wong，2013）。2010年，在参与世界银行物流表现指数（LPI）排名的155个国家中，中国位列第27名。世界银行物流表现指数被用以衡量一个国家在全球贸易体系中获取产品的效率，中国在这项指标上的总体得分为3.49分，远远超过了同属中等收入的其他国家，而与高收入国家平均所得的3.55分相当接近。然而，在融资方面，改革却遇到了一些问题。

在中国的市场改革中，公共投资的融资方式已经发生了翻天覆地的变化（Wong，2011a）。迄今为止，这方面最为重要的变化，在于随着财政状况的恶化，用于投资的预算经费投入规模急剧下降。自1993年以来，除受到财政资金政策影响而出现于20世纪90年代末并重现于2008~2010年的两次小规模上升外，预算经费投入规模在公共投资总额中所占的比例一直低于

5%（见表2）。① 在公共投资中，自筹资金所占的比重一直很大，现在已经超过融资总额的3/4。然而，这些自筹经费的构成并不固定，而且定义往往并不清楚。

表 2　固定资产投资项目的经费来源

单位：%

来源 ＼ 年份	1982	1993	1995	2000	2003	2007	2010
预算	22.7	3.7	3.5	6.8	4.8	3.9	4.7
内债	14.3	23.5	21.7	23.6	23.0	15.3	15.2
外债	4.9	7.3	13.1	5.8	4.5	3.4	1.6
自筹资金及其他	58.1	65.5	61.7	63.8	67.6	77.4	78.5

注：自筹资金由企业或机构自行获得。"其他"包括企业或者银行通过发行债券获得的资金，以及征收所得、自有资本和捐赠收入。

资料来源：国家统计局《新中国55年统计数据汇编》；《中国统计年鉴》。

该领域的第二个重要变化，在于投资呈现去中心化的趋势。图2说明，地方政府在预算投资总额中所占的比例，随着其在预算支出中所占比例的上升而不断增加。② 投资责任下放还产生了一些额外问题。上级政府将投资的责任推卸给下级政府，而下级政府受到财政资源约束的限制，又往往把公共服务的职责推卸给包括学校和医院在内的公共服务机构，鼓励这些机构自寻资源。

与融资责任一致，对公共投资进行决策的权力也被逐步下放。在计划经济时代，投资项目在获得批准以前，要经过一个正式的筹备过程，包括进行可行性研究和通过技术审查和评估。那时，项目审批权限属于国家计划委员会以及各级地方计划委员会（这个系统如今被重新命名为国家发展和改革委员会以及各级地方发展和改革委员会）。项目审批是国家发展和改革委员会所承担的一项关键性宏观调控职能，因为项目只有在满足对于土地、原料和包括银行贷款在内的资金情况等方面的条件后，才可能获得批准。在经济转型过程中，审批项目的权限被逐步下放给层级较低的政府部门。具有决定

---

① 关于2008～2010年实施的财政刺激计划及其对公共投资的影响，参见 Wong（2011b）。

② 2007年，财政部改变了预算分类体系，不再将资本支出从经常性支出中分离出来单独报告。

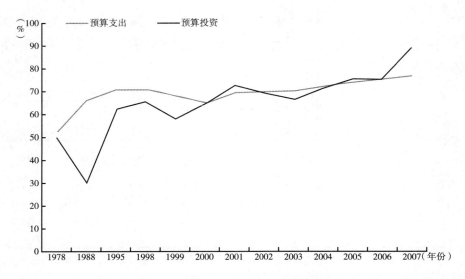

图 2　地方政府在预算支出和预算投资中所占的份额

资料来源：《2011 年中国统计年鉴》以及财政部数据。

意义的改革发生于 2004 年。当时，中央政府规定，需要申请行政审批的项目仅限于两类工程，即那些需要通过公共资金融资的工程，以及那些投资规模超出规定额度或者处于战略部门的巨型工程。[①] 鉴于公共投资领域的多元化趋势，以及对于"公共资金"构成缺乏明确定义，国务院的这个决定在很大程度上被地方政府进行了宽泛的解读，许多地方政府据此认为：只有那些使用预算经费进行投资的项目，才需要完成行政审批框架所规定的程序。从 2004 年起，绝大多数公共投资被认为无须通过行政审批程序便可上马，而国家发展和改革委员会以及地方各级发展和改革委员会的监控职能，则因此受到了严重削弱。就 2008 ~ 2010 年从几个省份进行实地调查所收集的信息来看，即便在那些保留了行政审批程序的地方，对公共投资项目的审批，在很大程度上也只是走走形式，只要资金得到保证，项目总会得到批准。[②]

随着市场化改革所带来的经济快速增长和城市化进程加快，地方政府在

---

① 《国务院关于投资体制改革的决定》，颁布于 2004 年，参见 Wong（2011a）。
② 关于广东省的情况，参见 Mikesell 等（2011）；笔者对山东、江苏和浙江等省份进行了田野调查。

公共基础设施投资方面，往往面临着巨大的压力。不过，尽管财政资源不足，地方政府仍然成功地实现和维持高水平的投资，其中原因部分在于它们获得了预算外经费的支持。许多预算外资金项目以及后来的政府资金项目——如机场维护建设费、铁路建设基金和三峡大坝基金等——之所以得以建立，初衷都是为了给基础建设投资提供资金。此外，地方政府严重依赖土地收入，而土地收入则主要被用于城市发展中的专项投资。根据笔者做出的估计，2010 年土地出让收入占到了地级市层面的综合预算收入的 1/3（Wong，2013）。

同样，或者说更为重要的问题，在于为特殊目的而成立的金融实体公司（Special Financial Vehicles）。为了绕开对于政府直接借贷的禁令，自 20 世纪 80 年代开始，许多地方政府——特别是省级和地市级的地方政府——转而创办了大量企业实体，并借此来完成为公共投资项目筹集经费的任务。这些企业最初往往是作为财务独立、使命单纯的实体而建立的，目的在于承接国际金融机构所提供的贷款。由于财务独立，这些企业所从事的业务范围，被限制在那些有能力还本付息的领域，主要包括建设和运行收费公路、电力设施、自来水设施和公益事业。

1992 年，上海市成立了全国首家宽基投资公司（Board-based Investment Corporation）——上海市城市建设投资开发总公司，以承接对于城市基础设施的投资项目。该公司被赋予包括发起和协调供水、污水处理、道路和市政连接设施建设在内的多项职能。为对这些项目进行融资，该公司能够从上海市政府的财政预算中获得专项收入，并且享有向银行借贷的权利。上海市城市建设投资开发总公司使得上海市公共基础建设的融资能力实现了一大飞跃，从而为上海市区的重建和扩展提供了大力支持，因而也受到了广泛效仿。到 21 世纪初，中国大部分城市都建立了地方投资公司（LICs），这些企业有时也叫作城市发展投资公司（UDICs），它们在中国城市化过程中发挥了关键的融资作用（Wong，2013）。

随着上述融资方式越来越被采纳，地方投资公司（LICs）与地方政府财政分离的管制逐渐松动，地方政府开始为地方投资公司（LICs）的银行贷款提供担保。通常，地方投资公司筹集银行贷款，将这些贷款与其他资金捆绑运作，并使用包括预算经费和预算外经费在内的城市资产作为股份与抵押。随着城市化进程推动土地价值不断上升，在越来越多的情况下，土地成为支撑地方投资公司的主要资产，而许多城市则承诺将未来的土地收益抵押给银行以获得贷款。①

　　直至 2011～2012 年，地方投资公司在中央政府视线之外增长与发展的程度才被披露出来。由于地方投资公司属于地方试验，而且并未得到中央政府正式认可，它们只能在中国混合经济体制的空隙中求得生存。这些企业从未被置于监督机构的管理控制之下，也无须定期提交关于企业活动的报告。2008～2010 年，地方政府被要求为总值 4 万亿元人民币的经济刺激项目提供 3/4 的经费，也因此被允许搭建用于借贷的金融平台。地方政府对此反应异常热烈：地方投资公司（LICs）乘机大肆扩张，并且吸收了很大一部分投资经费和银行贷款。这些行为最终引起了中央政府的注意，并且发现：无论是中国银行业监督管理委员会、中国人民银行、财政部、建设部，还是国家发展和改革委员会，居然没有一个部门能够掌握关于地方投资公司的系统信息（Wong，2011b）。② 2011 年，审计署派出 4100 名稽查员，开展了一项规模巨大的全国审计运动，但即便在此之后，相关情况依然模糊不清，人们对于一些基本问题仍然缺乏共识，包括：究竟什么是"地方投资公司"？这些企业有多少投资真正流向"公共基础设施"工程？这些企业究竟有多大比例的负债应该由地方政府负责承担？③ 鉴于地方政府和地方投资公司在公共投资融资方面发挥着至关重要的作用，上述情况显然表明中央政府已经难以对公共投资进行总体控制。

　　中国依靠借贷来为基础设施建设融资，这与世界上其他国家的做法并无太大差异，而当政府开支的经济周期与融资活动相一致时，依靠借贷筹集资本并不失为一项相当优秀的公共政策。诸如桥梁、隧道或者学校这样的基础

---

① 2011 年，审计署对地方投资公司的调查发现，有 309 个地级政府和 1131 个县级政府承诺将未来的土地收益抵押给银行，分别占全国地级政府总数的 93% 和县级政府总数的 56%。

② 2009 年，地方投资公司拿到了全部新增贷款的近 1/3；在 2010 年第一季度，它们名下的贷款占所有新增银行贷款的 40%（*Investors Bulletin*，2010；Wei，2010）。

③ 根据 Zhang 和 Batson（2011），不同机构做出的估计之间存在显著分歧：

机　　构	地方投资公司数量（家）	地方投资公司负债（万亿元）
中国人民银行	>10000	<14.4
中国银行业监督管理委员会	9828	9.1
国际审计署	6576	5

设施，其收益周期一般都比较长，因而，通过拉长支付期限以匹配收益周期，采用借贷方式进行融资，不仅符合"用者付费"的原则，还能显著提高效率并且促进代际公平。然而，中国的问题在于，无论在中央层面还是在地方层面，都缺乏对于借贷的有效监管。国家发展和改革委员会的研究者们对此提出了尖锐的批评，他们认为当前地方投资融资体系正在"三无"状态下进行运作，即无指导框架、无约束、无责任追究制度。①

实际上，上述批评也可被广泛用于评价过去十年中的整体公共投资状况。在此期间，并无一个全面政策框架能够对于公共投资的范围做出清晰界定。城市政府通常缺乏将总体债务水平考虑在内的投资计划。地方投资公司通常不会编制资产与负债账目，而这些企业与地方政府的联系如此密切，以至于很难将它们的责任剥离出来进行清晰界定。在中国不成熟的金融体系中，银行通常没有足够的能力来提供金融市场所必需的约束规则，何况地方政府的财政情况不仅非常复杂，而且往往透明度欠佳。无论如何，当土地价格历经了超过二十年的高速增长后，人们普遍认为：土地价格将会持续上涨，而政府可以为土地价格提供良好的担保。

如今，根本不可能识别并计算出中国的公共投资总额，也无从了解其构成情况。显然，在一个缺乏监督和评估的系统中，地方政府和一些公共机构的借贷行为无法得到有效监管，从而导致了软预算约束（Soft Budget Constraint）的出现。在这种情况下，过度借贷和过度投资得到怂恿，而对于土地和资本的使用则充满浪费并且效率低下。

五 宏观经济挑战与下一步公共财政改革的方向

在过去三十多年中，中国通过利用循序渐进的修补式改革进程，取得了令人瞩目的经济增长和社会发展成就。在这一转型过程中，尽管中国的公共财政系统依然存在许多问题，但似乎尚能完成其主要职能，即为政府运转提供必要的经费支持。本文集中讨论了中国碎片化的预算管理制度，也分析了对于公共投资的分散化管理以及其中存在的严重问题，笔者追本溯源，认为中国政府目前所面临的宏观经济问题，与其财政系统中所存在的漏洞具有密

①　Wang 等（2010）。

切关系。

为支持中国经济实现长期而可持续的发展，中国政府必须重新掌握对于宏观经济管理工作的控制权。从技术层面来说，这项工作可以将遏制地方政府的借款和投资作为起点，而中央政府从 2010 年开始已经就此问题开始采取行动，首先对银行向地方投资公司发放贷款的行为实施了行政控制。[①] 公共财政改革在短期内的当务之急，在于清算地方政府负债的规模，并提出一个相应的解决方案。而公共财政改革的根本目标，则必须着眼于变革那些促使地方政府推行分散化投资和借贷的激励机制，从而避免重新陷入中国经济增长在过去二十年间所经历的困境，即余永定所形容的"土拨鼠日"周期（Groundhog Day Circle）。[②]

上述改革可以从建立一套对于地方政府借贷的管理制度框架开始。我们已经观察到，完全禁止地方政府借贷，只能促使这种行为转向地下，从而使其消失在中央监察机构的视野之中。因此，改革应当认可地方政府出于为长期基础设施建设项目融资的目的而进行的借贷。在绝大部分国家中，地方政府都被允许通过借贷筹集资本；然而，这一行为必须得到仔细管理，从而最大限度地降低财政与金融风险。

为对潜在的财政风险进行管理，财政部于 2011 年引入了一套监督与管理制度框架，要求地方政府上报其负债情况。然而，这种做法不过只是简单延续了财政部在过去十年间试图构建全国地方债监控系统的做法。因此，要想使得这套新的制度框架比先前政策更有效率，就必须引入一些过去未曾使用过的政策手段，例如对地方政府财政情况实施年度审计，并立法要求地方政府定期公布关键财政数据，包括直接债务和间接债务（包括地方投资公司名下的债务）情况、与借贷有关的业务情况以及借贷计划等。

此外，中央政府还需要重新掌握对于财政工作进行总体约束控制的权力，赋予一个指定机构以监管全面预算收入各组成部分资金项目的权力和义

---

① 此项工作开始于 2010 年 6 月，当时国务院发布的《关于加强地方政府融资平台公司管理有关问题的通知》（国发〔2010〕19 号）。

② 余永定认为，中国经济增长呈现出以下一种模式："扩张性政策支持下的大规模投资推动了经济增长；一段时间之后出现通货膨胀；尔后政策转向收紧；尔后经济增长的速度开始下降，但是通货膨胀仍处于较高水平；尔后政策进一步收紧；尔后通货膨胀最终得到控制，但经济增长速度下降的程度却超过了可以承受的范围；尔后政策由收缩转向扩张；尔后，投资再度促使经济增长"；此后，整个周期又重新开始（Yu，2013）。

务，而这项工作最适合由财政部具体承担。像中国这样对于预算外收入高度依赖的情况，在世界上并不普遍，但中国也并非孤例。例如，新加坡的公共财政系统由四大"支柱"项目组成，包括预算本身、中央公积金（Central Provident Fund）、政府投资部门以及被列入预算的各类专项基金。然而，新加坡的预算过程却毫无争议地由其财政部负责管理；此外，各相关政府部门之间合作密切，财政规章准则得以严格贯彻执行（Blondal，2006）。

如果希望上述改革能够持久，领导人需要为在不同中央部门之间重新分配权力提供政治支持，从而提升财政部的地位，使其有能力对所有财政资源进行管理。领导人还应该支持全国人民代表大会强化宪法赋予其的对预算以及财政部工作进行监督的权力，也应要求全国人民代表大会赋予审计署更多权力。审计署自 20 世纪 90 年代以来已经多次对预算的执行情况进行了审计（Wong，2012），而类似工作应当扩展至全面预算和公共负债管理领域。

参考文献

Bai, Nansheng, 2004, "A Police Story", Paper Presented at the Conference on Rural Change in China, Peking University, 5 – 6 July.

Blondal, Jon, 2006, "Budgeting in Singapore", *OECD Journal on Budgeting*, Vol. 6, No. 1, pp. 45 – 86.

Cao, Guangzhong, Feng, Changchun and Tao, Ran, 2008, "Local 'Land Finance' in China's Urban Expansion: Challenges and Solutions", *China & World Economy*, Vol. 16, No. 2, pp. 19 – 30.

Fan, Gang, 1998, "Market-oriented Economic Reform and the Growth of Off-Budget Local Public Finance", in Donald Brean (ed.), *Taxation in Modern China*, Routledge Press, New York.

Fock, Achim, and Wong, Christine, 2008, "Financing Rural Development for a Harmonious Society in China: Recent Reforms in Public Finance and Their Prospects", *World Bank Policy Research Working Paper* No. 4693, August, http://econ. worldbank. org/docsearch.

Fu, Weigang, 2010, "Why is There so much Chaos on the Use of Land Transfer Revenues?", *Dongfang Morning Post*, 25 April.

Guan, Qingyou and Peng, Mei, 2011, "Land Finance: the Opiate", Unpublished Paper.

Hussain, Athar, 2007, "Social Security in Transition", in Vivienne Shue and Christine Wong (eds.), *Paying for Progress in China: Public Finance*, *Human Welfare and Changing Patterns of Inequality*, Routledge, London.

Investors Bulletin, 2010, "A Tight Hoop Should be Put on Local Government Financing Platforms", 6 June, Viewed 20 May 2011, http: //finance. ifeng. com/news/special/dfzwwj/20100606/2282325. shtml.

Lin, Wanlong and Wong, Christine, 2012, "Are Beijing's Equalization Policies Reaching the Poor? An Analysis of Direct Subsidies under the 'Three Rurals' (*Sannong*)", *China Journal*, No. 67, January.

Mikesell, John L., Ma, Jun, Tat-kei Ho, Alfred, and Niu, Meili, 2011, "Financing Local Public Infrastructure: Guangdong Province", in Joyce Yanyuan Man and Yu-Hung Hong (eds.), *China's Local Public Finance in Transition*, Lincoln Institute of Land Policy, Cambridge, MA.

Ministry of Finance, 2013, *Budget Report to the National People's Congress*, 5 March.

National Audit Office, 2011, *Local Government Debt Audit Results*, No. 35, 27 June. National Bureau of Statistics, 2009, *New China 55 Years Statistical Compendium*, Beijing.

Tao, Ran, Su, Fubing, Liu, Mingxing, and Cao, Guangzhong, 2010, "Land Leasing and Local Public Finance in China's Regional Development: Evidence from Prefecture-level Cities", *Urban Studies*, Vol. 47, pp. 2217 – 36.

Wang, Dewen, 2005, "China's Urban and Rural Old Age Security System: Challenges and Options", Chinese Academy of Social Sciences, Working Paper Series No. 53, Viewed 21 March 2012, http: //iple. cass. cn/file/dw17. pdf.

Wang, Yuanjing, Gao, Zhenhua and He, Yinzi, 2010, "The Challenge of Local Government Fund-Raising and Rebuilding the Model—Taking Urban Construction as an Example", *Jingji lilun yu jingji guanli* (economic theory and economic management) (in Chinese), No. 4, pp. 53 – 60.

Watson, Andrew, 2009, "Social Security for China's Migrant Workers—Providing for Old Age", *Journal of Current Chinese Affairs*, Vol. 38, No. 4, pp. 85 – 115.

Wei, Jianing, 2010, "The Causes and Fixes of Risks from Local Government Financial Platforms", Mimeographed (in Chinese).

Wong, Christine, 1991, "Central-Local Relations in an Era of Fiscal Decline: The Paradox of Fiscal Decentralization in Post-Mao China", *The China Quarterly*, No. 128, December, pp. 691 – 715.

1997, *Financing Local Government in the People's Republic of China*, Oxford University Press, Hong Kong.

1998, "Fiscal Dualism in China: Gradualist Reform and the Growth of Off-Budget Finance", in Donald Brean (ed.), *Taxation in Modern China*, Routledge Press, New York.

2001, "Converting Fees into Taxes: Reform of Extra-Budgetary Funds and Intergovernmental Fiscal Relations in China", in Richard Bird, Robert Ebel and Christine Wallich (eds.), *Decentralization of the Socialist State: Intergovernmental Finance in Transition Economies*, The World Bank; Chinese edition: Central Translation Press, Beijing.

2005, "Public Sector Budgeting Issues in China" in OECD, *Governance in China*, OECD

Publishing, Paris.

2007, "Can the Retreat from Equality Be Reversed? An Assessment of Redistributive Fiscal Policies from Deng Xiaoping to Wen Jiabao", in Vivienne Shue and Christine Wong (eds.), *Paying for Progress in China: Public Finance, Human Welfare and Changing Patterns of Inequality*, Routledge, London. 2009, "Rebuilding Government for the 21st Century: Can China Incrementally Reform the Public Sector?", *China Quarterly*, No. 200, December.

2010, "Fiscal Reform: Paying for the Harmonious Society", *China Economic Quarterly*, Vol. 14, No. 2, pp. 22 – 7.

2011a, "Can Humpty Dumpty Be Put Together Again? A Review of Public Investment Management in China", in World Bank, *Investing to Invest: Strengthening Public Investment Management and Global Lessons*, Washington, DC.

2011b, "The Fiscal Stimulus Program and Problems of Macroeconomic Management in China", *OECD Journal on Budgeting*, Vol. 2011/3.

2012, "Toward Building Performance-Oriented Management in China: the Critical Role of M&E and the Long Road Ahead", World Bank Independent Evaluation Group, ECD Working Paper Series No. 27, September http://siteresources.worldbank.org/EXTEVACAPDEV/Resources/wp_27_china_me.pdf.

2013, "Paying for Urbanization: Challenges for China's Municipal Finance in the 21st Century", in R. Bahl, J. Linn and D. Wetzel (eds.), *Metropolitan Government Finances in Developing Countries*, Lincoln Institute for Land Policy, Cambridge, MA.

Wong, Christine, and Bird, Richard, 2008, "China's Fiscal System: A Work in Progress", in Loren Brandt and Thomas Rawski (eds.), *China's Great Transformation: Origins, Mechanism and Consequences of the Post-Reform Economic Boom*, Cambridge University Press, New York.

World Bank, 2000, *China: Managing Public Expenditures for Better Results*, Report No. 20342-CHA, Washington DC.

2002, China: *National Development and Sub-national Finance, a Review of Provincial Expenditures*, Report No. 22951-CHA, April, Washington DC.

2005, *China: Deepening Public Service Unit Reform to Improve Service Delivery*, Washington, DC.

Xie, Xuren, 2011, *China's Public Finance Management*, October, Chinese Fiscal Economics Press, Beijing.

Yu, Yongding, 2013, "China's Groundhog Day Growth Pattern", *East Asia Forum*, 10 February.

Zhang, Janet, and Batson, Andrew, 2011, *DragonWeek*: 04 July, GaveKalDragonomics.

（崔宏月　陶　郁　译）

中国分省企业经营环境指数
2013 年报告（摘要）[*]

王小鲁　余静文　樊　纲

前　言

本报告由国民经济研究所和中国企业家调查系统合作完成，目的在于对我国各省、自治区、直辖市的企业经营环境总体状况和各方面状况进行评价和比较，对其变化情况进行跟踪分析。本报告旨在为各地政府提供改善当地企业经营环境的政策参考依据，为企业经营者和投资者的经营和投资决策提供信息，为学术界研究影响企业发展的各种因素提供数据支持。

本报告的基础数据来自 2006 年、2008 年、2010 年和 2012 年对全国各地 4000 多家企业的四次调查，基于企业主要负责人对当地经营环境各方面因素的评价。

2012 年，全国 4020 家样本企业在所有者类型方面的分布如下：国有独资和国有控股企业 418 家（10.4%），集体所有制企业 48 家（1.2%），私营企业 958 家（23.8%），股份合作制企业 186 家（4.6%），非国有控股的股份有限公司 589 家（14.7%），非国有控股的有限责任公司 1535 家（38.2%），其他内资企业 12 家（0.3%），外资和港澳台资企业 257 家（6.4%），未分类 17 家（0.4%），合计 100%。

---

* 本文是中国分省企业经营环境 2013 年报告的摘要，全文由中信出版社出版（编委会成员：樊纲、李兰、王小鲁）。该项研究由国民经济研究所和中国企业家调查系统合作完成。该项研究得到了许多机构和个人的支持，我们深表感谢。

样本企业按企业规模分类的分布如下：大型企业 365 家（9.1%），中型企业 1415 家（35.2%），小型企业 2035 家（50.6%），微型企业 190 家（4.7%），未分类 15 家（0.4%）。

按主营业务所属行业分类的分布如下：制造业 2808 家（69.9%），农林牧渔业、采矿业、电力燃气及水的生产供应业、建筑业共 350 家（8.7%），交通运输、仓储和邮政业、信息传输、计算机服务和软件业、批发和零售业、住宿和餐饮业共 516 家（12.8%），其他各类服务业共 340 家（8.5%），未分类 6 家（0.1%）。

从以上情况看，调查企业的企业类型分布和规模分布都比较均衡[①]，只是行业分布中制造业企业相对偏多，其他行业（特别是服务业）企业偏少。但一般而言这不会改变分省经营环境的评价。2012 年调查的样本企业各项分布状况在总体上与以前年份类似。其中，按企业类型分布，国有独资和国有控股企业的比重比 2010 年调查有所减少，非国有企业有所增加。按行业分布，制造业企业的比重比 2010 年略有减少，服务业企业的比重略有增加。因为企业规模分类口径改变，企业规模分布与以前年份调查不可比。

关于样本企业的地域分布，本报告共包括中国内地的 29 个省、自治区和直辖市（以下简称为各省份）。由于西藏和青海的样本企业数量过少，数据代表性不足，因此在分省分析中未能将这两个省份包括在内。同时由于制度环境的差异，本报告也不包括我国台湾、香港和澳门地区。

基于上述企业的调查数据，我们建立了《中国分省企业经营环境指数》。该指数从 8 个方面对企业经营环境进行评价。这 8 个方面分别是：政府行政管理、企业经营的法制环境、企业税费负担、金融服务、人力资源供应、基础设施条件、中介组织和技术服务、企业经营的社会环境。8 个方面指数下各设有若干分项指数和基础指数。我们的调查数据采用从 1 到 5 的赋值评价某一方面的企业经营环境。其中 5 表示"很好"，1 表示"很差"。个别数据采用了定量指标。

[①] 根据经济普查和统计数据，在我国经济中，小企业在企业数量上占绝对优势（国务院第二次全国经济普查领导小组办公室、国家统计局，2009；国家统计局，2013）。但小企业无论在就业人数还是增加值中所占比重都远远小于它们在企业数量上的比重，因此在调查样本中适当增加大、中型企业的比重是必要的。

在本报告的第一部分，我们将报告各省份企业经营环境的总体进展和分省排序。第二部分报告 2006～2012 年企业经营环境在 8 个不同方面的进展。在第三部分中，我们将对国有企业与非国有企业的经营环境差异、不同规模企业的经营环境差异、不同行业的企业经营环境差异进行比较分析，并按照东部、中部、西部、东北四个区域的划分，分析各地在企业经营环境各方面的发展变化。第四部分是简要结论，概述本报告的主要发现。最后的附录部分是我们对企业经营环境指数体系的构造和计算方法的解释。

本项研究由国民经济研究所和中国企业家调查系统合作进行。企业调查工作由中国企业家调查系统承担，在李兰秘书长领导下由企业家调查系统工作人员进行了大量工作，取得了丰富的调查数据。企业经营环境指数体系的设计、数据分析研究和报告写作等工作由国民经济研究所承担。双方在项目进行过程中进行了充分沟通和密切合作。我们的企业调查也得到了 BMW 中经智库的支持，并得到各地许多企业、政府部门和个人的合作与帮助。合作双方对项目进行过程中所有机构和个人所给予的支持与帮助深表谢意。

一 企业经营环境总体进展和分省排序

（一）我国企业经营环境的总体进展情况

我们的调查数据显示，2006～2012 年，我国的企业经营环境总体而言发生了积极的变化。全国各省份的企业经营环境总指数（总体评分）的平均值大体上呈现波动上升趋势。2012 年，企业经营环境总指数平均值为 3.05 分，比 2006 年的平均 2.88 分上升了 0.17 分，显示企业经营环境在总体上趋向于改善。但在其中的 2009～2010 年，评分有所下降。2011～2012 年的评分上升并没有完全抵消前一时期的下降。同时，2012 年的平均 3.05 分仅仅是一个略高于中性评价 3.0 分的平均分，还需谨慎对待，不应过度乐观。图 1 显示了 2006～2012 年的企业经营环境变化情况。

2011～2012 年，在全国有数据的 29 个省份中，有 19 个省份的企业经营环境总指数上升，10 个省份下降。这大体上说明最近这两年间全国企业经营环境有所好转。而在 2009～2010 年，29 个省份中有 27 个出现了总指

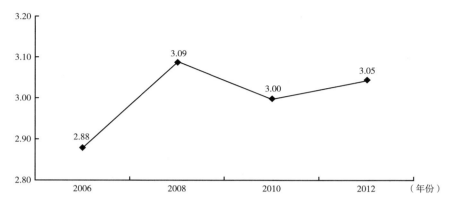

图 1　企业经营环境总指数平均值的变化（2006～2012 年）

数下降，显示这两年间企业经营环境出现消极变化，这反映在多个方面。从我们的上一个报告（王小鲁、樊纲、李飞跃，2012）中可以看到，在所有 7 个企业经营环境方面的指数中，有 5 个方面指数的平均值出现了下降，即人力资源供应、金融服务、企业经营的法制环境、政府行政管理、基础设施条件。两个没有发生下降的方面指数是中介组织和技术服务、企业经营的（诚信）社会环境。

对于企业经营环境发生逆向变化这一复杂现象，我们在上一个报告中还无法进行更具体的解释。而在经过了近两年企业经营环境恢复性改善后，我们可以对导致当时经营环境恶化以及后来改善的原因做出一些基本的判断。

首先，在金融服务方面，2009～2010 年大幅度放宽的货币和信贷政策，以及以大规模政府投资为核心的扩张性财政政策，实际上对企业经营环境产生了一定的负面影响。

2009 年末金融机构本外币贷款比 2008 年末猛增 10 万亿元，2010 年末又比 2009 年末猛增 8 万多亿元。虽然银行贷款大量增加，但主要是用于政府大型投资项目的中长期贷款，行政导向程度增高，市场导向程度降低，对金融市场产生了挤压作用。2010 年末与 2008 年末相比，中长期贷款增长了 86%，短期贷款只增长了 33%，其中对企业的短期贷款只增长了 17.6%（数据来自人民银行官方网站）。考虑到这一期间企业成本和物价上升的因素（城镇单位平均工资上升了 26.4%，多数能源和原材料的价格也有不同程度的上涨），实际上这一期间的信贷形势变化对多数企业正常经营所需的流动资金供应是具有紧缩性质的。

而在对企业的贷款中，一般而言银行偏爱大企业的倾向比较明显，中型及以下企业特别是小型和微型企业处于更加不利的地位，后者只能主要依赖自身积累和民间融资。我们企业经营环境指数中的"金融服务"指数显示，2009～2010年，通过正规金融机构融资的难度有所下降，企业贷款需要在正常利息之外付出额外费用的情况反而上升，同时民间融资的难度上升。这反映了信贷政策及其实现方式对市场环境的不良影响。

上述情况在2011～2012年有明显改善。其间，短期贷款大幅度上升，中长期贷款增速放缓。我们的金融服务指数显示，虽然通过正规金融机构融资的难度基本未变，但支付额外费用的情况减少了，同时通过民间渠道融资也相对更容易了。

其次，2009～2010年，"政府行政管理"和"企业经营的法制环境"两个方面发生了退步。在"政府行政管理"方面，"政府效率"和政策"公开、公正、公平"两个分项指数都发生了明显下降。"政府廉洁"持平，只有"减少不必要的干预"有明显改善。几项合计，"政府行政管理"方面指数在此期间还是下降的。在"企业经营的法制环境"方面，"司法公正与效率"和"经营者合法权益的保障"两个分项指数在此期间都有明显下降，导致该方面指数下降0.17分。

上述这些情况很可能也与当时的扩张性宏观政策有关。这是因为大规模政府投资，和政府指导下的大规模信贷投放，大大提高了政府影响资源配置的程度，弱化了市场配置资源的功能，对公平公正和有效地分配资源都有某种程度的不利影响。

而在2011～2012年，这些方面的情况有了一定的改善。其中"政府行政管理"方面的"政府廉洁"改善比较明显，"公开、公正、公平"略有改善。另外两个分项仍有下降，但"政府行政管理"方面指数评分是提高的。"企业经营的法制环境"方面指数也有一定程度的回升。

再次，在"基础设施条件"方面，2009～2010年评分出现了出人意料的大幅度下降，而在2011～2012年出现了一定程度的回升。这显然不会是硬件基础设施条件的突然恶化和改善所导致的，而是基础设施服务状况变化的反映。这一情况可能与前一时期大规模投资和2010年经济复苏导致的投入品运输量大量增加以及用电量增加有关（2010年电力消费弹性系数是 2004 年以来的高点），引起一些地方运力和供电紧张。另外 2010 年下半年，一些地方政府为了完成节能减排任务而采取行政手段拉闸限电，影响了企业正常生产，显然也是导致企业对基础设施条件评价下降的一个因素。

最后，在"人力资源供应"方面，2009～2010 年技术人员、管理人员和熟练工人的供应都出现了评分下降。这也与伴随扩张性宏观政策而来的经济出现偏热迹象有关，在人力资源需求旺盛的情况下加剧了人力资源供应短缺。2012 年，尽管该方面指数的评分仍然低于其他方面，但相比于以前各年，情况出现了好转。

以上对于 2009～2010 年企业经营环境发生退步的原因分析，并不是要否定我国在国际金融危机期间实行的扩张性财政政策和货币政策。当时在我国出口产业受到世界市场不景气严重打击的情况下，实行扩张性的宏观经济政策是必要的和及时的。这使我国经济在世界经济整体不景气的情况下，迅速摆脱了危机的影响，保持了经济较快增长。但事后根据实际发生的情况，对这一政策的利弊得失进行客观分析，尤其是对于政策的合理力度和实现方式进行研讨，也是非常必要的。这有利于我们总结经验、吸取教训，使今后的宏观政策能够趋利避害，做得更好。

本报告的目的并不是全面讨论宏观经济政策，而是分析企业经营环境的变化及其影响因素，包括宏观政策对企业经营环境的影响。以今天的眼光来看，当时的财政政策和货币政策在力度、手段及实现方式上都有一些值得探讨之处。

在财政政策方面，当时可能过多偏重政府投资，没有更多地利用不影响市场机制作用的发挥，有利于调整结构、改善收入分配、促进人力资本积累及环境改善的财政支出手段和减税手段，例如用于改善小微企业经营环境的财政支出和减税措施，用于改善教育、公共医疗、社会保障、环境保护等方面的支出等。在货币政策方面，信贷投放增幅过猛，过多用于保障政府投资项目，对地方融资平台的过度扩张也缺乏节制，对市场调节机制和保持企业正常运行起了某些干扰作用。

此外，在各级政府被赋予了控制资源配置的巨大权力的时候，政府自身的公开透明、纪律约束和外部监督机制就变得非常关键。没有这些机制发挥作用，就有可能导致政府滥用权力、错误配置资源、贪污腐败泛滥等现象。这些都会对企业经营环境造成严重的负面影响，并可能带来长期后患。

（二）企业经营环境分省排序和评分

以下根据企业经营环境总指数的评分结果，对我国各省份 2006 年、2008 年、2010 年和 2012 年的企业经营环境，按从好到差的顺序进行排序，如表 1 所示。

表 1　各省份企业经营环境相对排序（2006～2012 年）

排名	2006 年	2008 年	2010 年	2012 年
1	上　海	上　海	上　海	天　津
2	浙　江	江　苏	江　苏	上　海
3	江　苏	浙　江	天　津	北　京
4	天　津	北　京	浙　江	浙　江
5	山　东	天　津	北　京	江　苏
6	广　东	福　建	安　徽	重　庆
7	福　建	安　徽	河　南	黑龙江
8	北　京	辽　宁	广　东	吉　林
9	辽　宁	山　东	福　建	广　西
10	安　徽	广　东	山　东	广　东
11	河　北	河　北	重　庆	福　建
12	四　川	吉　林	辽　宁	辽　宁
13	吉　林	黑龙江	四　川	河　南
14	河　南	河　南	湖　北	四　川
15	黑龙江	广　西	云　南	安　徽
16	新　疆	四　川	江　西	内蒙古
17	内蒙古	重　庆	山　西	海　南
18	云　南	湖　北	河　北	湖　北
19	湖　北	内蒙古	吉　林	陕　西
20	重　庆	宁　夏	黑龙江	贵　州
21	山　西	陕　西	湖　南	湖　南
22	海　南	贵　州	内蒙古	宁　夏
23	青　海	江　西	海　南	河　北
24	广　西	云　南	甘　肃	江　西
25	江　西	甘　肃	广　西	山　西
26	陕　西	新　疆	宁　夏	云　南
27	贵　州	湖　南	陕　西	甘　肃
28	湖　南	海　南	贵　州	新　疆
29	宁　夏	青　海	新　疆	
30	甘　肃	山　西		

表 1 显示，2012 年排在企业经营环境前 5 位的省份依次是天津、上海、北京、浙江和江苏，与 2008 年和 2010 年的前 5 个省份相同，只是它们之间的

相对位次发生了变化。上海在 2006 年、2008 年和 2010 年企业经营环境总体排序中一直保持在第 1 位，但在 2012 年被天津超过。同时北京从 2010 年的第 5 位上升到 2012 年的第 3 位，江苏从第 2 位下降到第 5 位，浙江保持在第 4 位没有变化。2010 年与 2006 年相比，北京取代了山东列入前 5 位。

从表 1 中可见，排名较前的省份，基本上是经济发展比较好的东部地区，而且相对位次比较稳定，跨年度变化不大。但企业经营环境排序并不存在与经济发展水平一一对应的关系。例如广东和福建在 2012 年的企业经营环境相对位次就发生了下降，分别排在第 11 位和第 12 位。而有几个经济发展程度不算高的中西部省份进入了前 10 名。排名较后的主要是经济发展水平相对落后的西部和中部省份，也有个别东部省份。例如河北排在了第 24 位。

2006～2012 年，一些中西部省份的排名变化较大。在 2012 年，排在最后 5 位（第 25 位至第 29 位）的省份依次是江西、山西、云南、甘肃、新疆；而在 2006 年，最后 5 位（第 26 位至第 30 位）是陕西、贵州、湖南、宁夏、甘肃。这 5 个省份中，除甘肃外的 4 个省份摆脱了最后 5 位，2012 年分别上升到第 20 位至第 23 位。而原来排位不算太低的新疆、云南和山西，则落入了最后 5 名。

在这四个年份中，少数省份的位次出现了大幅度的上下跳跃，例如山西、黑龙江、广西；也有些省份的排名变动较有规律可循，基本呈持续上升或持续下降态势，前者如天津、重庆，后者如河北、新疆。

需要说明的是，某些省份的企业经营环境排序变化很大，并不一定意味着其企业经营环境发生了很大变化，而常常是因为其经营环境评分变化幅度大于或小于其他省份。总体来看，所有 30 个省份在 2007～2008 年的经营环境评分都有所上升。除山西、云南外的省份在 2009～2010 年评分都有所下降，但下降幅度各不相同。多数省份在 2011～2012 年评分有所上升，升幅也各不相同。由于一些省份企业经营环境评分相当接近，因此排序对其评分的变化非常敏感。有些省份的评分上升幅度大于或小于排序邻近的其他省份，就有可能使其排序向前或向后变动几位。

上述排名变化只反映各省份相对位置的变化。事实上，各省份企业经营环境的进步或退步，要通过其企业经营环境指数评分的变化才能更准确地反映出来。图 2 直观地显示了 2006 年、2008 年、2010 年和 2012 年各省份的企业经营环境指数总体评分及排序，按 2012 年评分从高到低的顺序排列。各省份历年的评分数值见表 2。

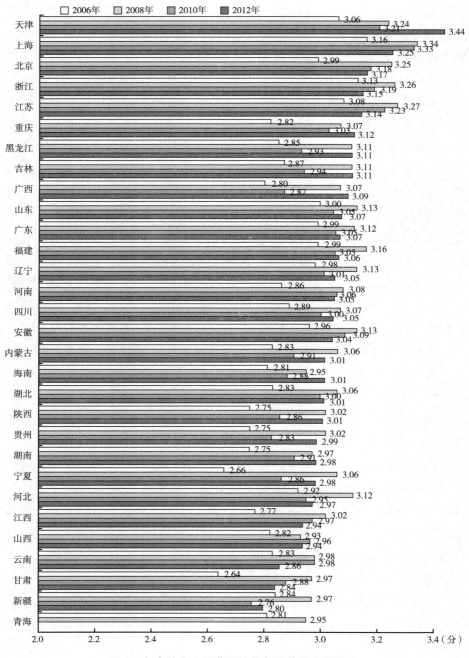

图 2　各省份企业经营环境指数总体评分和排序

注：图中各省份的条形按从上到下的顺序依次表示 2006 年、2008 年、2010 年和 2012 年的评分。青海排在最下面，是因为其 2010 年和 2012 年数据缺失，并不表示其排序最低。

观察表 2，我们首先发现，尽管各省份的排序变化有升有降，但从企业经营环境指数总体评分的情况看，除新疆之外，全国其他省份 2012 年的评分均高于它们自身 2006 年的评分。各省份的平均得分，从 2006 年的 2.88 分提高到 2012 年的 3.05 分，平均上升 0.17 分。这说明全国绝大部分地区在 2006～2012 年，企业经营环境都有一定程度的改善。

其次，尽管各省份的总体评分都在变动，但由于一部分原来较落后的中西部省份，经营环境改善幅度大于原来评分较高的一些东部省份，各地区企业经营环境水平呈现出微弱收敛的趋势。这显示近年来东部地区企业经营环境改善的速度有放慢的迹象，值得引起注意。

表 2　各省份企业经营环境指数总体评分及其变化（2006～2012 年）

单位：分

地　区	2006 年	2008 年	2010 年	2012 年	评分变化（2007～2008 年）	评分变化（2009～2010 年）	评分变化（2011～2012 年）
北　京	2.99	3.25	3.18	3.17	0.27	-0.08	-0.01
天　津	3.06	3.24	3.21	3.44	0.18	-0.03	0.23
河　北	2.92	3.12	2.95	2.97	0.20	-0.17	0.02
山　西	2.82	2.93	2.96	2.94	0.11	0.03	-0.03
内 蒙 古	2.83	3.06	2.91	3.01	0.23	-0.15	0.11
辽　宁	2.98	3.13	3.01	3.05	0.15	-0.11	0.04
吉　林	2.87	3.11	2.94	3.11	0.25	-0.17	0.17
黑 龙 江	2.85	3.11	2.93	3.11	0.26	-0.18	0.18
上　海	3.16	3.34	3.33	3.25	0.18	-0.01	-0.08
江　苏	3.08	3.27	3.23	3.14	0.19	-0.04	-0.08
浙　江	3.13	3.26	3.19	3.15	0.13	-0.07	-0.04
安　徽	2.96	3.13	3.09	3.04	0.17	-0.04	-0.05
福　建	2.99	3.16	3.05	3.06	0.17	-0.11	0.01
江　西	2.77	3.02	2.97	2.94	0.24	-0.04	-0.04
山　东	3.00	3.13	3.05	3.07	0.13	-0.08	0.03
河　南	2.86	3.08	3.06	3.05	0.22	-0.02	-0.01
湖　北	2.83	3.06	3.00	3.01	0.23	-0.06	0.01
湖　南	2.75	2.97	2.91	2.98	0.22	-0.06	0.08
广　东	2.99	3.12	3.05	3.07	0.13	-0.07	0.01
广　西	2.80	3.07	2.87	3.09	0.27	-0.20	0.22
海　南	2.81	2.95	2.88	3.01	0.14	-0.07	0.13
重　庆	2.82	3.07	3.03	3.12	0.24	-0.04	0.09
四　川	2.89	3.07	3.00	3.05	0.18	-0.07	0.04

地　区	2006 年	2008 年	2010 年	2012 年	评分变化 （2007～2008 年）	评分变化 （2009～2010 年）	评分变化 （2011～2012 年）
贵　州	2.75	3.02	2.83	2.99	0.27	-0.19	0.16
云　南	2.83	2.98	2.98	2.86	0.15	0.00	-0.12
陕　西	2.75	3.02	2.86	3.01	0.27	-0.17	0.15
甘　肃	2.64	2.97	2.88	2.84	0.33	-0.09	-0.04
宁　夏	2.66	3.06	2.86	2.98	0.40	-0.19	0.12
青　海	2.81	2.95	—	—	0.14	—	—
新　疆	2.84	2.97	2.76	2.80	0.13	-0.21	0.04
全国平均	2.88	3.09	3.00	3.05	0.21	-0.09	0.05

注：表中的数字为各省份企业经营环境指数的总体评分，取值范围为 1～5，较高的评分表示较好的企业经营环境。最后三列数字表示评分的变化，变化为正数表示两年间评分上升（企业经营环境改善），负数表示评分下降。个别省份评分变化与两年评分的差额稍有出入，是尾数四舍五入所致，后文同。

二　企业经营环境八个方面的进展

（一）影响企业经营的主要障碍因素

在 2012 年的最新企业调查中，我们除了分项收集企业负责人对各项企业经营环境的评价外，也征询了企业负责人关于影响企业经营的主要障碍因素的意见。问卷中的这一问题是："在以上因素中，您认为构成目前贵企业经营的主要障碍有哪些？（最多选五项）"这里的"以上因素"，是指问卷中所列举的影响企业经营的 28 项外部因素。

样本企业中，总共有 3285 位企业的负责人对以上问题做出了回答。我们将这 28 项影响因素按照企业经营环境指数的分类归纳为企业经营环境的 7 个不同方面，包括政府行政管理、企业经营的法制环境、企业税费负担、金融服务、人力资源供应、中介组织和技术服务、企业经营的诚信社会环境，其中未包括基础设施条件。但由于基础设施条件在所有 8 个方面指数中评价最高，因此缺失该方面基本上不影响关于企业经营障碍的评价。

统计结果显示，按照企业所列的首要障碍因素排列，政府行政管理方面的问题构成了第一位的障碍，有 33.7% 的企业负责人将这方面的因素列为首要的障碍。这其中，多数抱怨集中在政府行政和政策"公开、公平、公正"方面的问题，包括政策和规章制度不公开透明、行政执法机关执法不公、各类企业没有享受公平的国民待遇。其他障碍因素还包括"政府效率"低下（主要表现在审批手续繁杂）、"政府不必要的行政干预"和"政府官员廉洁守法"存在问题。

第二位障碍是企业税费负担。有 30.3% 的企业负责人把这一方面的因素列为首要的障碍。其中主要的抱怨集中在"税收负担过重"上。这种情况有可能与税务部门为完成任务而征过头税有关。某些税务执法人员徇私舞弊而导致税负畸轻畸重，可能也是原因之一。

第三位障碍是人力资源供应短缺。有 16.1% 的企业负责人把这方面的影响列为首要的障碍。其中按频数大小排列的影响因素依次是技术人员短缺、熟练工人短缺、管理人员短缺。

第四位障碍是金融服务不到位。有 14.3% 的企业负责人把这方面的影响列为首要的障碍。其中绝大部分抱怨集中在"银行贷款难"，另外"银行实际利率高"、"从银行贷款有额外费用"、"从民间渠道筹资难"和"民间渠道筹资利率高"也占一定比例。

第五位障碍是企业经营的法制环境方面。有 3.7% 的企业负责人把这方面的影响列为首要的障碍。

表 3 比较了 2012 年和 2008 年影响企业经营的障碍因素的变化。根据我们 2008 年的企业调查，影响企业经营的最主要的障碍因素是金融服务不到位（占样本企业总数的 35.0%），主要抱怨集中在银行贷款难。其次的障碍因素才是政府行政管理问题（占样本企业总数 29.3%）。第三位的障碍是人力资源供应问题，占样本企业 21.3%（2008 年该项调查未包括税收负担问题，但包括了基础设施条件）。

2012 年与 2008 年相比，政府行政管理问题的障碍比重从 29.3% 上升到 33.7%。贷款难的问题有明显缓解，比重从 35.0% 大幅度下降到 14.3%；人力资源短缺问题有所缓解，从 21.3% 下降到 16.1%，但这两个方面仍然都是困扰企业经营的主要问题。

表 3 反映的情况说明，行政管理体制改革是迫在眉睫的任务。重点在于解决行政的公开透明、依法行政和公众监督政府的问题，以及政府政策的公平性问题。税收制度和税收征管对企业经营环境来说同样是关键问题，需要进行评估检验，特别是需要解决征管中出现的各种问题。人力资源供应和金融服务仍然是影响企业经营的重要领域，需要做出实质性的改进。

表 3 影响企业经营的最主要障碍因素

	2008 年（%）	位次	2012 年（%）	位次
政府行政管理	29.3	2	33.7	1
公开、公正、公平	11.4		20.9	
政府效率	7.3		5.6	
地方政府过度干预	6.8		5.8	
政府廉洁	3.7		1.4	
企业税费负担			30.3	2
税收负担			29.9	
税外收费摊派	0.6		0.4	
人力资源供应	21.3	3	16.1	3
技术人员	6.2		8.6	
管理人员	6.7		2.5	
熟练工人	8.3		5.1	
金融服务	35.0	1	14.3	4
正规金融服务	34.1		13.2	
民间融资服务	0.9		1.1	
企业经营的法制环境	6.0	4	3.7	5
执法公正和效率	1.7		0.9	
经营者权益保护	4.3		2.8	
基础设施条件	3.3	5		
企业经营的诚信社会环境	3.1	6	1.5	6
中介组织和技术服务	1.4	7	0.4	7
中介组织	0.4		0.4	
技术服务	1.0		0.1	
	100.0		100.0	

注：表中所列障碍因素中，有些是正向的，例如政策"公开、公平、公正"，指没有做到公开、公平、公正。有些是负向的，例如"地方政府过度干预"，指存在过度干预的问题。还有些是表达数量的，例如"技术人员"是指缺乏足够的技术人员，"税收负担"是指税收负担过重。因为篇幅的关系，表中省略了各因素的指向。请读者注意，以免发生误解。

　　当我们把视野从企业所列的首要障碍因素扩展到所有五项主要障碍因素①，上述五个方面的主要障碍因素没有变化，但这些因素的影响面则发生了一些变化。后一计算更多反映了这些因素对企业的影响面，而不是影响的严

<hr>

① 两者的区别是，前者（关于首要障碍）每位企业家只能选择一项，他们选择的合计比例是100%。后者是多项选择，每位企业家最多可以选择 5 项。后者计算的是这些障碍因素的影响面，而不是反映这些影响因素的严重程度，即有多大比例的企业家认为某一因素构成了企业经营面临的主要障碍之一。

重程度。其中，在 3285 位回答该问题的样本企业负责人中，有 53.6% 表示政府行政管理方面的问题构成了企业经营的主要障碍之一，主要抱怨仍然集中在公开、公正、公平方面。税费负担的影响面从 30.3% 上升到 60.7%，主要的抱怨仍然是税负重的问题。人力资源供应短缺的影响面从 16.1% 大幅上升到 64.0%，其中熟练工人不足又成为影响面最大的因素。金融服务问题（主要还是贷款难）的影响面也从 14.3% 大幅上升到 51.2%，说明贷款难的问题只是在程度上减轻了，但仍然是广泛影响企业经营（尤其是小微企业）的一个主要问题。企业经营的法制环境影响面从 3.7% 大幅度上升到 25.4%，较多的抱怨侧重于企业合同和知识产权得不到有效保护。最后，企业经营的诚信社会环境缺失的影响，以及中介组织和技术服务缺失的影响，也不容忽视，影响面分别占到 12.8% 和 11.7%。后者主要抱怨的是行业协会不能为企业提供有效的帮助。

可以看到，按影响面计算，政府行政管理问题、税费负担问题、人力资源供应问题和金融服务问题仍然是影响企业经营的前四位障碍，只是影响面都更大了。人力资源供应成为影响面最大的问题，影响了近 2/3 的企业。贷款难的问题和法制环境不良的问题也仍然是影响企业经营的重要方面。

（二）企业经营环境八个方面的总体进展

我们的分省企业经营环境指数从八个方面来考察我国企业经营环境的进展状况。这八个方面包括：

（1）政府行政管理；

（2）企业经营的法制环境；

（3）企业税费负担；

（4）金融服务；

（5）人力资源供应；

（6）基础设施条件；

（7）中介组织和技术服务；

（8）企业经营的社会环境。

其中每个方面指数下设一个或几个分项指数，每个分项指数又由一个或几个基础指数组成。企业税费负担是 2012 年新设置的指数，没有包括在以前年份的指数中。

图 3 给出了 2006 年、2008 年、2010 年和 2012 年全国企业经营环境指数 8 个

方面的总体评价情况。数据见表4。这8个方面指数按照其2012年的评分由低到高排列，依次为人力资源供应、企业税费负担、中介组织和技术服务、金融服务、企业经营的社会环境、政府行政管理、企业经营的法制环境、基础设施条件。在8个方面中，人力资源供应、企业税费负担、中介组织和技术服务、金融服务的4年平均评分均低于中性评价值3分（企业税费负担为新设方面指数，按2012年评分计算），评价是偏负面的，而其他4个方面的平均评分均高于3分。4年评价最高的都是基础设施条件，2012年评分为3.29。2008年、2010年和2012年评分最低的指数都是人力资源供应，2012年评分为2.79分。

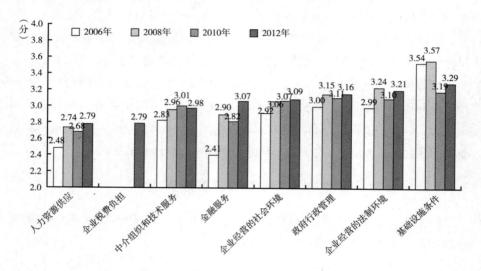

图3 全国企业经营环境指数8个方面的总体评价

表4 全国企业经营环境指数8个方面的总体评价（按2012年评分排列）

单位：分

	2006 年	2008 年	2010 年	2012 年	2006～2012 年评分变化
人力资源供应	2.48	2.74	2.68	2.79	0.31
企业税费负担	—	—	—	2.79	—
中介组织和技术服务	2.83	2.96	3.01	2.98	0.15
金融服务	2.41	2.90	2.82	3.07	0.66
企业经营的社会环境	2.92	3.06	3.07	3.09	0.17
政府行政管理	3.00	3.15	3.11	3.16	0.16
企业经营的法制环境	2.99	3.24	3.10	3.21	0.22
基础设施条件	3.54	3.57	3.19	3.29	−0.25
总指数	2.88	3.09	3.00	3.05	0.17

　　值得注意的是，这里 8 个方面指数按评分从低到高的排序，与上一节所列企业负责人对企业经营的障碍因素排序的结果有明显出入。其中一个最主要的区别是，上一节反映出政府行政管理存在比较突出的问题，对企业经营有严重影响；而在本节的指数评分中，政府行政管理 2012 年的评分还相对比较乐观，高于 3.00 分的中性值。

　　这两部分信息同样来自全部 4000 多家样本企业负责人的评价，之所以出现这样的差异，与两类信息的评价方式有关，主要还是反映企业经营环境影响因素的影响严重程度和影响面的区别，同时还有一些其他原因，这里做一个说明。

　　在企业经营环境指数中，政府行政管理方面指数包括"公开、公平、公正"、"政府效率"、"政府行政干预"和"政府廉洁"四个分项指数，每一分项指数下面还包括几个更具体的基础指数，内容比较丰富。这是因为政府行政管理影响面广，涉及的问题较多。在指数计算中，某项基础指数来自样本企业对该问题的评价，按评分的平均值计算。分项指数由各基础指数的平均值构成，方面指数又由分项指数的平均值构成。

　　一般而言，基础指数越具体，包含的信息越丰富。但同时，因为每个基础指数反映单独的一类问题，基础指数越具体，企业遇到此类问题的概率有可能越低，而没有遇到此类问题的企业在对此进行评价时，则更有可能做出倾向于中性或高于中性的评价。这无形中会使评价的平均值发生某种程度的收敛，即在涉及负面因素时，评价的平均值可能导致某种程度的高估，而在涉及正面因素时，也有可能导致某种程度的低估。这是基于主观评价方法的指数常常会遇到的一个问题，目前我们还没有找到更好的解决办法。

　　但上一节中关于企业经营障碍的评价，情况则不同。在被调查者直接对导致企业经营障碍的首要因素进行评价的情况下，因为每一类具体问题都有可能构成企业经营的障碍，我们必须把这些障碍因素的发生率按方面加总（而不是求其平均值），得到该方面的合计发生率。在政府行政管理方面，每一项具体问题（如政策和行政不公开不透明、行政执法不公正、企业享受不到平等的国民待遇、行政审批手续繁杂、政府干预过多、腐败等）导致企业经营障碍的单项发生率都在 8% 以下，但这些因素加总就导致了 33.7% 的企业面临经营障碍，是一个相当高的比例。

　　从上述情况可以看到，企业负责人对于政府行政管理方面问题导致企业经营障碍的判断，提供了更直接的信息，具有较高的可信度。而基于他们对各项基础指数评价的平均值形成的指数，则有可能在一定程度上导致偏高的评价。我们提醒读者在使用这些指数时加以注意。尽管可能存在这样的不足，它们在衡量不同地区和不同类型企业之间的经营环境差异，以及衡量企业经营环境跨年度变化这些基本方面，仍然提供了不可缺少的有用信息。

从图3和表4可以看到企业经营环境在2006～2012年发生的变化。在8个方面指数中，企业税费负担是新指数，没有以前年份的数据，其余除基础设施条件之外的6个方面指数都有提高。7个方面平均提高0.20分。其中，人力资源供应和金融服务增幅比较大，分别增加了0.31分和0.66分。基础设施条件指数的评分下降了0.25分。

在最近的2011～2012年，中介组织和技术服务指数的评分出现了轻微下降，而政府行政管理、人力资源供应、金融服务、企业经营的社会环境、企业经营的法制环境以及基础设施条件指数的评分在2011～2012年都有所上升，其中金融服务指数的升幅较大。

三　不同类型企业的经营环境比较

（一）国有企业与非国有企业的经营环境比较

本部分比较国有企业与非国有企业的经营环境状况，考察这两类企业在经营环境各个方面指数的异同。这里的国有企业包括国有独资企业和国有控股企业，非国有企业指除此以外的所有企业，包括私营企业、非国有控股的股份有限公司和有限责任公司、集体所有制企业、股份合作制企业、其他内资企业、外商和港澳台商投资企业。在本报告中我们使用"国有企业"和"非国有企业"概念时将沿用这里所说的含义，不再另外解释。

在2012年企业调查的全部4020家样本企业中，总共有国有企业418家，占样本企业总数的10.4%。其中236家为国有独资企业，其余182家为国有控股企业。在国有企业中，30.7%为大型企业，43.6%为中型企业，24.0%为小型企业，微型企业占1.7%。

样本中有非国有企业有3602家，主要是非国有控股的股份有限公司、有限责任公司和私营企业，外商及港澳台商投资企业也有一定数量。非国有企业按规模分类，6.6％ 为大型企业，34.4％ 为中型企业，53.9％ 为小型企业，5.1％ 为微型企业。很明显，国有企业中，大中型企业比较多；非国有企业中，小微企业比较多。这大体上反映了两类企业在规模分布上的实际差异，只是在非国有企业样本中，微型企业偏少。

2012 年，国有企业的经营环境总指数评分为 3.13 分，非国有企业经营环境总指数评分为 3.08 分，前者比后者高 0.05 分，二者差异在 5％ 显著性水平下显著（t = 2.25）。这表明国有企业的经营环境在总体上好于非国有企业。这种情况并不正常，因为一般而言，国有企业与非国有企业处在同一个竞争性的市场中，它们面临的企业经营环境应该是相同的。而事实上它们感受到的经营环境不同，说明国有企业面临的政策待遇或其他条件事实上好于非国有企业。

表 5 报告了 2012 年国有企业和非国有企业在总指数、各方面指数和各分项指数之间的差异，以及这些差异的统计显著程度。在表中，差异的显著性水平达到 5％ 或更高的（有显著差异），都用黑体标出。

从表 5 中可以看到，在企业经营环境的 8 个方面指数中，有 6 个方面的国有企业指数高于非国有企业。其中具有统计显著性（按 5％ 水平计算，下同）的有 "企业税费负担" 和 "人力资源供应"。还有些方面指数差异不显著，而方面指数以下的一些分项指数却有显著差异。例如 "政府行政管理" 方面指数项下的 "公开、公正、公平" 分项，国有企业评价显著好于非国有企业，但前者却面临较多的来自政府的 "不必要干预"，两者抵消后使该方面指数差异不显著。再如 "金融服务" 方面，国有企业 "贷款难" 的情况明显少于非国有企业，但国有企业的民间融资渠道不如民营企业畅通，两者相抵后使 "金融服务" 方面指数差异不再显著。

上述情况说明，国有企业和非国有企业之间确实存在着事实上的差别待遇，影响了非国有企业的经营环境。有必要进行政策清理和调整，使各项政策和各级政府行政对国有企业和非国有企业一视同仁。

（二）不同规模企业的经营环境比较

本节考察不同规模企业的经营环境现状，对大型、中型、小型和微型企业在经营环境总指数、各方面指数上的评价进行比较。2012 年，大型企业的经营环境总指数为 3.20 分，中型企业为 3.09 分，小型企业为 3.07 分，微

表 5　国有企业与非国有企业的经营环境差异

单位：分

	国有企业	非国有企业	差异	t 统计量	p 值
政府行政管理	3.20	3.25	− 0.05	− 1.44	0.15
公开、公正、公平	3.09	3.00	**0.09**	2.53	0.01
政府效率	2.88	2.96	− 0.08	− 1.62	0.11
减少不必要的干预	3.34	3.57	**− 0.23**	− 5.48	0.00
政府廉洁	3.51	3.47	0.04	0.64	0.52
企业经营的法制环境	3.27	3.24	0.03	0.90	0.34
司法公正和效率	3.04	3.01	0.03	0.64	0.52
经营者合法权益的保障	3.50	3.46	0.04	1.22	0.22
企业税费负担	2.88	2.75	**0.13**	3.29	0.00
企业集资和摊派	3.59	3.43	**0.16**	2.90	0.00
企业税收负担	2.17	2.07	**0.10**	2.47	0.01
金融服务	3.15	3.10	0.05	0.74	0.33
正规金融服务	3.26	3.04	**0.22**	5.52	0.00
非正规金融服务	3.03	3.17	**− 0.14**	− 2.45	0.01
人力资源供应	2.98	2.77	**0.21**	4.46	0.00
技术人员	2.94	2.71	**0.23**	4.49	0.00
管理人员	3.05	2.78	**0.27**	4.99	0.00
熟练工人	2.94	2.82	**0.12**	2.42	0.02
基础设施条件	3.32	3.33	− 0.01	− 0.27	0.79
电力供应	3.95	3.89	0.06	1.29	0.20
铁路运输	3.11	3.15	− 0.04	− 0.88	0.38
其他基础设施	2.91	2.96	− 0.05	− 1.13	0.26
中介组织和技术服务	3.06	3.02	0.04	1.09	0.28
中介组织	3.12	3.04	**0.08**	2.11	0.04
技术与营销服务	3.01	3.00	0.01	0.16	0.88
企业经营的社会环境	3.18	3.16	0.02	0.63	0.53
总指数	3.13	3.08	**0.05**	2.25	0.03

型企业为 2.98 分。很明显，企业规模越小，经营环境越差。而且所有各类企业之间的评分差异，均具有统计显著性。

表 6 列出了 2012 年不同规模企业经营环境总指数、方面指数和分项指数的评分及其差异。统计显著的差异（5% 及更高）都用黑体标出。以 t 值表示的统计显著度在表的后半部单独列出。表中至少有 4 个方面指数和更多的分项

指数在不同规模企业间有显著差异，包括公开、公正、公平，正规金融服务，企业集资和摊派，人力资源供应，中介组织和技术服务，电力供应等。此外如"企业经营的法制环境"，虽然在大、中企业之间的差异，以及小、微企业之间的差异不显著，但在大中型企业和小微型企业之间差异显著。

图 4 和图 5 分别显示了在法制环境方面和金融服务方面不同规模企业间的经营环境差异。

这些情况说明，在改善企业经营环境方面的当务之急，主要是改善小微企业的经营环境，做到政策一视同仁和公正执法。此外还需要一些有针对性的政策措施扶助小微企业发展，例如促进行业协会等市场中介组织发展，对小微企业提供帮助；改善职业教育，组织对企业技术人员、管理人员和技术工人的培训。

表 6　不同规模企业的经营环境差异

单位：分

	评分				差异		
	大型	中型	小型	微型	大－中	中－小	小－微
政府行政管理	3.25	3.24	3.26	3.15	0.01	－0.02	0.11
公开、公正、公平	3.14	3.04	2.98	2.84	**0.10**	**0.06**	**0.14**
政府效率	2.92	2.92	2.99	2.91	0.00	**－0.07**	0.08
减少不必要的干预	3.42	3.51	3.59	3.48	**－0.10**	**－0.08**	0.11
政府廉洁	3.54	3.48	3.47	3.36	0.05	0.02	0.11
企业经营的法制环境	3.34	3.27	3.21	3.13	0.07	**0.06**	0.08
司法公正和效率	3.11	3.04	2.98	2.89	0.06	0.06	0.07
经营者合法权益的保障	3.58	3.50	3.43	3.37	0.08	**0.06**	0.07
企业税费负担	2.85	2.77	2.75	2.81	0.08	0.02	－0.06
企业集资和摊派	3.59	3.45	3.42	3.45	**0.14**	0.03	－0.03
企业税收负担	2.10	2.08	2.07	2.17	0.02	0.00	－0.09
金融服务	3.29	3.14	3.08	2.85	**0.15**	0.06	**0.23**
正规金融服务	3.39	3.11	2.99	2.77	**0.28**	**0.12**	**0.22**
非正规金融服务	3.20	3.16	3.16	2.94	0.03	0.01	**0.22**
人力资源供应	2.95	2.76	2.78	2.77	**0.19**	－0.02	0.01
技术人员	2.89	2.70	2.72	2.68	**0.19**	－0.02	0.04
管理人员	3.01	2.78	2.79	2.77	**0.22**	－0.01	0.02
熟练工人	2.94	2.79	2.82	2.87	**0.15**	－0.03	－0.05
基础设施条件	3.36	3.33	3.33	3.29	0.03	0.01	0.04
电力供应	4.00	3.90	3.89	3.87	**0.10**	0.01	0.01
铁路运输	3.15	3.16	3.14	3.04	－0.01	0.01	0.10
其他基础设施	2.94	2.95	2.95	2.95	－0.01	－0.01	0.01

续表

	评分				差异		
	大型	中型	小型	微型	大－中	中－小	小－微
中介组织和技术服务	3.20	3.05	2.99	2.86	**0.15**	**0.06**	**0.13**
中介组织	3.23	3.08	3.01	2.87	**0.16**	**0.06**	**0.15**
技术与营销服务	3.16	3.03	2.97	2.86	**0.13**	**0.06**	0.11
企业经营的社会环境	3.33	3.17	3.13	3.01	**0.16**	0.04	**0.12**
总指数	3.20	3.09	3.07	2.98	**0.11**	**0.02**	**0.09**

	差异		t统计量				
	大－微	中－微	大－中	中－小	小－微	大－微	中－微
政府行政管理	0.11	0.09	0.16	-0.15	1.61	1.38	1.50
公开、公正、公平	**0.30**	**0.20**	2.21*	2.42*	2.24*	4.28*	3.26*
政府效率	0.01	0.01	-0.02	-1.97*	1.01	0.10	0.12
减少不必要的干预	-0.06	0.03	-1.98*	-2.92*	1.64	-0.92	0.34
政府廉洁	**0.18**	0.12	0.94	0.56	1.53	2.11*	1.73
企业经营的法制环境	**0.21**	**0.14**	1.44	2.52*	1.40	3.09*	2.46*
司法公正和效率	**0.22**	**0.16**	1.15	1.89	1.37	2.68*	2.17*
经营者合法权益的保障	**0.21**	**0.13**	1.74	2.67*	1.27	3.23*	2.43*
企业税费负担	0.03	-0.05	1.88	0.63	-1.25	0.37	-0.97
企业集资和摊派	0.14	0.00	2.30*	0.92	-0.39	1.48	0.02
企业税收负担	-0.07	-0.09	0.51	0.06	-1.62	-1.01	-1.51
金融服务	**0.44**	**0.29**	3.07*	1.71	3.36*	5.51*	4.09*
正规金融服务	**0.62**	**0.34**	6.00*	4.31*	3.31*	8.57*	5.28*
非正规金融服务	**0.26**	**0.23**	0.49	0.13	2.60*	2.58*	2.61*
人力资源供应	**0.17**	-0.01	3.55*	-0.61	0.11	2.14*	-0.16
技术人员	**0.21**	0.02	3.29*	-0.59	0.48	2.31*	0.22
管理人员	**0.24**	0.02	3.67*	-0.17	0.30	2.56*	0.23
熟练工人	0.07	-0.08	2.54*	-0.89	-0.59	0.79	-0.98
基础设施条件	0.08	0.05	0.82	0.30	0.70	1.22	0.79
电力	0.13	0.02	1.95*	0.30	0.19	1.58	0.31
铁路运输	0.11	0.12	-0.15	0.39	1.38	1.17	1.45
其他基础设施	-0.01	0.00	-0.23	-0.19	0.14	-0.10	0.05
中介组织和技术服务	**0.34**	**0.19**	3.77*	2.84*	2.60*	5.76*	3.67*
中介组织	**0.37**	**0.21**	3.82*	2.74*	2.81*	6.18*	3.84*
技术与营销服务	**0.30**	**0.17**	2.95*	2.28*	1.78	4.17*	2.69*
企业经营的社会环境	**0.32**	**0.16**	3.34*	1.51	1.94*	4.12*	2.56*
总指数	**0.22**	**0.11**	3.21*	2.24*	2.58*	4.97*	3.47*

注：带有 * 号的 t 统计量表示显著度 5% 或者更高。统计显著的差异值用黑体表示。

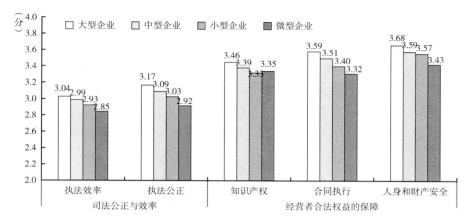

图 4   按企业规模划分的法制环境指数

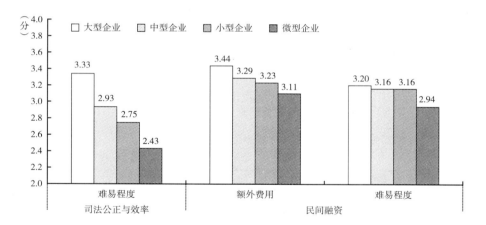

图 5   按企业规模划分的金融服务指数

（三）不同行业企业的经营环境比较

在本部分中我们考察不同行业企业在经营环境总指数和各个方面指数的差别。2012 年调查的全部样本企业分布在 19 个行业。在下面的分析中包括了 18 个行业，仅有个别从事"公共管理和社会组织"行业的企业未包括在内。

通过对总共 18 个不同行业样本企业经营环境 8 个方面的评价进行比较，我们发现一些不同行业的企业经营环境有比较明显的差别。按照经营环境各方面指数的评分，可以把这 18 个行业大致归纳为如下三类。

第一类，在企业经营环境的多数方面评价明显低于样本平均评价的行业有：采矿、建筑、金融、房地产、教育、卫生福利。这些行业具有如下特点：对非市场分配的资源具有依赖性，或者具有垄断性，或者具有提供公共产品和私人产品的双重属性。

第二类，企业经营环境的多数方面在平均值上下波动的行业有：农林牧渔、制造业、交通运输、批发和零售、住宿和餐饮、租赁和商务服务、居民服务。这些行业基本上都属于具有高度市场竞争性的行业。

第三类，企业经营环境评价在多数方面高于平均值的有如下行业：信息传输、水利环境、文体娱乐、科学研究；此外还有电力热力行业。这些行业中，只有电力热力行业是具有垄断性的行业，按这一属性，其实应该划入第一类行业。其余行业基本上都可以归纳为新兴服务业，除了其中少数公共服务性质的企业外，总体上属于有较强市场竞争性的行业。

表 7 显示了按上述三类行业分类的各行业分方面企业经营环境指数。其中电力热力行业按其行业属性分类，列入了第一类行业。这在下文中还要具体解释。表 8 提供了三类行业经营环境评价的差异及统计检验结果。

表 7　不同行业的企业经营环境差异

单位：分

	政府行政管理	企业经营的法制环境	企业税费负担	金融服务	人力资源供应	基础设施条件	中介组织和技术服务	企业经营的社会环境	总指数
全部样本平均	3.24	3.24	2.77	3.11	2.79	3.33	3.02	3.16	3.08
1 采矿	2.87	3.14	2.39	2.94	2.87	3.45	2.74	2.93	2.91
2 建筑	3.04	3.08	2.64	3.02	2.87	3.30	2.99	2.99	2.99
3 金融	3.11	3.26	2.89	2.78	3.15	3.54	3.30	3.11	3.14
4 房地产	3.14	3.27	2.68	2.84	3.14	3.42	3.18	3.18	3.11
5 教育	2.65	2.75	2.42	2.15	2.50	2.67	2.38	2.83	2.54
6 卫生福利	3.16	3.28	3.35	3.04	2.59	3.32	3.33	3.25	3.17
7 电力热力	3.24	3.41	2.80	3.12	2.88	3.19	3.16	3.20	3.13
第一类平均 1	3.05	3.16	2.65	2.92	2.96	3.36	3.03	3.06	3.02
第一类平均 2	3.08	3.19	2.66	2.95	2.95	3.34	3.05	3.08	3.04
8 农林牧渔	3.12	3.25	2.89	2.93	2.86	3.01	2.93	3.15	3.02
9 制造业	3.28	3.23	2.77	3.14	2.72	3.35	2.99	3.15	3.08
10 交通运输	3.12	3.19	2.80	3.12	3.12	3.20	2.97	3.00	3.06
11 批发零售	3.17	3.23	2.83	3.16	2.98	3.33	3.11	3.26	3.13
12 住宿餐饮	3.17	3.38	2.60	3.01	2.77	3.19	3.12	3.22	3.06

续表

	政府行政管理	企业经营的法制环境	企业税费负担	金融服务	人力资源供应	基础设施条件	中介组织和技术服务	企业经营的社会环境	总指数
13 租赁商服	3.29	3.37	2.86	3.02	2.90	3.26	3.39	3.22	3.17
14 居民服务	3.33	3.44	2.84	2.85	2.66	3.07	3.10	3.14	3.05
第二类平均	3.25	3.23	2.77	3.13	2.77	3.33	3.01	3.15	3.08
15 信息传输	3.26	3.42	2.73	3.04	2.88	3.47	3.32	3.27	3.17
16 水利环境	3.29	3.35	3.08	3.03	3.19	3.43	3.11	3.38	3.23
17 文体娱乐	3.32	3.15	2.71	2.82	2.78	3.02	3.23	3.14	3.02
18 科学研究	3.41	3.42	2.91	3.08	2.99	3.30	3.30	3.51	3.24
第三类平均	3.31	3.38	2.80	3.02	2.92	3.36	3.28	3.32	3.17

注：表中行业名称为简称，全称按表中序号依次如下：1. 采矿业，2. 建筑业，3. 金融业，4. 房地产业，5. 教育，6. 卫生、社会保障和社会福利业，7. 电力、热力、燃气及水的生产和供应业，8. 农林牧渔业，9. 制造业，10. 交通运输、仓储和邮政业，11. 批发和零售业，12. 住宿和餐饮业，13. 租赁和商务服务业，14. 居民服务、修理和其他服务业，15. 信息传输、软件和信息技术服务业，16. 水利、环境和公共设施管理业，17. 文化、体育和娱乐业，18. 科学研究和技术服务业。

表中的平均数均为按企业数加权的平均数。第一类行业的"平均1"不包括电力热力行业，"平均2"包括电力热力行业。

表 7 中的第一类行业，其企业经营环境总指数，以及 8 个方面指数中的 5 个，明显低于全部样本的平均值，也明显低于第二类行业的平均值。这 5 个方面指数是政府行政管理、企业经营的法制环境、企业税费负担、金融服务、企业经营的社会环境。另外有两个方面与全部样本平均值及第二类行业平均值接近，分别是基础设施条件与中介组织和技术服务。只有一个方面明显高于全部样本及第二类行业的平均值，即人力资源供应，可能说明求职者对加入这些行业有偏爱。

回归分析显示，第一、二类行业在 8 个方面指数中的 5 个，经营环境差异达到 1% 或 5% 的统计显著水平（见表 8）。尽管个别方面指数的差异为正值，但第一类行业的企业经营环境总指数还是明显低于第二类行业（显著水平 10%）。

表 8 还显示，第二类行业的经营环境总指数和绝大部分方面指数（在 8 个方面指数中有 7 个）都低于第三类行业，而且多数具有统计显著性。

表8　三类行业经营环境差异的显著性

单位：分

	行政管理	法制环境	税费负担	金融服务	人力资源	基础设施	中介组织	社会环境	总指数
第一类平均	3.05	3.16	2.65	2.92	2.96	3.36	3.03	3.06	3.02
第二类平均	3.25	3.23	2.77	3.13	2.77	3.33	3.01	3.15	3.08
第三类平均	3.31	3.38	2.80	3.02	2.92	3.36	3.28	3.32	3.17
一、二类之差	−0.210**	−0.069	−0.140**	−0.233**	0.175**	0.037	0.020	−0.102*	−0.055'
二、三类之差	−0.073	−0.143*	−0.017	0.123'	−0.150*	−0.050	−0.260**	−0.157*	−0.128**

注：1. 表中的第一类行业未包括电力热力行业。

2. "一、二类之差"和"二、三类之差"是回归分析得到的行业类别之间经营环境指数差异的估计值，分别表示第一类行业经营环境指数高于或低于第二类行业的差额、第二类行业指数高于或低于第三类行业的差额（正值表示高于，负值表示低于）。这与加权平均计算得到的差额略有差异，但大体上一致。

3. 各类行业的差异带有上标'、*和**分别表示在10%、5%和1%的水平上显著。

　　分析发现，上述三类行业各自具有若干不同特点。下面首先分析第一类行业的特点。

　　第一，资源性。例如采矿业和房地产业（与房地产相关的还有建筑业）在很大程度上依赖于矿山资源和土地资源，这些资源的分配权由当地政府掌握，具有垄断性，而不是或至少不完全是按照市场公平竞争的原则来分配的。

　　第二，垄断性。例如金融业具有垄断性，几家大银行占有很高的市场份额，又有利率等方面的政策限制或保护；小型民间金融机构受到准入限制，很难进入。

　　第三，双重性。教育和卫生行业具有提供公共产品和提供私人产品两重属性，其中公立机构由于担负公共服务职能，在政策上受到保护，相对于私营机构具有优势，但同时也在经营上受到种种限制，因而又有某些劣势。例如，公立医院的医生工资水平受政府控制，可能远低于市场决定的工资水平。但公立医院医生又可以凭借公立医院的处方权和医保报销的便利条件给病人开大药方，获取高额回扣。这类领域同时也存在生产者和消费者之间信息不对称的问题，容易形成卖方市场，与垄断性行业有某些相似之处。

　　上述这些情况反映了一个共同特点：这些领域的市场竞争性受到限制，对企业经营环境有不利影响。而这些问题又都与这些领域的政府行政管理、法制建设以及政策导向的公开性、公平性和有效性直接相关。

　　在垄断性行业中，电力行业是一个例外。该行业垄断程度高，但同时对企业经营环境的评价也好于竞争性行业。我们发现，这一特殊性与以下情况有关：在垄断性行业中，企业可以分为具有垄断地位和不具有垄断地位两类。前者在市场份额上占有优势地位，因此企业感受到的经营环境可能更好；而后者的经营环境自然更差。但就企业数量而言，即使在垄断性行业，不具有垄断地位的中、小、微企业一般也占多数，自然导致对企业经营环境的行业总体评价降低。但如果行业样本中具有垄断地位的企业占有较大比重，就可能改变评价结果，使行业总体评价提高。

　　在电力行业的样本企业中，我们还发现另外一个情况，即国有企业所占比重远高于非国有企业。其中国有企业占该行业样本企业的 66%，该比重远高于所有其他行业中国有企业占样本企业的比重。在本部分的第一节中，我们发现国有企业对企业经营环境的评价显著高于非国有企业。电力行业的情况，可以看作上述情况的一个写照。

　　表 9 显示，样本企业中，第一类行业（未包括电力）的大、中型企业比重高于第二、三类行业，国有企业比重也在一定程度上高于后两类行业，但区别不是很明显。而样本中电力行业中的国有企业比重高达 66%，远高于其他第一类行业和第二、三类行业的国有企业比重。

表 9　分行业类别的样本企业规模构成和所有制构成

单位：%

	大型企业	中型企业	小型企业	微型企业	合计	国有企业	非国有企业	合计
全部样本	9.1	35.3	50.8	4.8	100	10.4	89.6	100
第一类行业	11.9	39.8	43.9	4.4	100	15.0	85.0	100
电力	18.9	45.3	32.1	3.8	100	66.0	34.0	100
第二类行业	8.6	35.2	52.0	4.3	100	8.9	91.1	100
第三类行业	10.5	25.0	47.4	17.1	100	13.2	86.8	100

注：表中的第一类行业未包括电力行业。

　　第二类行业包括制造业，农林牧渔业，交通运输、仓储和邮政业，批发和零售业，住宿和餐饮业，租赁和商务服务业，居民服务、修理和其他服务业，它们共同的特点是小微企业数量大（但样本企业中的小微企业比重低于实际分布），国有企业所占比重也远远小于第一类行业。基本上不存在明显的垄断（铁路除外，但样本企业中基本上不包括铁路企业），市场竞争程度很高。与第一类行业相比较，可以发现市场竞争程度高的行业，企业经营环境高于垄断性和竞争不充分的行业。这说明公平的市场竞争对于改善企业经营环境具有积极的意义。

第三类行业包括信息传输、软件和信息技术服务业，水利、环境和公共设施管理业，科学研究和技术服务业等随着经济发展而快速发展起来的新兴服务业。其中多数领域具有较强的竞争性，而企业经营环境普遍好于第二类竞争性行业。根据经济学的垄断竞争理论，技术进步或者品牌效应也会在一定时期给某些企业带来某种垄断地位，使之获得超额利润。不过这种类型的垄断并不排斥竞争，因此在存在这类垄断的情况下，仍然可能靠市场竞争来推进技术进步和效率提高。因此第三类行业更好的企业经营环境，仍然与市场竞争性紧密相关。

上述三类行业的比较说明，市场垄断确实是显著影响企业经营环境的一个重要不利因素。但不同行业的垄断性是由不同原因导致的，需要采取的对策也是不同的。

在行政保护导致垄断的领域，例如金融领域，主要应减少政府干预，并通过政策调整减少行政壁垒，促进民营中、小、微企业进入，扩大竞争。

在资源性和天然垄断性领域，重要的是要在制度上保证资源（矿山、油气资源、土地等）获得的公开、透明和竞争性，杜绝暗箱操作、钱权交易；并合理运用资源税等杠杆调节利润分配，保障收入分配的公平性。

在医疗、教育等具有提供公共产品和私人产品双重属性的领域，既需要保持公共部门和私人部门双轨制运作，以发挥市场竞争提高效率的作用，又需要通过建立健全制度，保证公共服务的公平性和有效性。

（四）各地区企业经营环境比较

以下我们将各省份按东部、中部、西部和东北四个地区分组，观察企业经营环境在地区间的差别。① 表 10 给出了各地区的企业经营环境指数的进展情况。首先从总体看，东部地区的企业经营环境好于东北地区和中、西

---

① 在本报告中，东部地区包括北京、天津、河北、上海、江苏、浙江、福建、山东、广东、海南 10 省市；中部地区包括山西、安徽、江西、河南、湖北、湖南 6 省；西部地区包括内蒙古、广西、重庆、四川、贵州、云南、陕西、甘肃、宁夏、新疆 10 省（区、市）（青海和西藏因样本不足暂缺）；东北地区包括辽宁、吉林、黑龙江 3 省。

部地区，而东北和中部地区又好于西部地区。2006 年四个地区按总指数评分排列，依次为东部地区 3.01 分、东北地区 2.90 分、中部地区 2.83 分、西部地区 2.78 分。2012 年这四个地区的经营环境总指数按评分高低的排列顺序，分别为东部地区 3.13 分、东北地区 3.09 分、中部地区 2.99 分、西部地区 2.97 分，都比 2006 年有明显的提高。

从变化幅度看，2006～2012 年，东部地区总指数评分上升 0.12 分，东北地区上升 0.19 分，中部地区和西部地区分别上升 0.16 分和 0.19 分。东北地区和西部地区企业经营环境改善幅度较大。

再来比较各地区各方面指数的进展情况。2006～2012 年，全国各地区除基础设施条件以外的所有方面指数评分都有提高。各地区的指数位次分布与总指数的位次分布大体一致。东部地区的大多数方面指数评分都高于其他地区（人力资源供应除外）。西部地区的多数方面指数评分仍然低于全国其他地区，但在企业经营的法制环境和企业经营的社会环境方面已经超过了中部地区，在中介组织和技术服务方面与中部持平。①

从表 10 中可见，各地区 7 个方面指数的高低排序，基本上是同构的，按由低到高的顺序，大体上依次为人力资源供应、中介组织和技术服务、金融服务、企业经营的社会环境、政府行政管理、企业经营的法制环境和基础设施条件。与 2006 年相比，只是金融服务的排位上升了，其他排列顺序基本未变。这说明各地区的企业经营虽然在程度上有明显差异，但面临的问题大体上是类似的。

表 11 表示了各地区在 2006～2012 年各个方面指数的评分变化。可以看到，各地区在金融服务方面的评分都有较大提高，而基础设施方面的评分都有不同程度下降。各地区在其他方面指数的评分变化大体上均衡，其中东北地区大部分方面指数提高的幅度大于全国平均水平（政府行政管理方面除外），西部地区有一部分方面指数的提高幅度大于全国平均水平，东部地区大部分方面指数的提高幅度小于全国平均水平。因此各地区企业经营环境在大多数方面的差距有所缩小。

---

① 由于企业税费负担为 2012 年新设的方面指数，表 10 没有报告企业税费负担的变化情况。2012 年企业税费负担的全国平均水平为 2.79 分，东部、东北、中部和西部地区依次为 2.85 分、2.77 分、2.75 分和 2.76 分。

表 10　分地区企业经营环境各方面指数的进展

单位：分

年份和地区	总体评价	政府行政管理	企业经营的法制环境	金融服务	人力资源供应	基础设施条件	中介组织和技术服务	企业经营的社会环境
2006								
全国	2.88	3.00	2.99	2.41	2.48	3.54	2.83	2.92
东部	3.01	3.14	3.10	2.55	2.51	3.68	3.01	3.10
东北	2.90	3.05	3.02	2.36	2.54	3.61	2.85	2.88
中部	2.83	2.92	2.92	2.41	2.51	3.45	2.76	2.85
西部	2.78	2.91	2.94	2.30	2.42	3.43	2.69	2.81
2008								
全国	3.09	3.15	3.24	2.90	2.74	3.57	2.96	3.06
东部	3.18	3.26	3.29	3.01	2.74	3.70	3.09	3.19
东北	3.12	3.19	3.28	2.84	2.79	3.68	2.97	3.05
中部	3.03	3.08	3.19	2.81	2.74	3.45	2.91	3.03
西部	3.02	3.09	3.20	2.86	2.71	3.48	2.85	2.96
2010								
全国	3.00	3.11	3.10	2.82	2.68	3.19	3.01	3.07
东部	3.11	3.22	3.17	2.93	2.70	3.39	3.15	3.21
东北	2.96	3.06	3.05	2.69	2.82	3.09	2.98	3.05
中部	3.00	3.13	3.11	2.83	2.73	3.14	2.99	3.05
西部	2.90	3.01	3.05	2.74	2.59	3.05	2.89	2.95
2012								
全国	3.05	3.16	3.21	3.07	2.79	3.29	2.98	3.09
东部	3.13	3.30	3.28	3.11	2.84	3.35	3.12	3.22
东北	3.09	3.18	3.28	3.08	2.84	3.39	3.02	3.18
中部	2.99	3.10	3.13	3.05	2.81	3.28	2.88	2.96
西部	2.97	3.06	3.15	3.04	2.70	3.20	2.88	3.00

表 11　分地区企业经营环境各方面指数的变化（2006～2012 年）

单位：分

年份和地区	总体评价	政府行政管理	企业经营的法制环境	金融服务	人力资源供应	基础设施条件	中介组织和技术服务	企业经营的社会环境
东部	0.12	0.16	0.18	0.56	0.33	-0.33	0.11	0.12
东北	0.19	0.13	0.26	0.72	0.30	-0.22	0.17	0.30
中部	0.16	0.18	0.21	0.64	0.30	-0.17	0.12	0.11
西部	0.19	0.15	0.21	0.74	0.28	-0.23	0.19	0.19
全国	0.17	0.16	0.22	0.66	0.31	-0.25	0.15	0.17

四 结论

本报告依据四次全国范围企业调查数据，通过建立中国分省企业经营环境指数，对 2006～2012 年的全国各地企业经营环境总体状况及变化进行了评价，有以下主要发现。

1. 2006～2012 年，全国企业经营环境在总体上趋向于改善，但目前仅略好于中性评价，还需持谨慎乐观的态度。

2. 但在其中的 2009～2010 年，各地企业经营环境发生了消极的变化，主要是因为大规模政府投资和过度宽松的信贷政策对市场机制有排挤作用，尤其是对民间小微企业的经营有明显不利的影响。此外当各级政府被赋予巨大的资源配置权力时，政府的公开透明、纪律约束和外部监督就非常关键，否则可能导致滥用权力、错配资源、贪污腐败等现象，对企业经营环境造成严重负面影响。2011～2012 年，多数地区企业经营环境有所改善。

3. 近年来津、沪、京、浙、苏五省市稳定地居于全国企业经营环境前列，但相对排序有变化。企业经营环境相对比较落后的主要是部分中西部省份，但相对位置变化很大。绝大多数省份 2006～2012 年有不同程度的进步。

4. 调查发现，以下一些因素对相当数量的企业构成主要经营障碍，依次是：政府行政管理问题（最主要是政府行政和政策公开、公平、公正方面的问题）、企业税费负担问题、人力资源短缺、金融服务不到位（主要是贷款难）、法制环境不健全。这说明推进体制改革和政策调整对改善企业经营环境有巨大潜力。

5. 调查发现，国有企业的经营环境评价显著好于非国有企业，大型企业的评价显著好于中小型企业，微型企业经营环境最差。这说明不同类型的企业仍然面临有差别的待遇和政策环境，不利于公平竞争，亟待改善。但调查同时发现资源性、垄断性和提供公共服务的行业，企业经营环境总体上差于充分竞争的行业。在这些行业改善企业经营环境，需要不同对策，包括减少壁垒、扩大竞争，提高透明度和资源收益分配的合理性以及完善制度环境。

6. 总体而言，东部地区的企业经营环境始终好于东北地区和中、西部地区，而东北和中部又好于西部。但近年来东部地区企业经营环境改善幅度小于其他三个地区，因此地区间企业经营环境有缓慢收敛的趋势，还应引起东部省份的注意。

附录　企业经营环境指数的构造和计算方法

本报告中的企业经营环境指数由 8 个方面指数组成，各方面指数总共下设 19 个分项指数，在分项指数下面总共有 28 个基础指数。

基础指数来自样本企业负责人（企业董事长或总经理）对企业经营环境某一特定方面评价的平均值。各项评价由 5 个选项组成，多数采用"很好"、"较好"、"一般"、"较差"和"很差"来表示，按从 5 到 1 的顺序赋值。只有少数指标采用数量指标。

在计算某省某个基础指数的评分时，我们以该省样本企业对该问题上每一选项的选择频数占该省该问题有效样本数的比例作为权重，计算各选项的加权平均值，作为该省在该基础指数上的评分。在分项指数、方面指数和总指数评分的计算上，我们都采用下一级指数的算术平均值形成上一级指数的方法。

除了算术平均法以外，通常计算此类指数比较常用的方法还有专家评分法和主成分分析法。前者是依赖一组专家对不同分项指数或方面指数的重要性进行评分，据此确定每个分项指数或方面指数的权重，再用加权平均的方法计算它们所组成的方面指数或总指数的评分。后者是一种降维的方法，它利用不同变量之间的相关性，通过数学变换将多个变量转化为少数变量，在应用上常常是基于某种假设采用其第一主成分。这两种方法都赋予不同的指标以不同权重，这是它们与算术平均法的基本区别。

我们在本项研究中之所以采用了算术平均法，而没有采用另外两种方法，是考虑到以下几个原因。

第一，我们在以往的研究中发现，专家评分法在某些情况下，表现出过强的主观随意性。这表现在不同的专家组别可能对同一组指标给出差异很大的重要性评价，或者同一组专家可能在不同场合下对类似指标给出差异很大的重要性评价。这降低了其结果的可信度。

第二，主成分分析法的采用也需要基于某些较强的假设，而这些假设不一定总是有充分的依据。而且在进行跨年度分析时，由于数据改变，主成分分析法生成的指标权重必然发生改变，而这会导致不同年份的指数计算缺乏跨年度可比性。而算术平均法则不存在这个缺点。

第三，一些国外研究经验和我们以往的经验都证明，在采用的指标数量较多，并对研究对象具有较好的代表性时，算术平均法和主成分分析法得到的计算结果通常相当接近，没有重大差异，因此它们之间存在替代关系。

基于以上考虑，我们认为采用算术平均法计算企业经营环境指数是一个较好的选择。

在计算全国总指数和各方面的平均值时，我们也使用了各省份算术平均得分。由于各省份的人口规模和经济规模不同，使用算术平均得分反映全国的企业经营环境不一定十分准确。无论是根据人口规模、经济规模还是其他因素进行加权，都有不尽合理的地方。报告中使用算术平均，是对全国企业经营环境的一个近似反映。

表 12 列出了企业经营环境指数体系的具体构造，包括所使用的全部基础指数。

表 12　企业经营环境指数构成

指数名称	指数类别
1. 政府行政管理	方面指数
1.1　公开、公正、公平	分项指数
1.1.1　政策和规章制度公开透明情况	基础指数
1.1.2　行政执法机关（工商、税务、质检等）公正执法情况	基础指数
1.1.3　各类企业享受公平国民待遇情况	基础指数
1.2　政府效率	分项指数
1.2.1　行政审批手续方便简洁情况	基础指数
1.3　减少不必要的干预	分项指数
1.3.1　地方政府对企业是否干预过多	基础指数
1.3.2　企业经营者与政府工作人员打交道的时间比例	基础指数
1.3.3　市场准入限制是否过多	基础指数
1.4　政府廉洁	分项指数
1.4.1　政府官员廉洁守法情况	基础指数
1.4.2　企业用于政府和监管部门人员的"非正式支付"	基础指数
2. 企业经营的法制环境	方面指数
2.1　司法公正与效率	分项指数
2.1.1　公检法机关执法效率情况	基础指数
2.1.2　公检法机关公正执法情况	基础指数

指数名称	指数类别
2.2　经营者合法权益的保障	分项指数
2.2.1　企业合同正常执行情况	基础指数
2.2.2　经营者人身和财产安全保障情况	基础指数
2.2.3　知识产权(商标、专有技术等)保护情况	基础指数
3.　企业税费负担	方面指数
3.1　企业的税收负担	分项指数
3.1.1　企业的税收负担	基础指数
3.2　企业交纳国家规定以外的收费、集资、摊派	分项指数
3.1.2　企业交纳国家规定以外的收费、集资、摊派占销售额比例	基础指数
4.　金融服务	方面指数
4.1　正规金融服务	分项指数
4.1.1　企业从银行贷款的难易程度	基础指数
4.1.2　企业从银行贷款的额外费用	基础指数
4.2　民间融资	分项指数
4.2.1　企业从民间渠道筹资的难易程度	基础指数
5.　人力资源供应	方面指数
5.1　技术人员	分项指数
5.1.1　在当地找到需要的技术人员的难易程度	基础指数
5.2　管理人员	分项指数
5.2.1　在当地找到需要的管理人员的难易程度	基础指数
5.3　熟练工人	分项指数
5.3.1　在当地找到需要的熟练工人的难易程度	基础指数
6.　基础设施条件	方面指数
6.1　电力供应	分项指数
6.1.1　电力供应	基础指数
6.2　铁路运输	分项指数
6.2.1　铁路运输	基础指数
6.3　其他基础设施条件	分项指数
6.3.2　其他基础设施条件	基础指数
7.　中介组织和技术服务	方面指数
7.1　中介组织	分项指数
7.1.1　当地律师、会计师等市场服务条件如何	基础指数
7.1.2　当地行业协会的发展如何,对企业是否有帮助	基础指数
7.2　技术与营销服务	分项指数
7.2.1　当地技术服务和产品出口服务条件如何	基础指数
8.　企业经营的社会环境	方面指数
8.1　当地适合企业经营的诚信社会环境情况	分项指数
8.1.1　当地适合企业经营的诚信社会环境情况	基础指数

参考文献

樊纲、王小鲁、朱恒鹏：《中国市场化指数——各地区市场相对进程 2011 年报告》，经济科学出版社，2011。

国家统计局，国务院第二次全国经济普查领导小组办公室、国家统计局：《第二次全国经济普查主要数据公报》，国家统计局网页，2009。

国家统计局：《中国统计年鉴》，中国统计出版社，2013。

世界银行：《政府治理、投资环境与和谐社会：中国 120 个城市竞争力的提升》，中国财政经济出版社，2007。

世界银行：《2005 年世界发展报告：改善投资环境，促使人人受益》，清华大学出版社，2005。

王小鲁、樊纲、李飞跃：《中国分省企业经营环境 2011 年报告》，中信出版社，2012。

王小鲁、樊纲、刘鹏：《中国企业家经营环境调查报告（2007）》，载李兰主编《2008 中国企业宏观环境：企业家 VS 经济学家》，机械工业出版社，2008。

Transperency International，2011，"2010 Corruption Perceptions Index"，http：//www. transparency. org/policy_ research/surveys_ indices/cpi/2010.

The World Bank，2011，"Doing Business 2011：Making a Difference for Entrepreneurs"，http：//www. doingbusiness. org/reports/global-reports/doing-business-2011.

中国能实现绿色工业吗？

陈诗一 Jane Golley

引 言

2013 年 1 月，中国东部大部分地区空气污染严重，中国富豪陈光标在烟雾蒙蒙的北京街道上贩卖罐装空气，来传递一个简单的信息——"我想告诉市长、县长和大公司领导们：不要仅仅追求 GDP 增长，不要以我们的子孙为代价，以牺牲生态环境为代价，追求利润最大化。"随着颗粒物读数超过了世界卫生组织公认的安全水平 40 倍，市政部门暂时关闭了超过 100 家严重污染的工厂，并下发指令停运了 30% 的政府车辆，作为对于北京"危险"空气质量的暂时回应。然而，很清楚（原谅这里的双关语），这些应急措施并非长久之计，因为向经济增长新模式的转型现已被广泛认为是势在必行的，而非一个选项。

这种必然的趋势在世界银行的报告中有所体现，该报告认为："显然，在未来 20 年中，无论全球碳收支通过国家行动和国际协商以怎样的方式来分配，中国都不会有充足的碳排放空间来复制发达国家过去的工业化模式。""2030 年新发展战略"的提案的六个重要特点之一便是"绿色发展"的概念，即"脱离了对于资源使用、污染排放、环境破坏的严重依赖，并通过创造新的绿色产品、科技、投资，以及变革购买与节约行为来推动经济增长，这样的一种发展模式"。

鉴于工业排放在中国二氧化碳总排放量占据主导地位（2010 年占到了中国 82 亿吨排放量的 86%），一种可持续的工业增长模式将成为向绿色、低碳经济转型的重要组成部分。传统意义上，产出增长中全要素生产率（Total-factor Productivity，TFP）份额的增加被当做向"可持续"增长模式转型的信号，该增长模式以质量而非数量为基础，即以集约型增长而非粗放型增长为基础（Solow，1957；Krugman，1994；Young，1995）。现在已经有很多研究评估中国 1978 年以来经济增长中全要素生产率的贡献，也存在关于中国发展模式是否以及何时发生该转型的争论。大部分研究使用索洛剩余（Solow Residuals）或基于柯布－道格拉斯函数（Cobb-Douglas，CD）或超越对数生产函数的回归分析，来估计生产率，而一些研究则利用参数化随机前沿生产函数（Parametric Stochastic Frontier Production Functions），另一些研究使用数据包络分析（Data Envelopment Analysis，DEA）。然而，在大部分现有文献中，生产率的测量使用的数据仅涵盖了传统的资本与劳动力投入，而忽略了经济增长所需的能源投入及产生的环境影响。即使这些测量显示出产出增长中全要素生产率份额的增加，及在某时间点上全要素生产率占据主导份额，但是其所忽略的内容必定会带来有关转变中的增长模式的可持续性问题。

将这些因素纳入考虑，评估一国发展表现的替代方法还有许多。例如，通过将能源作为一种中间投入纳入生产过程（如 1987 年 Jorgenson 等人的 KLEM 模型），或通过把排放作为生产函数中未支付的、无形的投入（Mohtadi，1996）。然而，我们的观点是，这些测量方法都没有准确地说明生产过程中产生的排放相关的负外部性。与此相反，方向性距离函数（Directional Distance Function，DDF）将排放变量作为一种不良产出直接纳入生产函数中（Chung 等，1997），利用数据包络分析明确评估排放增长对一国生产边界产生的负面影响。这带来了一种不同于已知的全要素生产率增长的测量方法，是一种实际的、完整的、环境敏感的测量方法，或称为绿色全要素生产率（Green TFP，GTFP），可被分解为效率与技术变革两个组成部分。

在中国以外，该方法已经得到了广泛应用，但是目前应用该方法对中国进行的研究寥寥无几。例如，一项分析（Hu 等，2008）将能源与排放纳入考虑，使用方向性距离函数对中国省份的技术变革与效率进行重新排名，得出了与相对传统的方法所得的不同排名（Zheng 和 Hu，2005）。2010 年的一项研究（Wang 等）估计了中国区域一级全要素生产率，并发现绿色全要素生产率和全要素生产率的变化相互偏离，绿色全要素生产率主要受到二氧化硫的过度排放和化学耗氧量的影响。另一项研究（Tu，2008）仅估计了中国的地区性环境效益，并未估计生产率，而本文接下来的内容对两者都进行了估计。此外，这些研究都没有站在本文所处的工业分解（Industrial Disaggregation）的高度上进行分析。

本文运用数据包络分析和方向性距离生产函数来估计 1980～2010 年 38 个工业部门绿色全要素生产率增长的变化模式，以评估中国产业是否正走在通往低碳增长的可持续模式的道路上。不幸的是，正如将在下文讨论的一样，似乎中国处于迷失状态。

一　方法与数据

数据包络分析是估计包含多种投入与产出的生产边界的一种非参数线性规划方法。与最佳实践生产边界进行比较，能够确定每一个低效决策单位，并通过显示的与生产边界的距离，确定其相对效率值。在数据包络分析框架中有许多不同的排放规格（Specifications of Emission），根据不同距离函数来计算生产率指数，生产率指数之后可被分解成效率和技术变革两个组成部分。下面，我们将考虑三种可供选择的排放规格：第一种是完全忽略排放（模型 1）；第二种将排放作为良性产出，使用 Shephand 距离函数（模型 2）；第三种将排放作为不良产出，使用方向性距离函数（模型 3）。

我们使用 1980～2010 年 38 个工业部门的面板数据，依据 2002 年版并由陈（2011）改进后的《国家行业分类标准》（GB/T4754）。我们将每个部门作为一个决策单位对其进行分类，它们生产良性产出（按 1990 年价格计算的工业增加值进行测量）与不良产出（二氧化碳排放），使用资本、劳动力、能源三种投入。资本存量无法直接获得，按照 1990 年固定资产投资不变价格，使用永续盘存法进行估计。劳动力投入为年平均雇用工人，能源投入为总能源消耗，以吨标准煤（Tons of Coal Equivalent，TCE）为单位计算。总能源来自煤炭、石油、天然气和电能，每种能源有不同的排放系数。每个生产部门的排放量（以吨位单位）的计算方法是，将每种能源的数量乘以其排放系数，再将全部能源种类加总求和。

图 1 展示了模型 2 和模型 3 的数据包络分析方法（模型 1 因为没有测量排放量，因此在此未表示）。技术用产出集合 P（x）表示，产出向量点（y，b）是其上一点，y 轴为良性产出（工业增加值），而 b 是不良产出（排放）。线性规划被用于计算在某固定时间点上每个决策单位（即工业部门）的距离函数值。在模型 3 的案例中，在给定投入水平下，方向性距离函数使得工业增加值增长，同时使得排放降低，从 A 点沿 AB 方向改变大小，用方向向量 g =（y，−b）表示。与此相反，在模型 2 中使用的更为常用的谢泼德距离函数将最初的向量从 A 点按比例变化到 C 点，来描述工业增加值和排放的同时增长。两个模型之间的关键区别涉及关于不良产出可处理性的假设。特别是，谢泼德距离函数做出了强可处理性或自由可处理性的假设，这意味着处理不良产出不用花费成本，而方向性距离函数的可处理性假设意味着处理不良产出的代价高昂（即需要转移投入以达到这一目标，或非零减排成本）。后者似乎更好地代表了现实情况，这也是为何模型 3 是我们首选模型的原因。

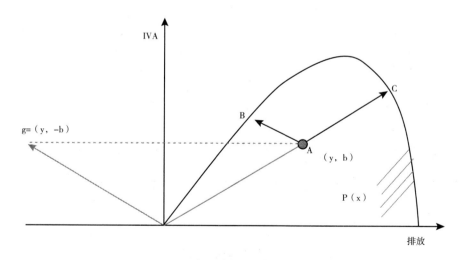

图 1   方向性距离函数和 Shephand 距离函数

在模型 1 和模型 2 中，全要素生产率由计算麦氏生产率指数（Malmquist Productivity Index）估计得出的，而在模型 3 中，绿色全要素生产率是通过计算麦氏 – 卢恩伯格生产率指数（Malmquist-luenberger Productivity Index）估计得出的，这明显认可了良性产出的增长和不良产出相应比例的降低。这两种生产率指数（Productivity Index，PI）都可以被分解成效率指数（Efficiency Index，EI）和技术变革指数（Technical Change Index，TI）。如果两个时间点之间投入与产出都未发生变化，那么 PI = 1，生产率的进步（退步）由 PI > 1（PI < 1）表示。效率指数测量两个时期间产出效率的变化，即每个决策单位靠近（EI > 1）或远离（EI < 1）生产边界。技术变革指数测量两个时期间生产边界的变化。若技术变革带来了良性产出的增长以及不良产出的减少（即生产边界向西北方向移动），那么 TI > 1；而 TI < 1 意味着生产边界朝着更少的良性产出和更多的不良产出的方向变化。这些指数全都可以转换成平均年增长率，以提供一个中国产业在这段时期内在生产率、效率和技术变革方面表现的指标。全部情况下正（负）增长率与大于（小于）1 的指数相对应。

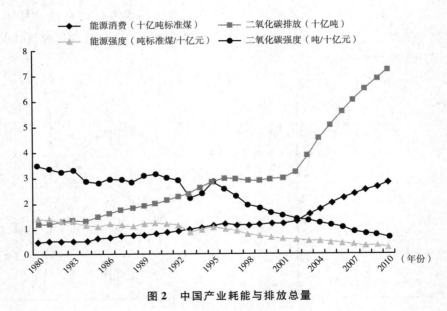

图 2　中国产业耗能与排放总量

　　在展示这些估计值之前，图 2 演示了能源消耗与排放水平的总趋势及其强度（以工业增加总值作为分母）。将两种趋势结合起来看，反映了工业产出的迅速增长，该增长也导致过去十年中排放的急剧增加，尽管强度随时间变化稳步降低。

　　表 1 展示了 2010 年每个工业部门的工业增加值、排放量和排放强度，以及 1980～2010 年工业增加值和排放量的增长率。并不出乎意料，不同工

业部门之间存在巨大的异质性。2010 年最大的二氧化碳排放源是电力和热力工业部门，它们产生了超过 30 亿吨二氧化碳的排放。当然，高排放未必意味着高排放强度，因为高排放可能是由高产出水平导致的。然而，高排放与高排放强度的重合是显著的，排放强度最高的五个部门为燃料加工、电力和热力、煤矿开采、石油开采、燃气生产和供应。

此处的一个好消息是，排放水平和排放强度位居前五的产业部门都没有在增长最快的十个部门或工业增加值最高的十个部门之中。另一个好消息是，38 个产业部门中，只有 2 个部门（石油开采和燃料加工）的排放增长超过了同时期工业增加值的增长，这意味着表 1 中所示的排放强度的下降趋势在整个工业中是广泛存在的。然而，仅有少数几个工业部门的排放增长是负值，这提供了一个早期迹象——绿色全要素生产率与较为传统的全要素生产率估计值相比很可能更高而非更低。更普遍的，中国尝试将工业生产的迅速增长与能源排放的增加分离开来，图 2 及表 1 中总结的数据凸显了中国在这个过程中所面临的巨大挑战。

表 1　关键变量水平与增长（按部门分类）

单位：十亿元，百万吨，吨/百万元，%

工业部门	水平（2010 年）			增长（1980～2010 年）	
	工业增加值	排放量	排放强度	工业增加值	排放量
总体工业	11333	7188.6	634	12.6	6.4
煤矿开采	152	438.5	2881	8.7	5.5
石油开采	26	71.0	2766	2.0	4.0
有色金属开采	59	3.0	51	14.7	3.4
非有色金属开采	50	1.8	37	10.1	-0.2
非金属采矿	63	14.5	231	7.3	5.5
伐木	7	1.3	181	1.1	-2.5
食品加工	331	33.8	102	13.2	3.8
食品制造	162	20.7	128	13.9	2.7
饮料	221	15.7	71	13.3	3.1
烟草	260	1.8	7	12.1	1.6
纺织	450	46.4	103	9.1	1.7
服装	212	4.2	20	14.3	6.5
皮革	106	1.7	16	13.3	0.2
木材加工	177	8.9	50	16.6	3.2

工业部门	水平（2010年）			增长（1980~2010年）	
	工业增加值	排放量	排放强度	工业增加值	排放量
家具	79	0.6	8	13.6	-0.1
造纸	172	82.2	479	12.2	5.9
印刷	89	0.9	10	11.2	-1.6
文化用品	59	0.4	7	13.5	1.0
燃料加工	44	1688.7	38181	2.6	6.7
化学制品	628	416.4	663	11.3	4.1
药品	370	14.0	38	16.5	3.6
纤维	85	14.3	168	13.9	1.8
橡胶	108	9.1	84	10.9	2.0
塑料	260	8.7	33	15.4	6.2
非金属制造	550	492.6	895	11.1	6.2
金属冶炼	437	576.4	1319	10.6	5.3
非金属冶炼	248	58.3	235	12.8	6.8
金属制品	327	7.1	22	12.2	1.4
通用机械	641	9.6	15	12.6	-1.7
特殊机械	404	12.9	32	12.2	0.6
交通设备	1018	19.7	19	17.9	1.2
电气设备	865	12.4	14	15.9	3.4
电子设备	2014	4.4	2	24.3	1.5
测量仪器	166	0.6	3	14.0	-1.0
电力和热力	301	3059.7	10152	9.9	8.6
燃气生产和供应	18	27.2	1517	11.4	3.3
水	7	0.5	63	6.7	4.1
其他	164	8.7	53	12.5	-1.0

二 中国的工业绿色全要素生产率的增长：1980~2010年

将上面详细描述的三个模型在样本时期内对每个部门工业增加值的份额加权计算，并进行几何平均，得出1980~2010年中国工业生产率、效率与技术变革的年均增长率（见表2）。

表2　1980～2010年中国工业生产率、效率和技术变革的增长

单位：%

	模型1 （忽略排放）	模型2 （排放作为良性产出）	模型3 （排放作为不良产出）
生产率	5.5 ***	4.4 **	1.8
效　率	0.9 **	0.8 *	− 0.1
技术变革	4.7	3.7 *	2.0

注：t检验的零假设为模型1和模型2估计的生产率、效率和技术变革与模型3的估计值相同。*** 、** 、* 分别表示显著水平为1%、5%、10%。

根据模型1，全要素生产率、效率和技术变革的增长率分别为5.5%、0.9%和4.7%。在模型2中，排放作为一种良性产出的情况下，生产率较低，并且该下降几乎完全是因技术变革增长较低引起的，这说明将排放纳入模型主要影响生产边界的位置，而不影响单独工业部门随时间变化向生产边界靠近或远离。

基于我们的首选模型，即模型3，1980～2010年的绿色全要素生产率、技术变革与效率的年均增长率分别为1.8%、2%、−0.1%。如同全要素生产率一样，该结果说明中国绿色全要素生产率的提高是技术变革而非效率增长的结果，这与基于传统方法的研究发现是一致的（Wu，1995；Zheng等，2003）。确实，在总体工业的层面，后者显示出了后退（由EI < 1或表2中可见的负增长率得出）。模型3估计得出的绿色全要素生产率增长低于模型1、模型2的估计值。模型3中对于效率与技术变革的估计值也小于模型1、模型2的估计结果，尽管模型1和模型3的技术变革估计结果的差异在统计意义上并不显著（见表2的注释）。

图3展示了随时间的变化总体工业绿色全要素生产率的增长及其组成部分的变化。20世纪80年代，绿色全要素生产率保持低水平增长，甚至有时为负值，随后在20世纪90年代经历了长时间的稳定增长，于2002年达到最高值，接下来经历了持续下跌，在2010年达到了仅仅0.5%的增长率。正如数据所展示的，中国绿色全要素生产率的起落是由技术变革的增长或下降驱动的，而分析时段的效率一直处于低水平波动。

表3对于整个时期以及三个子时期总体水平的生产率结果进行了更进一步的观察。继续Chen等人（2011）的研究，因为能源消耗和排放的不同模式，变革时期被分为三个子时期：低水平平稳发展时期（1980～1995年）、

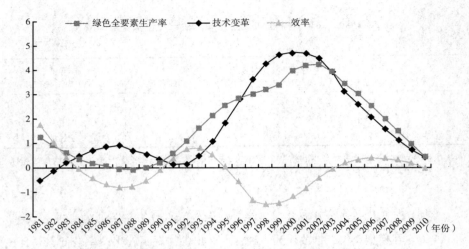

图3 绿色全要素生产率、效率与技术变革的增长率

停滞期（1996～2002年）、迅速增长时期（2003～2010年）。我们报告了由三个模型得出的每个时期的工业增加值、排放量、资本、劳动力、能源消耗和排放、生产率（全要素生产率或绿色全要素生产率）的年均增长率，由38个部门的平均值得出。在整个时期内以及三个子时期中，资本与能源消耗和排放是增长的主要贡献要素。1996～2002年，排放量年均增长率最低（因此是"停滞的"），劳动力增长为负。这些数据与2003～2010年的能源消耗和排放的迅速增长形成了鲜明对比。

表3 产出、投入与生产率的年均增长率

单位：%

时 期	工业增加值	排放量	资本	劳动力	能源消耗和排放	生产率		
						模型1	模型2	模型3
1980～1995年	8.5	5.9	9.8	3.7	5.7	1.4（17%）	1.2（14%）	0.9（10%）
1996～2002年	12.6	2.8	5.8	-2.9	3.0	10.1（80%）	6.4（51%）	3.9（31%）
2003～2010年	21.1	10.2	11.0	4.6	10.1	10.6（50%）	8.5（40%）	2.1（10%）
1980～2010年	12.6	6.4	9.3	2.6	6.3	5.5（44%）	4.4（35%）	1.8（14%）

注：每个时期括号中的数字表示每个生产率对工业增加值增长的贡献份额，等于100减去全部投入的份额。

表 3 传递的第一条关键信息是：通过在模型 3 中纳入能源相关排放的负面影响，全部子时期的生产率估计值均低于传统估计。与表 2 中的发现相似，每个时期，模型 1 和模型 2 的生产率增长估计值都大于模型 3 相应的估计值。

表 3 中括号里的数据展示了全要素生产率（对于模型 1 和模型 2）和绿色全要素生产率（对于模型 3）对工业增加值增长的贡献百分比，揭示了表 3 的第二条关键信息。根据模型 1 的传统估计，全要素生产率占 1996～2002 年产出增长的 80%，2003～2010 年产出增长的一半，这支持了从 20 世纪 90 年代开始生产率增长主要是集约式的而非粗放式的观点。然而，模型 3 将排放纳入其中之后，绿色全要素生产率在第二个时期仅占到工业增加值增长的 31%，在第三个时期这一比例下降至 10%。

表 4 的前两列展示了 1980～2010 年每个工业部门全要素生产率、绿色全要素生产率及其组成部分的年均增长率。表 1 的最后两列将每个部门的工业增加值的增长率与排放量增长率结合起来展示，对于理解表 4 中呈现的全要素生产率和绿色全要素生产率结果之间的区别是很有帮助的。每个部门的生产率增长既取决于部门两个时点之间的投入－产出组合的变化，也取决于初始时点投入－产出组合附近的生产边界的形状。不良产出生产边界增长的同时良性产出的生产边界也增长（如我们通常预期的），全要素生产率与绿色全要素生产率的相对值不仅取决于两个时点之间排放量的增长，也取决于与产出相比的相对增长（Jeon 和 Sickles，2004）。一个最为直观而标准的案例，由于排放增长为正值，绿色全要素生产率增长低于全要素生产率的增长率——简而言之，在"绿色"估计中，排放量增长受到了惩罚。煤矿开采、有色金属开采以及另外 27 个部门和表 3 中的总和，正是这样的例子。另一种情况的直观案例——因为排放量增长是负值，绿色全要素生产率的增长高于全要素生产率的增长——仅仅在伐木业与"其他"两个部门出现。

表 4 还展示了 1980～2010 年每个部门效率与技术变革的增长率。图 3 中显示的总体结果是，几乎所有部门的绿色全要素生产率增长的主要来源都是技术变革，技术变革在电子设备部门达到了年均增长率 6.3% 的峰值，全部工业部门的数据均为正值，但一个部门除外（设备燃料加工）。相反，28 个部门的效率记录为负增长，仅两个部门（电子设备与电力和热力）的效

率增长率大于 1% 。

在悲观消息之中有一个令人略感宽慰的事实，改革最初 30 年中所有部门的绿色增长率均为正值，只有三个部门除外。但是，这标志着工业在向着低碳、集约、可持续的增长模式转变吗？答案是否定的。表 4 最后的三列数据展示了三个时期每个部门中绿色全要素生产率对于产出增长的贡献。在前两个时期，38 个部门中大部分部门该贡献是增加的，在第二个时期，6 个部门中绿色全要素生产率占到工业增加值增长的一半，另有一些部门的绿色全要素生产率占比超过 20% 。然而，2003 ~ 2010 年，38 个部门中 34 个部门的绿色全要素生产率的贡献下降了。这些标志着近年来中国工业向低碳方向的转型出现倒退。

表 4　跨越部门与时间的全要素生产率、绿色全要素生产率、
效率与技术变革

单位：%

工业部门	年均增长率 (1980 ~ 2010 年)				工业增加值增长中绿色 全要素生产率的份额		
	全要素 生产率	绿色全要素 生产率	效率	技术 变革	1980 ~ 1995 年	1996 ~ 2002 年	2003 ~ 2010 年
煤矿开采	2.7	0.0	- 0.1	0.1	0.2	0.6	0.0
石油开采	- 1.3	0.1	- 0.7	0.8	15.5	- 1.4	0.2
有色金属开采	4.1	0.7	- 0.2	0.9	7.4	7.5	1.7
非有色金属开采	3.7	0.8	- 0.4	1.1	5.8	24.8	4.2
非金属采矿	1.5	- 0.1	- 1.0	0.9	- 4.2	- 4.4	0.6
伐木	- 0.4	0.1	- 0.6	0.7	- 4.6	19.8	- 9.0
食品加工	1.7	0.3	- 0.2	0.5	2.1	3.6	1.5
食品制造	3.2	0.3	- 0.1	0.4	2.2	4.2	0.9
饮料	1.4	0.5	- 0.2	0.8	3.7	12.7	1.9
烟草	5.6	2.6	- 0.0	2.6	- 12.4	44.3	68.7
纺织	0.3	0.3	- 0.4	0.7	5.0	7.1	1.1
服装	5.9	1.7	- 1.5	3.3	13.4	24.4	5.3
皮革	6.6	2.1	- 0.5	2.6	16.8	31.0	8.2
木材加工	5.5	1.0	- 0.1	1.1	7.1	15.9	1.9
家具	7.1	2.6	- 0.1	2.7	19.0	30.7	15.2
造纸	2.2	0.1	- 0.1	0.2	1.0	1.3	0.2
印刷	9.1	2.7	- 0.3	3.0	32.0	27.0	15.3
文化用品	8.4	3.7	- 0.6	4.3	23.6	53.3	20.9

工业部门	年均增长率 (1980～2010 年)				工业增加值增长中绿色 全要素生产率的份额		
	全要素 生产率	绿色全要素 生产率	效率	技术 变革	1980～ 1995 年	1996～ 2002 年	2003～ 2010 年
燃料加工	- 0.6	- 2.4	- 1.5	- 0.9	315.5	56.1	- 42.3
化学制品	3.3	0.1	- 0.1	0.1	0.9	0.6	0.2
药品	4.2	2.5	0.0	2.5	4.8	34.8	14.6
纤维	8.9	0.4	- 0.0	0.4	1.6	4.4	3.9
橡胶	1.0	0.4	- 0.3	0.7	4.7	6.9	1.4
塑料	7.1	1.4	- 0.7	2.1	7.4	29.8	1.2
非金属制造	2.6	0.0	- 0.1	0.1	0.1	1.1	0.2
金属冶炼	3.1	0.0	- 0.1	0.1	0.7	0.4	- 0.4
非金属冶炼	3.4	0.1	- 0.3	0.4	0.1	1.5	0.4
金属制品	6.6	1.4	- 0.5	1.9	13.2	24.9	5.2
通用机械	9.1	1.7	0.0	1.7	16.7	25.3	7.6
特殊机械	8.1	1.0	- 0.2	1.2	14.2	13.4	3.2
交通设备	9.7	1.5	0.1	1.4	10.6	8.6	6.3
电气设备	9.4	3.3	- 0.2	3.5	20.8	36.2	12.2
电子设备	19.3	8.4	1.9	6.3	30.7	54.8	21.9
测量仪器	11.2	5.4	0.2	5.2	25.3	64.4	39.0
电力和热力	7.5	1.5	1.3	0.2	29.5	43.6	- 10.0
汽油	5.5	- 0.0	- 0.0	0.0	0.5	0.0	0.1
水	1.1	- 0.1	- 2.2	2.1	- 1.9	50.4	3.3
其他	2.4	2.5	0.1	2.4	6.9	109.3	15.2

三　政策启示

值得注意的是，1996～2002 年总体工业产出（以工业增加值测量）的年均增长率为 12.6%，这一时期绝大多数工业部门记录下了其最低产出增长，但同时也享受了最高的绿色全要素生产率增长速度。与此相反，2003～2010 年，产出增长以高达 21.2% 的水平增长，在该时期几乎所有部门都记录下了最高的产出增长，同时绿色全要素生产率增长速度也下降了。这些结果是否意味着低碳增长仅仅能通过较缓慢的经济增长来实现？或者反过来说，高速经济增长是否只能通过承受高昂的、越来越无法忍受的环境成本来实现？

根据世界银行（2012：233）的看法，答案是否定的：世界经济发展面临着一个十字路口。在中国和世界现有的经济增长的非可持续性的情况下，我们急需一条新的路径。绿色发展可成为经济、社会、环境和政府角色的潜在转变路径。

该报告概括了中国为抓住"走向绿色"的机遇而计划使用的市场激励机制、法规、公共投资、工业政策和体制发展的组合措施，包括"鼓励一系列低污染、低能耗和资源节约型工业的新投资，能够引导经济走向绿色发展，刺激相关上游及下游产业投资与服务，建立起在全球朝阳产业的竞争优势"的举措（世界银行，2012：xvi）。

在该新增长战略之下，新兴绿色产业——包括清洁能源市场（太阳能、风能、水力发电）、生物科技、高端制造和清洁能源汽车——会受到来自以将中国发展成为运用绿色技术和生产绿色产品的世界领袖为目标的创新激励机制和研究的支持。中国2008年11月启动的4万亿人民币（5840亿美元）财政刺激方案中几乎40%被分配到绿色主题之中，同时中国在2009年成为可再生能源投资全球最多的国家，投资超过200亿美元（Robins等，2009）。这将使得技术进步成为生产率增长的强大驱动力，并将在未来几年把中国工业绿色全要素生产率重新带回正轨。中国领导人现在对于绿色低碳发展许下的承诺，正如这些措施的实施以及近年来许多其他节能减排政策法规的颁布所证明的一样，一定会在将这一潜力变为现实方面发挥关键作用。

传统工业部门的"绿色转型"聚焦能带来高经济回报的高效节能投资，是绿色发展战略的另一个关键组成部分。例如，该报告所举出的事例，尽管1998~2009年中国水泥生产商将其能耗强度降低了30%，但是比全球最佳实践的能源效率低了30%，而中国钢铁工业有潜力每年节约超过1亿吨煤炭。结合起来看，运用现有的最佳节能科技，2008~2030年这两个产业平均每年能够节约99亿美元，考虑到未来可能的能源价格轨迹以及科技进步，这个数额可能更大。换言之，效率的提高会使得个体部门向中国及全球生产边界移动，在这个过程中提高其绿色全要素生产率，这样的潜力是存在的。

四　结论

任何为阐明经济增长的环境成本做出的努力都会遇到实际操作的挑战，

包括如何在缺失价格以及/或者可靠估计对排放造成损失的成本的情况下，来衡量二氧化碳（及其他化合物）的排放。方向性距离函数使用麦氏－卢恩伯格生产率函数，通过将排放增长与带来的产出增长按比例进行惩罚，克服了这个问题，其假设是"无论不良产出造成的实际损失如何，消费者偏好能降低不良产出"（Fare 等，2001：382）。对于有些人而言，这也许是评估一国经济或工业增长表现的极端方法。但是，危急的时刻需要危急的措施，陈光标向北京面戴口罩的市民们贩售罐装空气的画面正是中国环境问题危急程度的有力标志。

本文运用数据包络分析法和方向性距离函数来估测 1980～2010 年中国 38 个工业部门的绿色全要素生产率及其组成要素，聚焦不断增长的二氧化碳排放所造成的损失。结果显示，用该方法估测的中国工业绿色全要素生产率增长显著低于未考虑生产过程中二氧化碳排放造成的负面影响而估计得出的生产率。在样本时期内，总体工业和大部分工业部门的绿色全要素生产率增长主要受到技术变革的影响，从 20 世纪 90 年代中期到 21 世纪早期，绿色全要素生产率稳步增长，但从 21 世纪早期开始持续下降，而效率增长呈现波动状态并总体上保持低水平。绿色全要素生产率增长在大部分工业部门和总体工业中为正值，在整个时期如此，每一个分时期亦是如此。然而，最令人担忧的信号是 2003～2010 年，绿色全要素生产率增长水平不仅很低（并远低于 50% 的水平，这一水平通常被看作向"可持续"增长转型的标志），而且低于之前十年的水平。这个趋势并非中国领导人或任何其他人所期望的。绿色全要素生产率及其组成部分提供了一个很好的工具，来评估中国是否正在朝向绿色低碳经济的目标前进。最新的证据显示中国工业似乎在这漫漫长路上迷失了方向，有些人或许在想：中国会走向绿色工业吗？这远不能得到保证，但希望是肯定存在的。

感　谢

感谢来自国家自然科学基金（71173048）、国家社科基金（12AZD047）、教育部（11JJD790007）、上海领军人才项目以及复旦大学卓识人才计划的资助。

参考文献

Bosworth, B. , & Collins, S. M. , 2008, "Accounting for Growth: Comparing China and India", *Journal of Economic Perspectives*, Vol. 22, No. 1, pp. 45 – 66.

Charnes, A. , Cooper, W. , & Rhodes, E. , 1978, "Measuring the Efficiency of Decision-Making Units", *European Journal of Operational Research*, Vol. 2, pp. 429 – 44.

Chen, K. , Wang, H. , Zheng, Y. , Jefferson, G. H. & Rawski, T. G. , 1988, "Productivity Change in Chinese Industry: 1953 – 1985", *Journal of Comparative Economics*, Vol. 12, No. 4, pp. 570 – 91.

Chen, S. , 2009. "Engine or Drag: Can High Energy Consumption and CO_2 Emission Drive the Sustainable Development of Chinese Industry?", *Frontier of Economics in China*, Vol. 4, No. 4, pp. 548 – 71.

2011, "Estimates of Sub-industrial Statistical Data in China (1980 – 2008)", *China Economic Quarterly* (Jing-Ji-Xue Ji-Kan), Vol. 10, No. 3, pp. 735 – 76.

Chen, S. , Jefferson, G. H. & Zhang, J. , 2011, "Structural Change, Productivity Growth and Industrial Transformation in China", *China Economic Review*, Vol. 22, No. 1, pp. 133 – 50.

Chung, Y. H. , Färe, R. & Grosskopf, S. , 1997, "Productivity and Undesirable Outputs: A Directional Distance Function Approach", *Journal of Environmental Management*, Vol. 51, pp. 229 – 40.

Färe, R. , Grosskopf, S. & Pasurka, Jr. C. A. , 2001, "Accounting for Air Pollution Emissions in Measures of State Manufacturing Productivity Growth", *Journal of Regional Science*, Vol. 41, No. 3, pp. 381 – 409.

Farrell, M. , 1957, "The Measurement of Productive Efficiency", *Journal of the Royal Statistical Society*, Series A (General), Vol. 120, No. 3, pp. 253 – 81.

Hailu, A. & Veeman, T. S. , 2000, "Environmentally Sensitive Productivity Analysis of the Canadian Pulp and Paper Industry, 1959 – 1994", *Journal of Environmental Economics and Management*, Vol. 40, pp. 251 – 74.

Hu, A. , Zheng, J. , Gao, Y. , Zhang, N. & Xu, H. , 2008, "Provincial Technology Efficiency Ranking with Environment Factors (1999 – 2005)", *China Economic Quarterly* (Jing-Ji-Xue Ji-Kan), Vol. 7, No. 3, pp. 933 – 60.

Jefferson, G. H. , Rawski, T. G. , Wang, L. & Zheng, Y. , 2000, "Ownership, Productivity Change, and Financial Performance in Chinese Industry", *Journal of Comparative Economics*, Vol. 28, No. 4, pp. 786 – 813.

Jefferson, G. H. , Rawski, T. G. & Zhang, Y. , 2008, "Productivity Growth and Convergence across China's Industrial Economy", *Journal of Chinese Economic and Business Studies*, Vol. 6, No. 2, pp. 121 – 40.

Jeon, B. M. & Sickles, R. C., 2004, "The Role of Environmental Factors in Growth Accounting", *Journal of Applied Econometrics*, Vol. 19, No. 5, pp. 567 – 91.

Jorgenson, D. W., Gollop, F. & Fraumeni, B., 1987, *Productivity and U. S. Economic Growth*, Harvard University Press, Cambridge, MA.

Krugman, P., 1994, "The Myth of Asia's Miracle", *Foreign Affairs*, Vol. 73, No. 6, pp. 62 – 78.

Kumar, S., 2006, "Environmentally Sensitive Productivity Growth: A Global Analysis using Malmquist-Luenberger Index", *Ecological Economics*, Vol. 56, No. 2, pp. 280 – 93.

Mohtadi, H., 1996, "Environment, Growth and Optimal Policy Design", *Journal of Public Economics*, Vol. 63, pp. 119 – 40.

Robins, N., Clover, R. & Singh, C., 2009, "A Climate for Recovery: The Colour of Stimulus goes Green", *HSBC Global Research*, 25 February, pp. 1 – 45.

Solow, R. M., 1957, "Technical Change and the Aggregate Production Function", *Review of Economics and Statistics*, Vol. 39, pp. 312 – 20.

Tu, Z., 2008, "The Coordination of Industrial Growth with Environment and Resource", *Economic Research Journal* (Jing-Ji Yan-Jiu), Vol. 2, pp. 93 – 105.

Wang, B., Wu, Y. & Yan, P., 2010, "Environmental Efficiency and Environmental Total Factor Productivity Growth in China's Regional Economies", *Economic Research Journal* (Jing-Ji Yan-Jiu), Vol. 5, pp. 95 – 109.

Woo, W. T., 1998, "Chinese TFP: The Role from Labor Reallocation in Agricultural Sector", *Economic Research Journal* (Jing-Ji Yan-Jiu), Vol. 3, pp. 31 – 39.

World Bank, 2012, *China* 2030: *Building a Modern*, *Harmonious and Creative High-Income Society*, International Bank for Reconstruction and Development, Washington D. C., http://www. worldbank. org/content/dam/Worldbank/document/China-2030-complete. pdf.

Wu, Y., 1995, "Productivity Growth, Technological Progress, and Technical Efficiency Change in China: A Three-Sector Analysis", *Journal of Comparative Economics*, Vol. 21, No. 2, pp. 207 – 29.

2008, "The Role of Productivity in China's Growth: New Estimates", *China Economic Quarterly* (Jing-Ji-Xue Ji-Kan), Vol. 7, No. 3, pp. 827 – 42.

Young, A., 1995, "The Tyranny of Numbers: Confronting the Statistical Realities of the East Asian Growth Experience", *Quarterly Journal of Economics*, Vol. 110, pp. 641 – 80.

2003, "Gold into Base Metals: Productivity Growth in the People's Republic of China during the Reform Period", *Journal of Political Economy*, Vol. 111, No. 1, pp. 1220 – 61.

Zheng, J. & Hu, A., 2005, "An Empirical Analysis of Provincial Productivity in China (1979 – 2001)", *China Economic Quarterly* (Jing-Ji-Xue Ji-Kan), Vol. 4, No. 2, pp. 263 – 96.

Zheng, J., Liu, X. & Bigsten, A., 2003, "Efficiency, Technical Progress, and Best Practice in Chinese State Enterprises (1980 – 1994)", *Journal of Comparative Economics*, pp. 134 – 52.

（陈玉佩 译）

中国能否实现绿色发展

张永生

引 言

在经历了自 1820 年以来一百多年的衰落后，中国于 1978 年开启了其重返世界第一经济大国的征程。1800 年前的三个世纪，中国经济规模高居世界第一。1820 年，中国经济规模超过欧洲 20%，占全世界的 1/3。1820 年，中国的 GDP 占全世界的 1/3。然而，在接下来的两个世纪，中国经济发生了巨大的变化。1820～1950 年，由于内忧外患，中国被西方大大超越。1978 年改革开放后，中国经济开始了对西方的追赶。过去 30 余年，中国取得了世界上史无前例的高速增长，以年均近 10% 的增长速度，从一个贫困落后的国家一跃成为世界第二大经济体，人均 GDP 由 1978 年的 154 美元上升到 2012 年的 6060 美元，由一个低收入国家跨入了中等收入国家行列。即便这种速度在未来会适当放缓，只要这种发展进程能够继续，则中国的经济总量有望在 2020 年左右超过美国，重新回到其世界第一的位置。2030 年左右，中国很可能建成一个高收入社会，人均收入达到 OECD 国家平均水平（DRC/WB，2013）。

但是，中国目前以资源消耗和环境破坏为代价的增长模式，遇到前所未有的挑战。要顺利完成现代化进程，必须完成两个重大转型。一是从不平衡转向平衡发展。在取得经济、社会、内外需、城乡、地区间的平衡方面，西方高收入国家已有相对成熟的经验，中国可以将其当作未来发展的参照。二是从非绿色增长转向绿色增长。绿色发展代表未来的发展方向。中国目前的增长方式，大体上是在重复西方过去以高碳排放、高资源消耗和高环境损失为特征的传统工业化道路。前一个转型为中国所独有，而后一个转型，则是当前所有国家普遍面临的新挑战。显然，中国已经不可能再通过复制西方传统工业化模式来完成第一个转变，而必须同时实现上述两个转变。也就是说，直接越过西方传统工业化方式，蛙跳式地以绿色发展方式实现现代化。

因此，绿色发展对于中国具有重大意义，直接关系到中国的现代化。但是，绿色发展的实现，关键不在于资金和技术，而在于建立起促进绿色发展的竞争性制度。要顺利完成上述转型，蛙跳式地以绿色发展方式实现其现代化，中国有其独特的优势，但也面临着一系列的体制障碍。只有通过体制改革克服这些障碍，中国才能充分发挥其优势，实现绿色发展。

本文旨在揭示中国促进绿色发展面临的机遇、优势和障碍，以及如何才能实现绿色发展。第一部分讨论如何用新的思维理解绿色发展。第二部分揭示绿色发展背后的机遇。第三部分讨论中国促进绿色发展的优势和劣势。第四部分讨论中国促进绿色发展面临的挑战和需要进行的改革。第五部分是简短的结论。

一　理解绿色发展的新思维

（一）理解绿色发展需要新思维

理解绿色发展需要新的思维。绿色发展是一种前所未有的新的发展模式，它意味着经济发展摆脱对高资源消耗、高碳排放和高环境污染的依赖。通过市场创建、技术创造、投资创新以及减少消耗和加强保护促进绿色发展。这种新的发展道路，有几个重要的特点：一是经济发展可以同碳（温室气体）排放及污染脱钩；二是减排与环境保护有可能成为经济发展的动力而不是负担；三是"走向绿色"的过程本身就是经济增长的来源；四是减排与环境保护同经济增长可以形成一个相互促进的关系（DRC/World Bank，2013）。"走向绿色"同经济增长可以形成一个相互促进的关系（DRC/World Bank，2013）。绿色发展不仅意味着巨大的机遇，更代表中国不得不跟从的未来发展方向。但是，这种机遇并非对每个人而言都不言自明，它需要一种新的思维方式去认识和理解。

首先，传统工业化的思维很难理解绿色发展背后的机遇。自工业革命以来，传统工业化道路依赖于传统物质资源的投入，以高排放、高资源消耗和高环境破坏为代价。如果要实现"绿色"，则必然在某种程度上牺牲发展。在这种思维方式下，绿色发展更多地意味着一种负担。一些人则认为，绿色发展就是一个提高能源效率的问题，是一个新能源问题，是一个少数尖端技术的问题。这种狭隘的理解将妨碍我们对绿色发展背后机遇的认识。

其次，传统经济学的分析框架难以理解绿色发展。传统边际分析更多的是分析给定经济组织结构下的资源最优配置问题，而不是经济组织的最优化问题。在给定传统经济结构的条件下，减少排放在很大程度上必须通过减少资源投入来实现，这必然会导致产出的减少。实际上，绿色发展意味着经济组织结构的变化，它有可能带来一个更有竞争力的分工结构（Structure of Division of Labor），从而促进经济进步（Economic Progress）。以杨小凯（Yang，2001）为代表的经济学家，用超边际分析（Inframarginal Analysis）将斯密和杨格（Smith，1776；Young，1928）古典的关于分工促进经济发展的思想发扬光大，非常适于揭示以经济结构变化为特征的绿色发展。

一个典型的例子可以说明上面两种传统思维何以妨碍人们对绿色发展的认识。一些人争辩说，对于绿色发展是否可行，目前还缺乏足够的证据，因而政府不能采取有力的行动来促进绿色发展。这是一种典型的传统思维方式。问题是，如果政府不采取有力的减排和环保行动，则绿色发展的证据就难以出现。这是绿色发展面临的一个严重的悖论（Dilemma）。实际上，绿色发展在很大程度上是一种自我实现（Self-fulfilling）的预言，如果政府和公众对绿色发展有信心并采取有力的行动，则社会资源就会朝着绿色发展的方向配置，绿色发展就真的会出现。反之，经济就会停滞在传统发展状态下，永远不可能跳跃到绿色发展状态。但是，由于传统经济学更多地考虑边际的变化，而不考虑分工结构的跳跃，其分析框架很难解决上述悖论。

因此，如果用传统工业化的思维，或者用传统经济学的思维来理解绿色发展，就很难充分认识到绿色发展的实质含义及其背后的机遇。绿色发展可能是工业革命以来最深刻、最全面的变革，它会带来生产方式、生活方式、消费模式、组织模式、商业模式等全方位的改变。

（二）绿色发展的新背景

除了需要有新的思维外，绿色发展的含义，还必须置于一个新的变革的历史背景下来观察，才能被充分认识。比如，互联网通信技术（ICT）、大数据（Big Data）、新材料（如纳米技术）、高速铁路、物联网等。这些变化的实质，是交易效率前所未有的提高导致的经济组织结构的变化。正如亚当·斯密（Smith，1776）所言，经济增长来源于分工的演进，而市场大小决定分工。决定市场大小的，则是交易效率（the spring of economic growth is division of labor that is determined by the extent of market. It is transport efficiency determining the market extent.）。具体而言，这种交易效率前所未有地提高，主要表现在三个方面。

——信息流的变化：随着互联网通信技术（ICT）、大数据（Big Data）、云数据、物联网的快速发展，信息的传播速度和内容正以几何级数提高和扩张。

——人流的变化：随着高速铁路、高速公路、航空的快速发展和家庭汽车的普及，人流的便捷程度前所未有地提高。

——物流的变化：快速便捷的物流体系，使货物的运输速度大大提高。

交易效率戏剧性的提高带来了两个效果：一是催生出很多新的产业分工；二是催生出许多新的商业模式和商业组织。企业家的作用，就是利用产品市场和要素市场有效地组织分工，以实现利润最大化，而交易效率的大幅提高，则使企业家组合市场要素的空间大大提高。这种空间的提高，就是经济增长的潜力（Yang，2001）。

具体而言，当今世界正出现很多不同于传统工业社会的变化。这些变化既是绿色发展的背景，又是绿色发展的内容。

第一，资源的定义正在发生变化。由于上述变化，以前认为是资源的，现在有可能不再是资源；以前认为不是资源的，有可能成为新的资源。比如说，分散的单个个体的信息可能没有多大用处，但是它通过 ICT 技术和大数据连接汇聚在一起后，就会成为一个新的强大的资源（比如 Twitter 和 Facebook），由此可以有很多新的商业模式诞生。通常认为，贫困地区发展面临的最大问题是缺乏资源。但是，正是由于不发展（Underdevelopment），贫困地区优美的生态环境才得以幸运地保留，而优质的生态环境已成为一种稀缺资源，可以转化为财富。石油也如此，在工业革命以前石油没有什么价值，但是工业革命以后就变得很有价值。

第二，商业组织模式正在发生变化。作为企业家，其功能就是在市场中组合各种生产要素，寻找最优的组织模式，实现资源的最优配置。社会组织越发达，信息技术交易效率越高，企业家组合生产要素的空间就越大。随着互联网通信技术、大数据、高速铁路和交通体系、物流体系的发展，企业家在市场上组合资源配置模式的空间呈几何级增加。在给定同样资源的条件下，不同的组织模式会产生完全不同的生产力效果。

第三，消费模式也正发生变化。例如，随着手机或者智能手机、互联网等的兴起，对商品和服务的需求发生了很大的变化，除了吃、穿这些基本的物质性需求以外，其他非物质性需求大大增加，都通过网络来实现。这种消费模式的变化，意味着会降低自然物质资源的稀缺程度。

第四，生产模式正发生变化。在制造业方面，第三次工业革命已初露端倪。未来制造业的模式很大程度上变成一个分散的生产模式，不再是一种集中、大规模的生产模式。那些制造业不发达的国家，也有可能跳跃式地进入数字化制造业时代。传统农业代表落后，现在却可能成为最挣钱的行业之一。在服务业方面，形态也发生了很多变化，例如，以 Coursera 和 Khan Academy 等为代表的基于网络的教育模式的革命性变化，使全世界任何角落的人均可以通过互联网来获得世界一流的教育资源。由于教育资源具有非竞争性（Non-rival Educational Resources），增加使用的人数并不会增加成本，它使得人力资本的成本大幅减少，为知识经济（Knowledge-based）的发展提供了条件，也有利于环境的改善。

上述变化，只是目前正在发生的变化中的一部分而已。所有这些变化，都有降低单位产出的资源消耗和排放的效果。这意味着，不能将绿色发展狭义地理解为新能源的发展，或者认为绿色发展只是关于少数前沿技术的故事。实际上，绿色发展是自工业革命以来人类社会经历的最深刻和全面的发展方式的变化。只有理解了绿色发展的内涵，才能够充分认识到绿色发展背后的机遇，而这种机遇远远超过了很多人的认知。

二 绿色发展的机遇 中国绿色发展的机遇

绿色发展可以成为经济增长新的来源，并可以提高增长的质量（WB/

DRC，2013）。

首先，"绿色"可以成为经济增长新的来源。在以创新为驱动的绿色转型过程中，传统部门效率不断通过升级改造而提高，新兴绿色产业以及包括新兴服务业在内的服务部门不断发展，为经济增长提供新的动力。与此同时，单位产出的碳排放强度、资源消耗和环境损失则不断降低。

传统部门绿色化改造。现有大量的常规技术和管理模式，不仅可以产生节能减排效果，而且可以同时提高企业的赢利水平。比如，麦肯锡（McKinsey，2009）研究了中国6个关键领域的200多项成熟减排技术，估计仅仅采用这些已有技术带来的效率提高，2030年每年就可以直接节省高达650亿美元的成本。比如，麦肯锡公司估算，与2009年相比，2030年安装发光二极管来照明的办公大楼每年就可以节省高达250亿美元的成本。通过变更设计，改善被动加热还可以节省6亿美元成本。另外，如果实现号称"无遗憾"选择的技术潜力、经济潜力，2030年中国通过效率提高，每年就可以直接节省高达650亿美元的成本（WB/DRC，2013：224）。

虽然这种估算存在争议，但传统部门的绿色改造存在巨大空间，是一个不争的事实。虽然传统部门的绿色改造不如少数前沿绿色技术那么具有戏剧性和革命性的效果，但涓涓细流汇成大海，其效果往往比后者来得更容易和广泛。

新兴绿色产业扩张。广义的绿色产业包括所有低碳和低污染的行业。狭义的绿色产业包括清洁能源及其上下游产业。比如，太阳能、风能及其设备制造业、电动汽车产业等。根据冯飞和王金照（2011），风电和太阳能发电技术进步带来的成本下降超出预期，平价上网的前景正日渐清晰。业内专家普遍预测，2015年前后，光伏发电或将比火电更有竞争力。太阳能光热发电也异军突起。

服务业部门尤其是新兴绿色服务部门扩张。比如，生态系统服务（Ecosystem Services）在一些国家已成为一个很大的产业。在中国的一些贫困地区，农民的赚钱方式从过去的"卖木材"转变为"卖生态"。又如，碳资产管理服务、碳交易、合同能源管理、环境评估、气候风险信息披露、城市管理整体解决方案等，都是以前未曾有过的新的绿色服务。当然，占更大比重的传统服务业，绝大部分也属于绿色服务，而中国这方面有巨大的增长潜力。

其次，绿色发展将显著提升中国经济增长的质量。提升环境质量的好处是多方面的，它不仅可以提升民众的福利和健康水平，而且可以同经济增长之间形成相互促进的关系。日本的经验表明，无论是治理污染的政策，还是预防性环境政策，对经济都具有促进作用，而后者的促进作用更强（Kobayashi，2011）。

此外，绿色发展也将有助于解决其他一些问题。比如，能源安全、城市宜居性和提高农业产出等。能源消费的快速增长影响到中国的能源安全——在政策保持不变的情况下，预计到2030年，中国75%的石油（这使其成为世界上最大的石油进口国）和50%的天然气可能需要依靠进口。提高土地的使用效率和更好地管理土地，将有助于减少城市拥堵和交通能耗，而遏制土地肥力下降和水资源污染则可以提高农业产出等。

三　中国绿色发展的优势

中国推行绿色发展有很多优势（WB/DRC，2013）。绿色发展根本上依赖于市场力量，但市场促进绿色发展的前提条件，是政府在控制碳排放和环境保护方面强有力地履行公共职能。因此，高层领导人对绿色发展的政治共识、快速有效的政府决策体系以及强大的政府执行力，在绿色发展的起步阶段就起着重要作用。在此方面，中国似乎具有显而易见的优势。中国政府有能力去优先调动行为，关于绿色能源发展问题高层领导已经达成共识。"十二五"规划期间，控制温室气体排放的工作方案的效果是显而易见的。国务院阐明应对气候变化将会加快经济转型、经济发展改革，推动接下来的工业改革。

中国促进绿色发展的其他一些优势如下。

第一，中国具有"后发优势"。由于发展水平相对较低，新增需求可以通过发展绿色产能和绿色基础设施来实现，不一定需要像发达国家那样，以淘汰旧有产能为代价。

第二，庞大的国内市场规模，为绿色产业快速形成完备的产业链提供了良好条件。

目前，中国已是世界第二大市场。在未来的几年，这个市场还将翻倍。根据中国政府的规划，2020年中国人均GDP将比2010年再翻一番。这将为中国绿色产品和服务提供庞大的市场。

第三，资本和人力优势。中国的高投资率为绿色产业快速发展提供了资本条件。未来二十年，中国仅新增大学毕业生就将达到 2 亿人。这将为绿色创新提供人力资本优势。

第四，传统部门的技术改造空间巨大。中国传统部门总体效率低下，效率提升有大的空间。比如，传统能源的清洁化利用就有很大空间。

第五，避免城市化的"锁定效应"能带来巨大效应。未来二十年，中国的城市化水平将从现在的 51% 左右提高到 65% 左右，2 亿多人口将转向城市。这不仅为增长提供巨大空间，而且绿色城市的建设将获取巨大的避免"锁定效应"的收益。

第六，新能源资源禀赋。中国拥有丰富的风能、太阳能、页岩气和沼气资源。这使中国在减少对传统化石燃料的依赖和改善其能源安全方面有较多选择。

第七，上述这些优势，加上中国强大的制造能力，有可能使中国成为吸引全球绿色技术产业化的洼地。无论绿色技术是否在中国发明，都可以在中国生产、应用或/和销售，从而中国的绿色发展会给全球带来机遇。

四 前所未有的挑战和有待完成的改革

（一）中国面临前所未有的挑战

为充分利用这些优势，中国采取了很多措施，在促进绿色发展方面取得了令人印象深刻的成就。比如，中国已是世界上最大的可再生能源投资国。但是，中国还远未充分发挥其潜在优势，因为障碍和困难同样存在。上面描述的绿色发展的新变化有两个突出特点，它对中国现有的发展模式提出了前所未有的挑战。

第一个挑战是对传统政府主导发展模式的挑战。建立在 ICT、大数据、可再生能源等基础上的绿色发展，具有高度分散化的特点。以前中国的发展模式在很大程度上依靠政府主导的大中企业，绿色发展则是以中小企业为集群发展的。这意味着，政府主导经济发展模式不适于绿色发展。

第二个挑战是，它对中国这种模仿型经济形成强烈冲击。作为后发的追赶型经济，中国经济一直以西方经济的模式为目标，缺乏内在的创新动力。西方工业化社会的经济组织、产业结构、商业模式等，都是可以模仿的。但是，突然之间，全球都要走向绿色发展，而绿色发展不仅对中国，对发达国家也是一个新事物。中国失去了模仿的对象，同美国、欧洲站在同一起跑线上。

应对上述两个挑战，中国需要做出深层次的改革，徒具形式的变革显然无济于事。绿色发展实际上是各国制度的竞争，那些具有创新能力的制度，将会在竞争中胜出。对于中国而言，这种挑战有其紧迫性，中国不可能等待和观望，等发达经济体率先探索出成熟的绿色发展模式后再跟进。

原因在于，第一，中国现有的发展模式不可持续。中国不可能在现有模式下实现现代化（WB/DRC，2013）。第二，纵使现有模式可以实现现代化，中国也将被锁定在落后的模式上，今后转向绿色发展模式的成本将大大提高。第三，新的绿色产业链条和商业模式的形成需要时间，不可能一蹴而就。第四，越早采取行动，就越早受益。因此，对于中国而言，绿色发展的机会窗口，不过就是未来的二十年左右。错过这个机会窗口，未来就会付出高昂代价。

（二）有待完成的改革

对中国而言，绿色发展需要一系列的转变。实现绿色发展，最大的障碍不在于资金和技术，而在于未能充分建立起促进绿色发展的市场机制。这需要通过改革来实现。这些改革包括五类。

第一类，政府职能转变。最大的障碍在于，传统政府行为模式同绿色发展的内在要求不相容。绿色发展不仅仅是要求发展新型绿色产业，更是要求以新的发展方式发展这些产业。以光伏等新能源产业为例，虽然中国目前已是最大的新能源投资国，但这些产业的发展却称不上是绿色发展。原因在于，这些所谓的绿色产业本身往往以高污染、高排放方式在发展。而且，这些行业在政府的强力支持下过快扩张，其创新能力和抗风险能力均较为低下。国内市场未能开启。以光伏产业为例，2012年95%的产品出口国外。这种方式，只不过是采取传统高污染和高消耗发展模式在发展光伏产业。但是，问题不在于光伏产业本身，而在于背后的政府行为扭曲和市场经济的不完善。政府行为扭曲的背后，又是政府官员绩效考核制度和财税制度的不合理。

第二类，强固市场经济体制（Consolidate Market Economy System）。完善市场经济包括多方面的改革，但同绿色发展最直接相关且最紧迫的改革，莫过于改革煤炭、电力、天然气和水等资源性产品价格形成机制，使价格不仅反映市场稀缺，更要尽可能地反映它们在开采、生产和使用过程中对环境和健康造成的外部危害。与此同时，要清理和取消对传统能源和资源性产品的各种显性或隐性补贴，并对国有企业占用的自然资源（包括矿产、石油、天然气、页岩气、煤层气等）按市场价格收取足够高的特许权使用费。除此之外，打破垄断，刺激民间投资亦非常重要。

第三类，减排与环境保护政策和法规。实现绿色发展的前提条件是，政府必须在控制碳排放和保护环境上强有力地履行公共职能，降低经济发展的社会成本和协调成本，为市场充分发挥作用提供前提条件。这实质上相当于政府为全社会提供一种新的公共服务。因此，必须采取最严格的减排和环保政策，提高环保标准。在此基础上，还必须引入基于市场的灵活有效的政策实现机制，包括市场化的减排碳机制、环保激励机制。

在环保领域需要引入市场化的激励机制。一是加强对水权、土地和森林的产权界定，并引入水权市场、排污权交易市场和用地指标交易市场等。比如，如果贫困地区通过开垦荒地增加的耕地指标可以到发达地区出售，则他们就有积极性提高土地利用效率。二是加大生态服务补偿计划（Payments for Ecosystem Services, or Payments for Environmental Services, PES），尤其是要加大在贫困地区实施生态服务补偿计划。如果农民改善当地生态环境的努力能够通过这样的计划得到足够的经济回报，他们就有动力去保护当地的生态环境。

在法规方面，需要建立强有力的环境、排放和能效标准。比如，《清洁空气法》、汽车油耗标准；电器和照明能效新标准；建筑、城市设计和交通运输能效和排放国家标准；对产品、服务和技术建立绿色标签和标准，便于消费者识别。对于一些过时的法规，则需要进行修订。比如，限制低速电动车发展的法规。

第四类，减少绿色发展的负面冲击。除了这些体制性的因素外，绿色发展本身会对一些特定行业、地区和群体的利益产生影响，这也会成为中国绿色发展的阻力。尤其是那些从目前的增长、出口和投资模式中受益的企业会反对。绿色发展战略需要跨多个政府部门和机构的协调，而这可能会因为影响到一些部门和机构的利益而遭到反对。此外，虽然绿色发展战略将会带来相当长久的效益，但是它可能在短期内与其他经济目标（如工业产出目标）发生冲突。为了抵消绿色发展的负面冲击，应采用渐进式的改革方式，落实政策工具（如受到影响的个人的补贴和训练计划）。

第五类，扶持绿色产业发展。当然，绿色转型是一个更加广泛和深刻的变化过程。政府要运用各种政策手段培育绿色增长源，包括在财税、金融、贸易、标准、公共投资等方面进行大力支持。比如，结合国家的结构性减税政策，对处于幼稚期的重点绿色行业，在一定期限内实施减免税政策。对"两高一资"（高污染、高排放和资源性产品）产品加税，逐渐取消其出口退税，并实施出口配额限制。同时，提高绿色产品的出口退税。对绿色企业在贷款、企业债、上市融资等方面给予政策支持。

五　简短的结论

绿色发展是工业革命以来最深刻和全面的发展方式的变革。对中国而言，它既是一个艰巨的挑战，更是一个巨大的机遇。但是，能否抓住这个机遇，首先取决于能否理解绿色发展机遇。我们不能用传统工业化思维来理解绿色发展。只有在新的技术背景和一个更广阔的背景下讨论绿色发展，我们才能充分理解绿色发展背后的机遇。

在促进绿色发展方面，中国有很多优势，一些优势甚至为中国所独有。但同时，中国也有不少障碍。最大的障碍不在于缺乏资金和技术，而在于体制性障碍。通过体制改革来克服障碍，目的是抓住机遇。与此同时，以分散化为特征的绿色发展，给传统政府主导下的集中发展模式带来了实质性的挑战。对中国而言，未来 10～20 年，乃是绿色发展的战略机遇期。中国能否抓住这个机遇期，取决于能否通过改革克服绿色发展面临的各种障碍。

参考文献

Coase, Ronald, 1937, "The Nature of the Firm", *Economica*, Vol. 4, No. 16, pp. 386 – 405.

Feng F. & Wang, J., 2011, "Focusing on New Developments in Wind and Solar

Power", Working Report 88, Development Research Center of the State Council, P. R. China.

Kobayashi, H. , 2011, "Basics of Eco-Business: Mutually Supportive Relationship between the Environment and the Economy", Paper Presented at the Third International Forum for Sustainable Asia and the Pacific, Institute for Global Environmental Strategies, Yokohama, 26 – 27 July.

Maddison, Angus, 2001, *The World Economy: A Millennial Perspective*, OECD Publishing, Paris.

McKinsey & Company, 2009, "China's Green Revolution: Prioritizing Technologies to Achieve Energy and Environmental Sustainability", http://www. mckinsey. com. Smith, Adam, 1776, An Inquiry Into the Nature and Causes of the Wealth of Nations, 1976 ed. , E. Cannan, University of Chicago Press.

World Bank & Development Research Center of the State Council, P. R. China, 2013, *China 2030: Building a Modern, Harmonious, and Creative Society*, Washington, DC.

Yang, Xiaokai, 2001, *Economics: New Classicial Versus Neoclassical Frameworks*, Blackwell Publishers Inc.

Young, Allyn, 1928, "Increasing Returns and Economic Progress", *The Economic Journal*, Vol. 38, pp. 527 – 42.

国际背景下中国减缓气候变化的
进程：澳大利亚与中国的难题[*]

Ross Garnaut

引 言

中国国家发展和改革委员会在第一份中国应对气候变化的政策与行动报告中指出："中国是受气候变化不利影响最为脆弱的国家之一。"（国家发展和改革委员会，2012）

澳大利亚也面临着同样的现状，诸如2013年初的极度炎热等越来越多的极端天气事件预示着气候变化走近的脚步。

澳中两国在应对气候变化上是最为脆弱的，但是这种脆弱是全人类共有的。在世界各地，极端天气事件已经越来越普遍，状况也越来越严重。人们在各地都能感受到事态严重的一些表现，比如全球升高的粮食价格。

与气候变化紧密关联的极端天气事件复杂混乱，难以区分。因为自然气候变异有时也会引起极具破坏性的极端天气事件。我们可以将全球变暖影响天气的方式描述为概率性事件，即任何特殊的极端天气状况都是掷一个六面标准骰的结果。自然气候变异好比有时会掷到一点或六点，平均点数大概在三点五左右。全球变暖的早期——20世纪中期，温室气体浓度开始逐步升高，平均温度上升近1℃。在全球变暖得到有效缓解前，我们会以八代二、

---

* 本文早期版本为国家发展和改革委员会2013年1月31日国家信息中心北京碳市场专题研讨会上的开幕词。笔者很荣幸受到中国国家发展和改革委员会成员的帮助，伊恩·戴维斯（Ian Davies）为文章寻找数据，弗兰克·约佐（Frank Jotzo）、斯蒂芬·霍维斯（Stephen Howes）和伊恩·戴维斯（Ian Davies）提供广泛评论。文中难免有误，请批评指正。

以九代三，其他点数以此类推。当点数九代替了点数三，掷骰子时的平均点数则成了六点五。曾经掷200次中一次的小概率事件——比如掷三次，平均点数为六——已然成了常事。我们可能不时掷个四点，有时也会掷个九点，一点是再也见不到了，因此平均点数超过了刚开始时的最高平均点数。

全球变暖对天气变化造成的影响是概率性事件，因此气候学家声称，没有一种特殊的极端天气事件可以肯定地说是由全球变暖引起的，但是极端天气事件发生的频率相较之前将更频繁，造成的后果也会更恶劣。我们需要理解这一说法。

气候变化带我们进入了人类文明未知的领域。

人类文明起源于欧亚大陆和北非的众多大河流域，如黄河流域，自一万两千年前持续至今，温度均衡，科学家称其为"全新世"。长期以来，平均温度在小范围内轻微波动——这一范围的上限正被逐步打破。

人类文明漫长的发展，积累了诸如治理人口众多国家、各类文化知识传播、友好商贸往来和血腥侵略的经验。有时，致命的征服和友好的商贸并行而来：蒙古铁骑横踏欧亚大陆大部分，瓦解了国家结构，摧毁了普通人的生活。与此同时，他们也将波斯国的经验带回了中国，加速了远距离贸易的形成，借此，宋朝的先进技术传入欧洲，为工业革命打下了深厚基础。

世界各国的许多人都为知识与制度安排做出了贡献，这为如今大家熟知的现代经济增长250年前在大不列颠的崛起奠定了基础。

现代经济增长最终给予接受它的人以极大的奖赏。然而，奖赏是要付出代价、忍受分裂、伴有疼痛的。代价和分裂如此惨重，以至于迄今像古代中国这般成功的社会在接受它时显得小心谨慎而又缓慢迟疑。人类的分配不均授予早期统治者无上的权力，引发了帝国主义的浪潮，激起了不公平事件的蔓延。但不可否认，加入现代经济增长行列的人拥有了更高的生活水平、更放心的食物、更安全的住所、更健康的身体、更长久的生命以及更多的知识与经验。现代经济增长越来越为全世界人民所垂青。

在过去的25年间，人类逐渐意识到，现代经济增长需要付出代价，而这一点在早期并没有被认识到。附带成本或外部成本随之而来，如果要确保它们不破坏孕育人类文明和现代经济增长的自然状况，就必须加以管理和控制。在众多成本中，最为紧迫且危险的，当属人为造成的气候变化。

现代经济增长需要消耗巨大的能量。保证大部分所需能量最方便廉价的方式便是燃烧化石燃料。化石燃料的燃烧会向大气排放曾造成地球表面过热而不适合人类生存的二氧化碳。莫说数十亿年，至少在过去的数亿年间，光合作用和自然的碳封存捕捉了空气中的二氧化碳，以此建立起了适合人类出现和发展的气候条件。

大气中二氧化碳的累积促使了地球温度的升高。如今，人类正创造适宜生存的气候。人类进入了"人类世"。

在过去的 1.2 万年，尤其是近 250 年间，作为最聪明的物种，我们在文明的建立上达到了一个令人惊叹的高度。问题是，人类是否能在享受成功的同时，控制外部成本。人类能否掌控"人类世"？

无论在何地，人类都想从建立在高层次能源利用上的现代经济增长中获得利益。25 年前，笔者曾与邓小平同志探讨这一问题，他提出到 21 世纪中叶，中国人民的生活会达到中等收入国家的水平，他希望到时人民会心满意足。这是十分明智的设想，然而正如世界各地的人一样，中国人民不会轻易感到满足，他们渴望获得现有技术和资源所能提供的至高享受。

全世界的人都希望生活能达到高等收入国家的水平。大量使用能源支撑了我们正在增长的现代经济，但如果寄希望以此来向理想的生活标准靠拢的话，就会改变地球气候，以至于无法与现在稳定的国家和持续的繁荣相匹配。

旧观念认为，化石燃料资源的有限性会限制经济增长。经济和其他社会科学领域的高层次专家很早之前就已经探讨过。150 年前（1865 年），威廉·斯坦利·杰文斯提出了煤炭逐步枯竭会限制英国经济增长。马克斯·韦伯（1905）预见，在"最后一吨化石煤燃尽时"，资本主义经济增长的源泉也就干涸了。澳大利亚经济学家科林·克拉克的经典著作《经济发展条件》开拓了先进的经济增长定量分析。克拉克在书中指出，我们可以通过大气中的碳含量来计算出化石燃料的大致储量。"然而，即使发现了化石燃料，我们也必须有计划的使用，不宜过快，消耗的速率不得超过光合作用进行碳封存的速率。"经济增长本身没必要受制于化石燃料的储备，克拉克还补充："如果我们知道如何捕获太阳能，那么照射到地球上的资源已足够丰富。"

克拉克认为，用可再生能源代替化石燃料可以保证经济持续增长，这一点已被当代经济分析所证实。尼古拉斯·斯特恩（2007）为整个世界以及笔者（2008）为澳大利亚所做的详尽定量研究表明，碳排放可以下降到一个较低的水平，以适中的成本来稳定全球的温度——这些成本在最初的几十年可能会使生活水平提高的速度稍稍放缓，但相较于缓解气候变化所需的成本，真是少之又少。

我们是否可以掌控"人类世"，这个问题将得到解答，不管肯定与否，都是对整个人类而言的。不可能一部分国家得到肯定答案，而另一部分是否定的。如果在"人类世"，温度上升和气候变化侵蚀了人类文明的根基，那么不管是呼和浩特还是霍巴特，济南还是吉朗，北京还是宾那龙，西安还是西澳都不能幸免。

斯特恩将无力抑制温室气体的排放视为人类有史以来最大的市场失灵（2007）。挑战在于，在追求经济增长的同时，要求所有人做任何决定时都能将全球气候变化的外部效应考虑在内。全人类需要集体行动。

任何一个国家都无法支配整个人类进行必要的集体行动，或执行规则以纠正市场失灵。只有建立全球集体行动的有效机制，人类才能掌控"人类世"。

一　全球气候变化机制的兴起

二十年前，在里约热内卢通过了《联合国气候变化框架公约》，以此为始，中澳两国一直积极致力于推动应对气候变化的国际合作。1992 年，发达国家过多的碳排放问题成为众矢之的，但时机尚未成熟。

这一假象影响了 1997 年《联合国气候变化框架公约》第三次缔约方大会以及会上通过的《京都议定书》。至此，以联合国政府间气候变化专门委员会为桥梁，各国在国际科技合作的具有独特雄心和成功努力的认识共享上取得了长足进步。各国在努力减少气体排放量以及如何测量温室气体上达成共识。各国商定，所有发达国家应履行限排温室气体的义务，超过规定排放量需支付罚金。发达国家间将有机会通力合作，减少缓解气候变化的成本（两个发达国家之间可以进行排放额度买卖的"排放权交易"，即难以完成削减任务的国家，可以花钱从超额完成任务的国家买进超出的额度）。发达国家也可以通过清洁发展机制来减少缓解气候变化的成本，即发达国家可以购买发展中国家经核证的减排量，发展中国家获得碳补偿。发展中国家同意努力减排；发达国家为这些努力提供资金援助并对发展中国家的气候变化适当给予支持。

美国政府作为《京都议定书》的签署国，最终宣布拒绝批准其通过，无情地摧毁了条约。2000 年选举产生的布什政府宣称，美国不会批准议定书。澳大利亚政府效仿了美国的做法，直到 2007 年才正式签署议定书。但是，澳大利亚和美国始终都积极参与国际讨论。在巴厘岛（2007）、哥本哈根（2009）、坎昆（2010）、德班（2011）、多哈（2012）举行的《联合国气候变化框架公约》缔约方大会上，一些议题取得了进展，包括达成了统一目标，即将全球气温上升控制在 2℃ 以内。

成功和失败的因素并行于应对气候变化集体行动的初步努力之中。有一点十分重要，那就是在纠正失败的原因时，要保持成功的经验（科技合作，共同目标，测量、负责、核实排放量的约定，国际碳排放权交易机制，以及为发展中国家提供援助资金）。

温室气体浓度很可能在规定的日期前使平均温度上升 2℃。21 世纪以来，排放量增速比 20 世纪 90 年代商定而广泛认可的方案增速更快，主要原因是经济增长比预期的更为强劲，需要消耗更多能源，而能源消耗就意味着更多的排放量（加诺特等，2009）。

如果要将升温控制在 2℃ 以内，那么全球碳排放轨迹必须及早做大幅度下调。全球碳排放必须进行缩减，2050 年前要降至低于 1990 年水平的 50%。轨迹下调的迟滞则要求提前结束减排，且下调速率要更迅猛。全人类应将全球减排责任分配看作从公平的角度出发，所有国家的人均碳排放权趋于相等——发达国家碳排放量要下降至少 90%，中国的碳排放量要下降至少 50%。

与里约热内卢峰会决定的情况相反，在 21 世纪，碳排放增长绝大多数集中于发展中国家。笔者在《气候变化回顾更新》（Garnaut，2011a，2011b）中对"一切照旧"状态下排放量的计算表明，如果缺乏政策行动以改变现有趋势，那么 2005～2030 年，发展中国家碳排放量增长将占全球碳排放量增长的 100%；发达国家在这段时间内排放量要保持稳定。缺乏政策行动，在 2030 年，整个发展中国家的碳排放量将占全球碳排放量的 70%，其中中国占 41%。无论如何重视历史责任与正义的要求，有效的全球碳排放要求中国以及其他发展中国家对"一切照旧"时的排放量及早做大幅度削减。

《京都议定书》设想了一个全面的"自上而下"的条约，规定限排责任依各国之间商定可进行重新分配，并在全球范围内执行。这一设想为国际碳交易提供了坚实基础，允许各国以最低成本削减碳排放量。条约向每一个国家保证，其他国家为全球努力做出了同等的贡献，因此各国自身的碳排放削减将成为有效的全球努力的一部分。它也向每一个国家保证，由于缓解责任的差异，其他国家的排放密集型产业在国际市场上无法取得竞争优势。

国际社会逐渐痛苦地意识到这一条约在可预见的未来是无法实现的。这一事实在2009年的哥本哈根大会上已经初见端倪，在2010年坎昆大会上已见成形。无法实现的原因在于，美国和中国这两个主要大国乐于在国内遵守有力缓解的成果，但是在国际协议上，不愿承担相同的责任。无法实现的原因还在于，对于违反承诺的做法没有相应的有效惩罚措施——例如，加拿大轻易放弃了《京都议定书》的约定，但却没有受到任何处罚。

随后的发展提出了一个问题，全面而"自上而下"的协定是否是可取的。预期中，一项合法而有约束力的条约可以使各国政府步入谈判模式的正轨，以求减少承诺。但相反，当考虑到本国承诺时，政府准备更公开地看待行动的现实界限，进一步明确减排目标。

在哥本哈根会议上，另一项设定国家目标的方法显露雏形，在坎昆会议上已经建立，并在随后举办的《联合国气候变化框架公约》德班和多哈会议上被明确描述了。

新方法在早期的国际讨论中，具有一些重要的亮点。对于国际共同努力来说，科技合作依然是重中之重。温度升高控制在2℃内的目标、测量以及核实排放量的机制、国际碳排放权交易的措施得到了进一步发展或加强。发达国家提供援助资金以帮助发展中国家减排并适应气候变化的观念得以确立（尽管资金有限）。我们必须说，在核实碳排放量上应该再增动作：如果说发展中国家减排目标有别于发达国家是有道理的（参看排放强度而非绝对减排量），那么测量和核实减排量的区分则是毫无理由的。

新方法与旧方法相比，最大的变更在于对各个国家设定了不同的限排目标。通常认为，富足的发展中国家将以下调排放强度或减少日常排放的形式为限排做出贡献（排放强度目标十分倾向于在"一切照旧"时测量，因为这样才能提供客观而明确的计算）。公认的事实是，在默认状况下，这些富足的发展中国家和发达国家削减绝对排放量的承诺是自愿的，它们做出了严肃的国内保证，并且不受国际法约束。这一自愿目标的设定规划于国家内部，而不是在全面的国际框架条约下。使它们变得如此积极的压力来自国内政策以及其他国家的研究述评——这个过程就是我们熟知的"承诺 - 回顾"。

笔者将以上这种新过程称为"协调的单边减排"。

《京都议定书》的一个特色延续到了协调的单边减排机制中，那就是各个国家都能够毫无顾虑地运用其选择的措施来完成目标。每个国家都可以随心所欲地自由购买国际减排量，或者完全不购买。它们也有权以排放交易体系或碳税的方式推行碳定价，或根本不推行，皆不受约束。无论是否对碳定价，国家都能有选择地管理排放密集型活动，对低排放行为的替代给予合适的补助。减排努力的国际对比依据的是低于设定基线的碳削减成果，而非取得减排的形式。

要使协调的单边减排有效，需填补国际机制中一片巨大空白。这种机制需要一些框架来引导并评估每个国家的减排水平，而这一水平相当于公平分配国际责任以实现共同的全球努力。对于想取得重大全球减排成果的政府首脑来说，有一点十分有益且很有必要，那就是任命一个专家组来制定这样一种机制以求在各个国家间进行全球努力的分配。在协调的单边减排范围内，各国可以自由地选择接受或拒绝框架所提供的指导。框架可作为国际社会审查各国所做努力的重点，随着时间演变成对讨论和经验的响应。

2011 年末，《联合国气候变化框架公约》德班会议同意发起"一项制定议定书的进程、其他形式的法律文件或是具有法律效力的商定成果"。这项进程、合法措施或商定结果将在 2015 年于巴黎召开的缔约方大会上确立，并于 2020 年正式生效。发达国家和发展中国家都将履行一定义务，尽管各国履行的方式可能各不相同。

有时，德班会议的这一决定再次被解释为一种承诺，是具有约束力且自上而下的条约；尽管允许其他方式的解读。至少，没有建议要求我们回过头去探寻全面的条约来分配各国所规定的全球减排努力。国际性的约束条约必然具有一些优势，如果有可能在不降低减排信心的情况下，取得一定的优势，那么存在于成功的约束性条约背后的实际界限，会依然如在哥本哈根会议上的一样分明。

在全球气候变化机制演变论结束之前，我们应该承认，碳排放权交易击中了一些大的实际问题。在欧洲碳排放权交易体系下，很多监管和财政干预强行增大减排力度，超过了碳定价的要求。这一情况与经济活动的缓慢增长、低成本削减的意外实现交织在一起，致使许可权价格下跌至比减排的经济成本和削减价值更低的水平。如此，低价提出了一个问题，排放交易体系是否是有效的。尽管在量上得到控制，根据清洁发展机制，可以以极低的价格使用碳补偿推动价格进一步下降。如果不予以纠正的话，欧洲交易体系和清洁发展机制下的低价会将低价趋势引入其他排放交易体系，尤其是2015年后的澳大利亚。新西兰的排放权交易机制已经允许无限制地使用清洁发展机制的信用额度，使价格趋于零。

经济学家了解到，广泛基础上的碳定价与大量管理和财政干预相比，能在相同的成本下削减更多的碳排放量，或在相同的削减量下减少成本。最近几年，很多国家通过管理和差异化的财政干预，取得了大量的减排成果。全体碳定价所带来的成本优势已经变得更加重要，然而，由于减排目标的要求越来越高，很有必要保证排放量的削减，因为这对取得共同的全球目标至关重要。因此，于国内和国际交易机制下存在的不经济低价这一当代问题，被认为是实现长期全球减排目标道路上的一大威胁。所以，有必要收紧减排目标，这样才能在一个实现目标的世界里，将价格恢复到与成本和削减价值相称的程度。

清洁发展机制作为国际碳额度交易的核心而起步，数年后，它大大鼓励了发展中国家对减排的投资。国家发展和改革委员会最近发布的消息称，截至2012年8月，中国清洁发展机制核证减排额已达每年7.3亿吨（国家发展和改革委员会，2012），略高于全球总减排额的一半。

最近的前瞻性改革表明，清洁发展机制是一套合法的补偿机制，在全球气候变化缓解系统上具有潜在价值（清洁发展机制政策对话，2012）。该审查小组总结，减排目标的大幅收紧与扩大购买方和出售方是十分必要的，可以纠正长期供过于求的状况。笔者建议，同样应该收紧供应方的访问，只允许最不发达国家进行无条件访问。其他发展中国家如果能接受国内排放约束，并且不重复计算清洁发展机制奖励的信用额度，就能获得访问。若该方法被国际社会采用，国际机制就需要进一步发展（可能通过已建立的联合履行机制）来监控减排的重复计算。

二 坎昆承诺

在协调的单边减排框架下，所有实体经济在国际社会面前做出承诺，它们会将排放量减少到日常减排量之下。所有的承诺表明与已经建立的排放轨迹一刀两断。同时，减排是达成共同应对气候变化目标的必要条件，而这些承诺在通往成功减排的道路上，充当的只不过是一小步。

美国所作的承诺与之前的观点大相径庭。2007 年，布什总统在主要经济体代表会议上发言称，美国的碳排放量会持续上升，在 2025 年达到峰值。而在坎昆大会上，美国承诺至 2020 年，碳排放量比 2005 年下降 17%，比 2000 年下降 16%。

加拿大保证，要与美国所作的约束性承诺相匹配——作一个实质的承诺，除非加拿大政府认为要取消这一承诺，并宣称美国的承诺即使实现了，也不算是约束性的。

部分国家的承诺包含着有条件和无条件的元素——当其他国家采取强力措施时，就会触发无条件的元素。在强有力的国际行动下，欧盟保证将减排量从 20% 提高到 30%（基于 1990 年）。

澳大利亚则无条件地承诺，至 2020 年，排放量将比 2000 年下降 5%，并且在强有力的国际行动下，减排量将上升多达 25%。这一无条件的承诺表明了与澳大利亚碳排放增长轨迹的坚决决裂，事实上，是受发达国家最快速的人口和经济活动增长以及排放密集型资源出口产业的意外迅速扩张的影响。2011 年，澳大利亚气候变化和能源效率部预计，如果不考虑 2011 年出台的新政策，现有政策会目睹澳大利亚碳排放量上升 24%。

中国的目标是 2005～2020 年，将经济产出的碳排放强度降低 40%～45%。这表明，就避免的排放吨数而言，这一目标与日常实际情况出入最大。这可能对哥本哈根会议产生刺激影响，因为在会议上，这一目标在国际社会的见证下公布了。它的重要性没有引起注意或被质问，这是中国的，也是其他许多国家的外交失败。

其他发展中国家也保证对日常碳排放轨迹做出重大调整，其中巴西和印度尼西亚的成果最为瞩目。

另一发展中大国印度，承诺将排放强度的降低值控制在更适度的范围内，同时，印度声明，他们绝不允许人均排放量超过发达国家水平（印度政府计划委员会，2011）。在发达国家进行了强有力的行动以及碳排放迅速减少的情况下，这一计划很可能成为全球减排的强大工具。它可以有效地被归入各国对全球减排努力所做贡献合理性评估的框架中。

在协调的单边减排环境下，与在京都达成的名义上的约束性承诺相比，各种承诺加起来更加偏离了已设立的排放轨迹。然而，这些承诺使轨迹上的全球排放要求更高，更难达到 2℃目标，除非为 2015~2020 年这段时间做出额外的更具雄心壮志的承诺。

当然，现在无人知晓坎昆承诺对于控制全球变暖来说意味着什么，他们并没有说明 2020 年后会发生什么，也不考虑对 2020 年前剩下的任务采取什么行动。

三　鼓励进步

在人类努力寻求着减缓气候变化的有效的集体行动的基础时，既有好消息，也有坏消息。初期的消息永远不可能全是好的，毕竟国际社会面对的，是一个如此复杂、困难、新兴的问题。

最好的消息是极为重要的：大体上，排放情况似乎正沿着实现或超出坎昆目标的道路前进。他们很可能实现或超出承诺，即使中国和美国——全球最大的温室气体排放国以及最大和最有影响力的经济体也步入了正轨，并且承诺表明要大幅度下调现有排放轨迹。此外，取得当前承诺的成本，比多数分析师预测的更低。早期广泛基础上的进步出人意料地以低成本的方式实现了，这为及时大幅度提高国家减排的信心打下了良好基础。

远不会像布什在 2007 年预示的那样，到 2025 年碳排放量达到峰值。以现在的情况来看，美国的碳排放量于布什发言的 2007 年就达到了最高值，从那时起，排放量逐步下降。有人提出，2008 年经济大危机及之后经济活动的下降导致了碳排放量减少；实际上，美国现在的碳排放量仍高于 2007年的水平。

最近，未来资源和国家资源防御委员会所做的两项美国私人研究得出一个结论，美国正朝着实现减排目标的方向前进，尽管美国国会拒绝了奥巴马总统关于排放贸易机制的提议（《科学美国人》，2012；美国自然资源保护委员会，2012）。排放贸易机制允许以更低的价格实现等量的减排，但是更高的成本意味着仍能大幅度减少排放。未来资源的研究将10.5%的减排归因于美国对移动和办公能源的联邦监管，2.5%归因于国家调控和排放权交易机制，3.3%归因于廉价天然气和其他能源市场发展的拓宽。自2009年以来，美国政府在新型低排放技术的研发上投资巨大，久而久之将反映在减排的新机遇上。低廉的天然气价格——严格限制出口与储备大量扩张的产物——随着时间变得越发重要，导致大量煤电的消失。

欧洲已经几近实现了坎昆会议上所提出的到2020年的减排目标。经济增长的减缓抑制了对排放密集型商品和服务的需求，但是减排的力度和排放权交易机制中削减量的低价表明，完成减排的费用比预期的更低。

与欧洲一样，日本的经济停滞使其表现好于减排目标，尽管2011年福岛核泄漏导致了低排放能源的倒退。东京引入的排放权交易协定伴随着排放量的快速削减，转而使排放权的定价极低（鲁道夫和川胜，2012）。

澳大利亚也是如此，最近几年碳排放增长远低于预期水平，并趋近于零，尽管人口、产出和出口的排放密集型资源投资依然在强劲增长。在电力行业，停滞或下降的需求与上升的可再生能源生产相交，可再生能源目标带来了后者的上升，促使低碳经济迅猛发展，超过了官方估算。2012年7月引进的碳定价以及将部分相关收入支持可再生能源创新的举措扩大了减排力度。初步数据表明，在排放权交易机制运行的最初六个月内，发电过程中的碳排放与之前同期相比下降超过了8%，这是在需求增长的减缓、可再生能源目标和排放权交易机制的共同作用下达成的。

中国的"十二五"规划表明，2011～2015年，中国将采取具体的深远措施将排放强度限制在中国政府已向国际社会通报的目标内。2011年是新规划的开局之年，排放继续强劲增长。这对于国际减排努力来说，无疑是令人沮丧的。自2012年起，更为深入的减排政策以及经济驱动的结构转型改变了2012年的排放轨迹，优于承诺的目标很可能实现，在全球更为努力的形势下，加强承诺是可行的。

占据2010年中国总排放量44%的电力行业（国际能源署，2012），其需求在过去十年翻了一倍的情况下，需求增长于2012年减缓了5.7%。需求的缓慢增长回应了能效和结构性政策，以及产出增长的适度宽松（2012年国内生产总值增长7.9%）。能效政策和结构转型极有可能使电力需求增长远低于21世纪第一个十年的水平，一次能源消费总量年均增长控制在3.5%，这对于实现"十二五"规划中的电力目标十分必要。

2013年初，中国国务院决议加入了能源计划的细节（新华社，2013）。"十二五"规划期间，一次能源消费总量年均增长控制在4.3%，与"十一五"期间年均增长6.6%形成对比。这相当于在未来三年，增长要控制在3.5%左右。2015年将限制年耗煤量。由于对炼钢和其他工业活动中煤耗的削减进行了约束，这就意味着燃煤发电会有所下降。

表1描述了中国2011年和2012年电能增长的组成。

表1 中国2011年和2012年发电量

年 份	2011	2012	增长（%）
总发电量（十亿千瓦时）	4729	4959	4.9
火力	3900	3925	0.6
水力	668	800	19.8
核能	87	102	17.2
风力	74	100	35.1
其他	—	32	—

资料来源：国家发展和改革委员会/国家信息中心，基于国家能源局提供的信息，2013年1月。

表1中的"其他"是指太阳能、生物能和地热能。2012年其从较低起点上呈现了极大比例的增长（太阳能光伏增长超过100%），但是2011年"其他"成分的数据则是空白的。值得注意的是，2011年，电能各组成之和超出总量极小的百分比，但是，在写本文时，笔者已无法解释这一异常现象。

2012年总电力需求减少至5.7%。当2012年早期的数据有些许出入，需要修订时，惊人的数据令人备受鼓舞。热能发电几乎没有增长。所有低排放能源（新华社使用了"清洁能源"这一术语）的发电量急速增长：水力发电增长19.8%，核能发电增长17.2%，风力发电增长35.1%。太阳能发电也从低起点上迅速增长。当水力发电受到2011年不利的气候条件和2012年有利的气候条件影响时，会在上升趋势的同时形成波动。核能发电占总发电量的份额很可能继续增加，风能和太阳能也是如此，甚至将以更快的速度增加。

火力发电中，每单位电力的温室气体排放受多种因素影响而下降。中国的一系列政策将致力于稳固火力发电减排的势头，这在 2012 年已经越发明显。要用世界前沿的高能效超临界电厂取代规模小、能效低、高排放的燃煤发电厂，这条路还很漫长：国际能源署指的是取代 2010 年遗留的 68 吉瓦小型的（少于 100 兆瓦）和 138 吉瓦中型的（100～300 兆瓦）燃煤发电厂（国际能源署，2012）。用高效的大型电厂取代低效的小型电厂能减少煤炭使用和每单位发电量的碳排放。Mai（2013）的研究表明，以小带大机制在今后几年会使每年燃煤火力发电下降 1%～2%。

政策集中于促使天然气和非常规天然气占火力发电的比重在当前的低基准上不断提高。国务院设想天然气占一次能源消费的比重到 2020 年倍增至 7.5%（新华社，2013）。

中国对从化石燃料燃烧中捕捉和封存二氧化碳的技术发展投入了大量资金，远超其他国家的投资额。2013 年解除了电力和煤炭价格的管制，同时取消煤炭运输补贴，这可能有助于缓解电力需求和提高煤炭行业供给的价格。投资主要用于高压和远距离的输电以及抽水蓄能电站，使间歇性可再生能源容量被更完整地利用，并扩大对可再生能源新的投资选择。"十二五"规划更加坚定了对能效的经济承诺并加强对低排放技术的创新，包括电力行业。

2012 年，电力供需发展似乎阻止了燃煤发电引起的排放增长。这是对已建立趋势的戏剧性突破，从全球来看，具有历史性意义。这有别于发展中国家能源市场的传统道路。国际能源署曾估计中国需要将燃煤发电容量从 2010 年的 710 吉瓦提升至 2020 年的 1190 吉瓦，尽管超临界电厂将继续取代在经济和环境上都低效的电厂，但总排放量依然会上升。这一估计已经过时了。

自中国经济增长和结构转型的三十多年来，笔者对中国和国外观察者的想法习以为常，他们都低估了中国经济可以快速并有力地回应激励和机遇的能力。当前的能源市场调整似乎再次低估了在改革时期中国经济的快速转换能力。当然，结果取决于在持续辩论和中国内部政治竞争中达成的政策：中国政治制度也如西方政治制度一样，如果想在制定政策时实现公众利益，就要经受来自既得利益集团的压力。

改变中国温室气体排放轨迹的政策和行动不断强化，扩展到所有主要行业。

政策的强化致使重工业增速减缓，加之排放密度降低的创新，因此主要由炼钢引起的工业排放增速随之大幅放缓。低效工厂被强制关闭〔仅2011年就达到3200万吨钢铁产量和8000兆瓦燃煤发电（国家发展和改革委员会，2012）〕，电力和其他投入成本升高，出口税以及对新产能投资的限制，这些都减缓了能源密集型和排放密集型活动的进一步扩大。"十二五"规划的目标明确表示每年要降低一定百分比的炼钢能源密度，这是对最近趋势的现实推断。

在运输行业，过去十年中对城际和城市间铁路的大量投资将在一定程度上缓和本该存在的汽车业的增长。在汽车行业，一系列政策强有力地支持着高层次的电气化官方目标（国家发展和改革委员会，2012）。以铁路为首的公共交通的快速扩张，汽车电气化以及电力行业的低碳化共同作用，似乎达到了运输行业意想不到的早期排放峰值。

四　中国和澳大利亚扮演的国际角色

协调的单边减排有一点十分重要，那就是每个国家都需做出关于公平分配的全球共同减排的承诺，并积极兑现。

中国引起了全球的高度重视，因为它是巨大的碳排放源，并占据了重要的经济和战略地位。还有一个原因是，如果以低排放技术进行生产资料的大规模生产，中国可能更具优势：中国大规模的光伏单位生产降低了全球太阳能发电的成本，其他技术也可能取得同样的发展。

中国已经成为世界上对外直接投资的主要来源之一。最近几年，中国国家电网公司在传输上的直接投资大幅降低了菲律宾、葡萄牙和巴西的现代传输系统成本，在澳大利亚，这一投资也将变得极为重要。

澳大利亚和中国都要为低排放行业的创新贡献力量。澳大利亚的研究机构，尤其是新南威尔士大学著名的电气工程专业处在太阳能技术应用研究的最前沿，而其商业市场集中于中国企业。在与减排相关的生物科学创新上，澳大利亚也做出了极为显著的贡献。

澳大利亚和中国对排放权国际交易有着浓厚的兴趣。双方在排放密集型活动中各具优势：中国的制造业，澳大利亚的能源交易。随着时间的推移，排放密集型产品的大量出口将使中国和澳大利亚的人均排放量相对增加。如果两国能够保持高水平的排放密集型产品出口，并通过从别国购买排放权以承担部分减排责任，那么对两国以及整个世界而言，在经济上是可取的。

我们如何在共同利益和有利环境下提升人类掌控"人类世"的可能性呢？

第一，我们可以对气候变化挑战的各个方面交流看法。这包括对产业转型的看法——中国升级输电网以降低能量损耗、连接能源资源与偏远需求中心、将间歇性电力资源更有效地结合到重大电网中的经验。同样也包括缓解政策的经验（约佐，2013）和分析见解的共享。

第二，我们可以一起引领独立的全局分析，公平分配强有力的全球减排努力，以求达到2℃目标。在所有国家中，中国和澳大利亚可以携手共进，为协调的单边减排机制的成功提供重要支持。

第三，我们要共同强化实体经济减少排放的承诺，保证国际排放权交易仍是实现减排承诺的合法途径。

合作的第三部分尤为重要，因为国际社会在未来两年将决定2℃目标是否仍能实现。本文已经说明，至2020年的承诺明显加强，2015年在巴黎将正式通过2020年后的有力目标，这对于达到2℃目标、将排放权交易价格提高到经济和环境的合理水平以及为国内和国际排放权交易继续发挥作用来说都至关重要。

评论通常都会聚焦于气候变化国际合作的失败面。本文将注意力集中到一些成功面，这可能会成为强有力的国际合作的起始点，使温度控制在2℃以内的共同目标触手可及。

五 结论

本文关注包括中国、美国、欧盟、日本（尽管福岛核泄漏造成一定倒退）和澳大利亚在内的主要经济体早期出乎意料的进步，几近实现对国际社会的承诺。事实证明，减排并没有专家之前研究的那么昂贵或混乱。

本文已经注意到排放权国际交易在为整个世界降低减排成本中的重要

性。当今应对气候变化的集体行动中存在一个弱点，那就是不管是欧盟设定的排放权交易机制，还是清洁能源发展机制，碳单位的价格都很低。低价如果持续下去，将会败坏国际交易和国内排放权交易系统的名声。低价本身则反映出减排出乎意料的低成本。

当然，如果致使低价产生的目标足以实现共同的全球减排，那么低价就无可厚非了。但事实是，我们离那个目标还很远。当前的目标远不够实现全球目标。在这种情况下，补偿价格远低于最优减排的成本和价值，同样的，当前全球减排努力的补偿也远不能满足2℃目标的要求——早期的紧缩目标。

最近很多国家在公布的减排目标上进步巨大，加之出人意料的低减排成本，这为发达国家和发展中国家公布早期紧缩目标提供了基础。建立在协调的单边减排机制上的国际气候变化系统提供了有利条件，使中国和澳大利亚在更新后的国际努力中发挥作用，以求实现国际社会的共同目标。

参考文献

CDM Policy Dialogue, 2012, Climate Change, Carbon Markets and the CDM: A Call To Action, Report of the High-Level Panel on the CDM Policy Dialogue, September 2012, http://www. cdmpolicydialogue. org/report.

Clark, C., 1940, *Conditions of Economic Progress*, Macmillan, London.

Du, Juan, 2013, "Major Coal Firms Cut Production as Prices Fall, Stocks Rise", *China Daily*, 10 May.

Garnaut, R., 2008, *The Garnaut Climate Change Review: Final Report*, Cambridge University Press, Melbourne.

2011a, "Garnaut Climate Change Review Update Paper 3: Global Emissions Trends", Paper Presented to Australian Agricultural and Resource Economic Society Annual Conference, Melbourne, http://www. garnautreview. org. au/update-2011/update-papers/up3-global-emissions-trends. pdf.

2011b, *The Garnaut Review* 2011: *Australia in the Global Response to Climate Change*, Cambridge University Press, Melbourne.

Garnaut, R., Jotzo, F., Howes, S. & Sheehan, P., 2009, "The Implications of Rapid Development for Emissions and Climate Change Mitigation", in D. Helm and C. Hepburn (eds.), *The Economics and Policy of Climate Change*, Oxford University Press, pp. 81 – 106.

International Energy Agency (IEA), 2012, *Policy Options for Low-Carbon Power Generation in China*, http: //www. iea. org/publications/insights/name, 32266, en. html.

Jevons, W. S. , 1865, *The Coal Question: An Inquiry Concerning the Progress of the Nation, and the Probable Exhaustion of our Coal Mines*, Macmillan and Co. , London.

Jotzo, F. , 2013, "Emissions Trading in China—Principles, and Lessons from International Practice", in *Market Mechanisms for China's Carbon Emission Reductions: Economics, Modelling and International Experience*, China State Information Center, National Development and Reform Commission, Beijing, China.

Mai, Yinhua and Shanghao, Feng, 2013, "Increasing China's Coal-fired Power Generation Efficiency: The Impact on Carbon Intensity and the Broader Chinese Economy to 2020", Paper to State Information Centre (SIC) and National Development and Reform Commission (NDRC) Workshop, Beijing.

National Development and Reform Commission (NDRC), 2012, *China's Policies and Actions for Addressing Climate Change*, Beijing, November, http: //qhs. ndrc. gov. cn/zcfg/W020121122588539459161. pdf.

Natural Resources Defense Council (NRDC), 2012, *Closer than You Think: Latest U. S. CO$_2$ Pollution Data and Forecasts Show Target Within Reach*, July, New York, http: //www. nrdc. org/globalwarming/closer-than-you-think-ib. asp.

Planning Commission Government of India, 2011, *Interim Report of the Expert Group on Low Carbon Strategies for Inclusive Growth*, New Delhi, http: //planningcommission. nic. in/reports/genrep/Inter_ Exp. pdf.

Rudolph, S. & Kawakatsu, T. , 2012, "Tokyo's Greenhouse Gas Emissions Trading Scheme: A Model for Sustainable Megacity Carbon Markets", Joint Discussion Paper Series in Economics, Universities of Aachen, Gieben, Gottingen, Kassel, Marburg, Siegen.

Scientific American, 2012, *U. S. May Come Close to 2020 Greenhouse Gas Emission Target*, http: //www. scientificamerican. com/article. cfm? id = us-may-come-close-to-2020-greenhouse-gas-emission-target.

Stern, N. , 2007, *The Economics of Climate Change: The Stern Review*, Cambridge University Press.

Weber, M. , 1905, *The Protestant Ethic and the Spirit of Capitalism*, T. Parsons (trans. , 1930), Dover Publications Inc. , New York.

Xinhua, 2013, "China Sets Slower Energy Consumption Targets", 25 January http: //news. xinhuanet. com/english/china/2013 – 01/24/c_ 132125842. htm.

（任　菲译）

中国的能源需求增长和
能源政策三难困境

Simon Wensley   Stephen Wilson   Jane Kuang

引　言

　　大量文件材料详细记录了中国近几十年来令人瞩目的发展速度和转型步伐，人们也对其进行了广泛分析和讨论。在 1985～2008 年这不到 25 年的时间里，中国人均国内生产总值增长了 4 倍多。要达到可以相提并论的发展水平，日本（1916～1967 年）花费了半个世纪，德国（1856～1958 年）和美国（1840～1940 年）均用了一个世纪的时间，英国（1820～1940 年）经历了 120 年（Shell，2013）。

　　然而，中国的能源和经济发展目前才刚刚达到世界平均水平。除此之外，在中国沿海省份和主要城市之外的地区，能源利用和经济发展仍旧远低于世界平均水平。这自然而然引发了如下疑问，那就是在未来 20 年里中国的发展将去往何方，对于能源供应以及中国、澳大利亚和世界经济还有地区和全球的环境而言，会有什么启发。

　　在过去的十年中，中国城市的飞速再开发和建设已经对商品供应链造成了压力，对于在工业化、城镇化和基础设施现代化的早期阶段用于建造新的城市环境所需的五金行业来说，尤其如此。能源需求往往随着经济增长逐渐稳步发展。事实上，能源是推动经济增长的关键投入和主要驱动力：本文的第一部分通过横向比较不同国家之间的情况以及纵向比较同一国家随着时间推移的发展轨迹，探讨了人均能源消费和人均国内生产总值之间的关系。1990～2010 年的这 20 年见证了中国人均能源消费和人均国内生产总值之间很强的线性相关性。第一部分还探讨了预计在未来几十年间会减弱这一相关性的因素。同时，人们也从国家平均水平以外的视角审视着中国：能源－经济数据显示了跨省大范围地区的情况——在中国，没有任何一个省的数据同国家平均水平相等。新兴能源需求强调了中国成为一个日益繁荣的社会时，其所面临的能源挑战。

第二部分介绍了能源政策三难困境：最大限度地提高供应安全、最大限度地降低成本以及最大限度减少包括排放在内的行为对环境造成的影响，这三者之间的关系十分紧张。解决三难困境是各地能源政策制定者所面临的主要挑战。本部分将通过 4 个案例来探讨这一三难困境：20 世纪 70 年代的石油危机、中国目前正在悄悄展开的核电成本革命、美国非常规石油天然气技术经济革命以及日本在福岛核泄漏事件后要弥补电力系统中 30 吉瓦的差距所面临的挑战。

第三部分涉及为满足中国日益增长的能源需求而出现的资源挑战。这包括在开发和管理中国资源时要面临的机遇和挑战，进口在平衡国内石油、天然气、煤炭和铀的供应方面发挥的日益重要的作用，以及在考虑到燃料多样性和进口依赖性时对燃料结构的革新。

第四部分探讨了新兴技术领域，中国正在积极发展其中的许多技术，有潜力在碳氢化合物和各主要经济部门之间开辟出能源转型、节约和利用的新型道路。

近一段时期以来，中国已经成为世界上最大的能源消费国，但是，就能源经济和环境的发展道路来看，其仍处于十分初级的阶段。

一　能源是经济发展和增长的关键驱动力

中国的发展与其他国家发展的比较

本部分内容在审视人口、经济和能源发展路径的历史数据时，使用了一种十分直接但并不常见的方式。读者不需要具备先进的数学或计量经济学知识。以视觉形式呈现的数据本身，丰富翔实，使专家、政策制定者和投资者等倍感兴奋，激发了其挑战的兴趣。

图 1 记录了在 2005 年恒定美元下的人均国内生产总值，根据购买力平

价（PPP）和人均一次能源供应（以吨油当量 toe 为普通单位）而调整。泡状物的大小代表了人口规模。

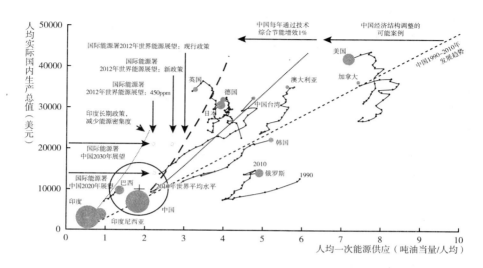

图 1　能源－经济发展道路：中国、世界和所选经济体（1990～2010 年）

资料来源：国际能源署《2012 年世界能源展望》，国际货币基金组织在线经济数据库。

通过观察数据，我们可以得到如下许多信息。

①工业化经济体和世界平均水平之间存在很大差异。

②经济体之间的能源密集度有一定的差异，比如美国和加拿大的人均使用量为 7～8 吨油当量；澳大利亚、韩国和俄罗斯的人均使用量为 5～6 吨油当量；日本、德国和中国台湾的人均使用量为 4～5 吨油当量；英国为 3～4 吨油当量。世界平均水平为人均 2 吨油当量左右。中国在人均能耗方面处于世界平均水平，不过，其国内生产总值则远低于世界平均水平：中国经济比世界平均水平更接近能源密集型。巴西的人均国内生产总值低于世界平均水平，但它的能耗较少。印度的人均国内生产总值和一类能源消耗均远远低于世界平均水平，要实现人均 1 吨油当量，还有很长的路要走。印度的经济发展能耗少于中国，发展才刚刚开始起步。印度尼西亚在能源密集型发展道路上领先于印度。

③韩国的发展道路一直是能源密集型的典型代表。

④相比中国 1990～2010 年经济的稳步发展而言，苏联解体对俄罗斯的发展轨迹产生了巨大影响。

⑤受 2008 年全球金融危机的影响，美国、加拿大和英国的能源部门和经济受到巨大冲击，相比之下，澳大利亚所受影响有限，确实证明了澳大利亚和中国的联系。

⑥在中国，能源和国内生产总值之间一直存在着很强的相关性：在过去的 20 年中，有 98% 的人均能源需求增长都可以解释为按照实际购买力平价计算的 GDP 的增长。电力和经济之间的关系（这里没有显示）更为密切，这也就解释了超过 99% 的增长均用人均国内生产总值作为自变量这一问题。也就是说，能源供给和消耗的水平几乎可以完全解释过去 20 年中经济活动的水平。要记住相关性并不意味着因果关系，能源和经济发展之间有着密切关系。

⑦国际能源署的"当前政策情景"意味着在未来 20 年内，中国经济将发生深刻的结构性转变，每年的技术能源效率将提高 1%。"450ppm 情景"只允许中国在一次能源人均消耗上有小幅度增长，人均国内生产总值可持续增长。

中国在过去 30 多年中经历了举世瞩目的成长与发展，特别是集中在过去 10~20 年，数以百万计的人口摆脱了贫困。现代工业化、城镇化和流通化推动了发展进程，多种形式的能源在此过程中发挥了重要作用。过去 20 年的数据清晰地展示了这一点。

今天，来到北京和上海的国际游客可能会对这些地方的繁荣景象有深刻的印象，觉得这种繁荣暗示着中国已经进入了其发展曲线的成熟末端。然而，图 1 中各国的横向比较以及主要经济体在不同发展阶段呈现出的多样性表明，中国作为一个整体，目前在能源 – 经济发展曲线上，正在接近全球平均水平。

经济结构和能源效率

如果中国继续过去 20 年的线性发展轨迹，等到其人均国内生产总值接近 3 万美元时，人均能源消费将会接近北美的水平。然而，这是不会发生的，因为以下几个原因。

首先，鉴于中国的人口规模，中国人口对全球能源市场造成的压力会以一种价格的形式表现出来，这样的价格会使需求放缓。

其次，中国的经济结构有望开始远离能源密集型重工业发展模式，朝着附加值更高的轻工业和服务业转变，有望提高家庭生活水平。这种趋势将在一定程度上自然而然地发生，政策制定者也将推动这一趋势的进行。平均而言，每个单位的能源消耗都将有望为国内生产总值做出更大贡献。如图1中所示，图中轨迹反映出了经济结构变化所产生的影响。

最后，能源的技术利用效率预计将提高，其推动因素是技术的改进，另外，经济快速发展带来了很多机遇，应用最新技术的资本存量较高。为提高效率而增加的激励措施，主要表现为能源价格上涨以及政策制定者的鼓励。要估算某一经济体过去的技术能源效率提高的程度并不容易，但是，要预估其未来技术能源效率提高的影响相对来说还是比较容易的，如技术能源效率每年提高1%和2%所产生的影响。在实际生活中，2%是个巨大的量。这相当于每年永久性地在10%的市场中的所有使用终端里均节省20%的能源。

在中国，没有达到平均水平的省份

让我们跳出图1的国家间横向比较，将中国的数据分散到各省，从而来研究各主要城市和内陆省份之间发展速度的多样性，我们可以得到许多信息。这表明，省份可能会达到的经济多样性程度似乎同电力和经济发展以及各省间发展道路的多样性很好地集合在了一起。图2就展示了中国各省以人民币为单位的人均电力和人均国内生产总值水平。

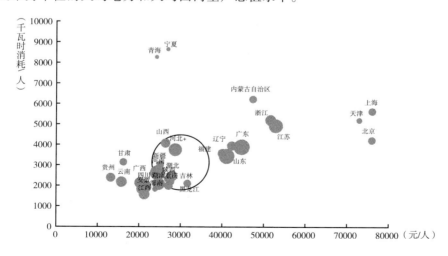

图2　中国各省电力经济和人口情况横向分布

资料来源：国家统计局，中国电力企业联合会。

泡状物的大小代表了人口规模。1990～2010年全国人均国内生产总值和人均电力水平从1990年的几千元人民币和人均不到1000千瓦时增加到了2010年的3万多元人民币和人均3000千瓦时。更令人激动的是，各省均取得了大规模发展，从北京、天津和上海三个主要城市的聚集区扩散到浙江、江苏一带；随后覆盖至辽宁、山东、福建、广东四个沿海省份，这些地区人均国内生产总值和人均用电量水平几乎相等。内蒙古、宁夏、青海，电力用量极度密集。内陆省份的收入水平仍低于全国平均水平，其电力消费水平也是如此，但是，煤炭资源丰富的省份人均用电量较高。不同于1990年，没有一个省份可以代表全国平均水平，全国平均水平在代表2010年中国人口的圆圈中心中已用"＋"标出。

二 政策制定者面临的挑战

解决能源政策三难困境

"决策者在寻求能源安全、经济和环境目标同步发展的进程中，正面临着日益复杂的选择——有时甚至是矛盾的情况。"（国际能源机构，2012：24）这就是所谓的能源政策三难困境（图3）。

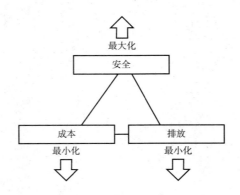

图3 能源政策三难困境

资料来源：笔者自制图表。

液体燃料、电力和天然气的能源价格，在每一个国家都是政治问题：不论是领土大小、国家贫富，还是自由市场经济或中央计划经济。每个国家都有自己的能源政策，所有国家的政策制定者均试图达到这三个相同的目标：最大限度地提高供应安全性，最大限度地降低成本，最大限度地减少包括排放在内的行为对环境的影响。通常情况下，这三个目标之间的关系十分紧张，一般来说会遇到非常难以取舍的情况。

在发生了重大的颠覆性变化之后，会产生一些特殊情况。以下四个案例研究说明了这一点。

- 20 世纪 70 年代的石油危机
- 中国悄然进行的核电成本革命
- 美国非常规油气革命
- 福岛核泄漏事件和日本的"30 吉瓦问题"

案例 1：20 世纪 70 年代的石油危机

20 世纪 70 年代的两次石油危机——1973 年阿拉伯 – 以色列战争之后的石油禁运以及 1979 年伊朗革命后随之而来的石油供应中断——这些都造成了石油价格的大幅度变化，其相对于替代能源的价格也有很大波动。着眼于环境问题的政策在 20 世纪 70 年代处于起步阶段。不过，现在回想起来，石油危机或许已经使三难困境的目标达成一致。各国都暴露在石油价格的冲击之下，尤其是美国和其他一些经合组织内部的工业化经济体，其回应的方式就是在可能的领域寻找石油的替代资源，尤其是在发电领域。

案例 2：中国悄然进行的核电成本革命

经合组织国家，如美国、法国、德国和日本，在电力部门取代或避免使用石油的方法之一就是建立核电厂。在 20 世纪 50 年代，有这样一句著名的论断，即核电可能会"太便宜而无法计费"。由于种种原因，特别是在美国，核电的经济吸引力不及预期，主要是资本成本超支造成的。

近年来，中国在核电经济领域挑战着当代西方的传统智慧。国家核电技术公司（SNPTC）和美国西屋电气 – 东芝公司进行合作，建立了第三代非能动 AP1000 反应堆，随后进一步扩大和升级了设计，通过这些举措，中国正在从根本上减少建设新核反应堆的资本成本，如此一来，核电就成为当今中国经济成本最低的发电选择。此项技术、设计、制造、项目管理和融资成本的革命将三难困境的三大元素融合，阐释了中国的核政策，以及中国要坚持实现的长期目标，即到 2050 年建立 400 万千瓦的核电装机容量，这将超过目前的全球产能（中国中长期能源战略计划）。

案例 3　美国非常规油气革命

过去五年左右的时间见证了美国经历的科技经济变革，将两项已建立的油气生产技术创新地结合在一起。水平定向钻井和水力压裂法从低渗透页岩床中开采出了天然气，并从几乎同样的低渗透率结构中开采出了石油，从而实现其商业化生产。在这些进步发生之前，大多数行业观察家预计，为满足国内的天然气需求，美国将成为主要的海运液化天然气（LNG）进口国。现货天然气在美国已出现了两次持续的价格暴涨，在 21 世纪最初十年价格涨至每百万英国热量单位 15～16 美元（$/MMBtu），市场条件有利于吸引液化天然气进口。

近一段时间，页岩气生产增长十分迅速，导致临时生产过剩，价格暴跌至 2 $/MMBtu 以下。在本文创作之际，价格已经恢复到 4 $/MMBtu 以上。业内的广泛意见认为美国天然气价格将稳定在 4～6 $/MMBtu。考虑到供需平衡的相对变化，以及北美、欧洲、亚洲之间天然气价格的巨大差距，全国正在公开讨论应该出口液化天然气至何种程度。人们正在权衡自由市场和自由贸易能为能源安全和国内工业重建以及就业带来的好处。

由于能源经济需要寻求新的平衡，非常规天然气革命已在短期内将三难困境的三个目标结合在了一起。从长远来看，相对于煤炭而言，天然气系统范围内的减排效益可能会被由新的核能和可再生能源投资产生的低成本天然气造成的延迟抵消掉。

案例 4：福岛核泄漏事件和日本的"30 吉瓦问题"

2011 年 3 月，巨大的近海地震和随之而来的海啸席卷日本东北部海岸，引发了一连串的事件，导致福岛第一核电厂出现灾难性故障，福岛第一核电站是一座于 1971 年第一次被委托建造的第二代沸水反应堆厂房。为应对这一问题，日本核舰队上的所有反应堆在跟随福岛核电站进行了第一次定期维护关闭后，全部下线。在日本海啸前，核舰队的容量为 47 万千瓦，其运行的平均负载容量约为 30 万千瓦，如此便造成了国家电力供应大约 30%的巨大缺口，这一缺口需要首先通过进口液化天然气并减少煤炭燃烧的程度来填补。

日本之前颁布政策，将核电产能增加至混合燃料的50%，此政策已不再实用，也不再为公众所接受。日本的能源需求几乎100%依赖进口，寻求新的能源政策面临着非常严峻的三难困境局面。没有核电的大规模扩张，要实现之前的二氧化碳减排承诺已经成为几乎不可能实现的事情。能源特别是液化天然气进口量的增加，使日本目前徘徊在赤字之中。与此同时，日本的传统能源安全担忧随着最安全的混合能源的减少而日益加剧：为了最大限度保证能源安全，日本可能为其核反应堆舰队保持了世界范围内供应持续时间最长的铀库存。

三 资源、国内供应和进口、混合燃料

中国的资源

尽管中国由于积极和广泛的勘探，所发现的原油和天然气储量在近几年持续增加，但是，同可以巩固国家能源安全的煤炭资源相比，储量仍然较小（图4）。另外，中国铀资源也不甚充足——铀资源是推动大型核电厂扩建计划的重要能源来源。经合组织发布的"红皮书"显示，在中国，可采资源量约为166100吨铀，只占澳大利亚的已知可采资源量的约1/10（经济合作

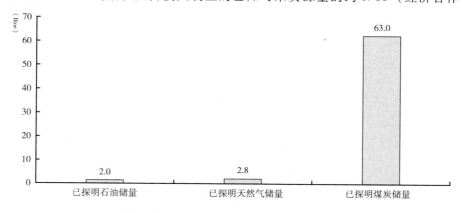

图4 截至2011年底中国的能源资源禀赋

资料来源：BP统计。

与发展组织，2011）。此外，中国的资源储量基本较少，分布地区较偏僻，估计开采成本较高。资源禀赋决定了中国能源供应的混合能源结构，其中煤炭占主导地位（见图5）。

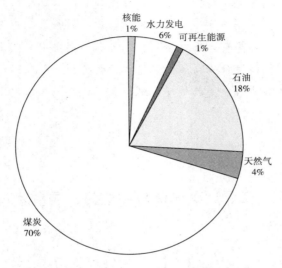

核能
1%
水力发电
6%
可再生能源
1%
石油
18%
天然气
4%
煤炭
70%

图5　截至2011年底中国混合燃料的能源需求

资料来源：中国海关统计。

国内供应和进口

随着中国能源需求的增加，其已经从净出口较小的生产和消费大国过渡到1995～2011年的石油净进口大国（见图6），2007～2011年天然气进口国（见图7）以及2009～2012年煤炭净进口大国（见图8）。石油进口依存度达到60%，天然气进口依存度超过20%。

中国能满足自身需求的能力是有限的，其已探明的石油和天然气储量相对于消费量来说较小。按现有的开采速度看，石油的储采比只有10年，而天然气则为30年（资料来源：BP统计，储量已被探明，不包括资源估算）。因此，中国对化石燃料进口的依赖程度近年来大幅增长，对石油的依赖度达到了60%，对天然气的依赖度为20%，并在不断上升。

图9显示了新兴经济体从能源生产国－消费国转向能源净出口国并发展至能源净进口国的过程。两种截然不同的政策选择以程式化的形式展现出

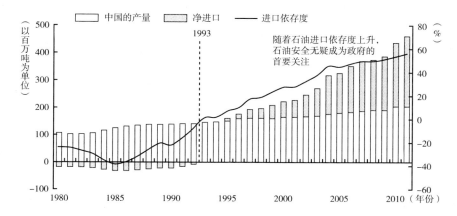

图 6　中国的石油消费量和进口量（1980～2011 年）

资料来源：BP 统计，单位为 Btoe。

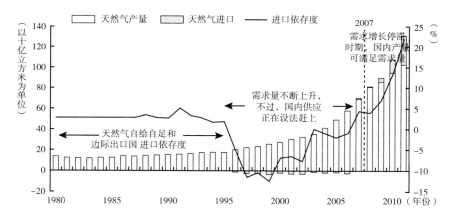

图 7　中国的天然气消费量和进口量（1980～2011 年）

资料来源：中国海关统计。

来：不惜一切代价在尽可能长的时间里寻求自给自足，以及对国内资源依赖市场力量的现象进行管理，以平衡出口和国内供应。

前者趋向于增加供应的边际成本，以提高价格，同时加速着本地的资源消耗。达到极限时，其会使资源枯竭和进口完全依赖的日期提前。后者则将倾向于降低边际成本，从而降低价格，优化本地资源消耗。

另外一个政策选择（比图 9 中的管理曲线更低且更平坦）旨在增加现在的进口量，从而保护国内资源。这样的政策预计将增加边际成本，从而提

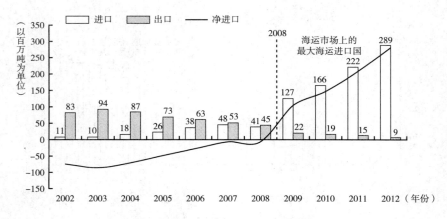

图 8　中国的煤炭消费量和进口量（1980～2011 年）

资料来源：中国海关统计。

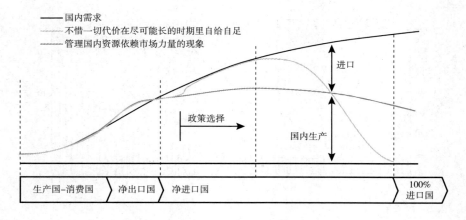

图 9　政策选择

资料来源：作者自制图表。

高价格，并将资源耗竭推至将来。

　　未来的政策（比起图 9 的自给自足，这条曲线会更高且尖峰更明显）将会鼓励出口。美国国内目前正在讨论是否允许液化天然气不受限制地出口，可能会产生的后果是价格升高，页岩气资源枯竭速度更快且枯竭时间更早。管理国内资源并依靠市场力量可能会使某些国家的净进口在某些时期达到供需平衡，或是使另一些国家在另一些时期实现净出口供需平衡。

从目前中国的政策制定和能源政策的演变中可以看出，实现国内供给和进口之间平衡的方法就是越来越多地依靠市场力量，从长远的角度来管理国内资源。

可以用税收政策来对这种方法进行微调，例如已经在中国实行的税收政策，从鼓励煤炭出口的关税和其他税收政策转变为不鼓励煤炭出口的关税和税收政策。

机遇和挑战：煤炭领域面临的挑战

尽管事实上煤炭是中国能源安全供应的根本，但是，过度依赖煤炭以及每年接近 40 亿吨的大规模生产给煤炭行业未来的发展带来了越来越大的挑战。

总体来说，中国的煤炭行业面临的挑战：资源基础枯竭，其特征在于开采深度增加；质量大幅度下降；地质困难不断增加；从矿山到市场的距离加大；除此之外，为减少采矿死亡，提高安全性势在必行。另外，中国人口结构的变化和社会经济的发展使得劳动力市场开始萎缩，就业机会伴随着经济增长得到改善，这些都加剧了上述资源基础所面临的挑战。

机遇和挑战：非常规天然气

美国能源信息署曾公布，一位顾问估计，中国拥有比美国更为丰富的页岩气资源（先锋资源国际有限公司，2011）。据国土资源部的中国地质学家们估计，中国页岩气资源的规模大致同美国相同。

中国页岩气繁荣发展将带来巨大益处，其能带来的潜在利益和可能会产生的环境成本甚至大于美国。然而，截至目前，地质领域的挑战和中国石油天然气行业的垄断结构阻碍了该领域取得成功。美国已经在页岩中钻成了超过 10 万口天然气井且成功进行了水平压裂，可是，中国至今为止仅有大约 80 个钻孔。投资者们都认为这一领域极具风险性，因为基础设施不到位，第三方没有渠道接入管道（中国 80% 的管道都被中国石油天然气集团公司掌控），此外，地下水问题和难民收容区日常生活所造成的干扰和破坏，都导致了当地一些环境问题，这潜在地使情况复杂化了。

比较乐观的分析师预计，在未来 10～20 年内，生产可能会趋于规模化、商业化。国际能源机构预测，中国的非常规天然气产量可能从 2010 年的 100 亿立方米上升至 2020 年的 1100 亿立方米，到 2035 年达到 3900 亿立方米。在这种情况下，天然气生产总量从 2010 年的略低于 1000 亿立方米上升至 2035 年的近 4750 亿立方米，在该预测阶段末期，非常规天然气产量将占天然气总产量的 83%。到 2035 年，非常规天然气生产来源主要为页岩气（56%）。煤层甲烷（38%）和致密气（6%）所占比重较小。虽然中国仍然会依靠天然气进口，但是，非常规天然气的成功将大大减少中国对国外天然气的依赖比重（见表 1）。

表 1　中国两个天然气开发方案

单位：十亿立方米

年　　份	黄金法则情况			低发型非常规情况		变量增量 *
	2010	2020	2035	2020	2035	
产量	97	246	475	139	194	279
非常规	10	110	390	72	113	279
非常规占整体的比例（%）	12	45	83	27	58	25
净进口量	14	77	119	143	262	−143
进口量占需求的比例（%）	12	24	20	51	57	−37
能源结构中天然气的比例（%）	4	8	13	7	10	3

注：上面数据中两种情况的变量增量不同。
资料来源：国际能源机构。

多样性和依赖性

在中国，能源供应安全的重要性已经等同于超过了成本，成为政策的重点。环境历来较少受到关注。随着人们收入的增加，不断发展的现代化、工业化和城镇化对环境产生的影响增大，上述情况正在发生着变化。减少会造成空气污染的硫氧化物、二氧化氮和颗粒物的排放成为越来越重要的政策着力点。在中国收入较高的主要城市和沿海发达省份，这一情况尤其明显。

四　科技创新

传统的和新兴的能源途径

"三大"碳氢化合物——石油、天然气和煤炭之间的竞争程度因国家而异。不过，自20世纪70年代的石油危机以来，石油趋向于因价格过高而无人问津，尤其是大多数石油进口国家已找到新的经济替代能源进行发电。20世纪后半期，欧洲和美国天然气行业的发展也在工业部门替代了石油，使得石油只在交通运输部门作为主要燃料，在该部门，石油具有最大优势且想要找到具有吸引力的替代品也面临着巨大挑战。石油、天然气和煤炭都已大致找到了最符合自身特点的利用方法。在电力部门，煤炭资源显示了自身安全性、成本和物流方面的优势。天然气是住宅区、商业和工业领域的优质燃料。各燃料间的竞争从某种程度上来说因国家和地区而有所不同。图10中左边的图板就说明了这一点。

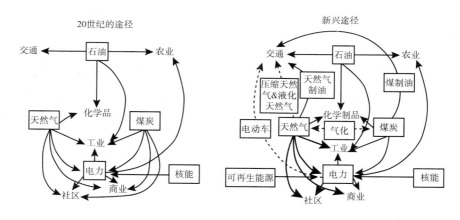

图10 碳氢能源转换和利用途径

资料来源：笔者自制图表。

人们正在技术领域为转换碳氢化合物开辟着新兴途径。如图10中右边的图板所示，这将提高每种燃料的潜在应用多样性，从而扩大可能的替代性。在可能的住宅区和商业部门中，燃烧煤炭将被燃烧天然气所取代。由于天然气在可用性和价格上具有优势，其在工业部门的使用量将会上升。

石油和天然气替代进口原油：减少能源安全的技术难点

图10右侧图板展示了交通运输领域的四大新兴燃料技术途径：天然气汽车（NGVs）使用压缩天然气（CNG）或液化天然气（LNG）；煤制油（CTL）技术；气体液化（GTL）技术；电动汽车（EV）。

中国已经开始将压缩天然气和液化天然气技术应用于汽车行业中，其中包括应用于重载车辆中，其应用有望得到政策制定的帮助，另外，相对价格也会产生潜在动力，尽管近年来在中国，石油和天然气的价格差异看起来并没有在美国那么大。

中国正致力于开发煤制油技术并建造实验工厂。煤制油技术在中国得到应用的可能性较小（例如和中东相比时），因为中国的石油和天然气公司没有可以套现的剩余天然气。不过，许多煤制油技术在制造液体燃料时，第一步均利用了煤的汽化技术。

可在城市内使用的小型电动车，尤其是小型摩托车，在中国已经非常普遍，如比亚迪等国内企业正致力于制造电动汽车。

减少煤炭使用所面临的压力；提高煤炭利用所面临的压力和机遇

为减少煤炭的使用，中国正面临着来自内部和外部各方的压力。这些压力包括不断增加的成本、进一步减少煤矿死亡率、减少开采煤矿对土地和社区的影响以及国内外环境问题。与此同时，经济增长的能源需求促使煤炭使用量增加。中国企业开发和开采煤藏获得有利可图的机遇，加之有可赢利的进口机会，也为煤炭使用量的增加带来了供给方面的压力。从政策层面上来说，减少对石油市场的压力，这种重要性可能会增加煤炭行业的压力。

取代进口石油从而提高能源供应安全是中国新兴新式油气途径的主要着力点。寻找煤炭的替代品，包括在气体排放难以监控的小规模应用领域增加天然气的使用，以及加强监管标准，使煤炭可以进行转型，以减轻石油需求方面的压力。除煤制油技术之外，煤炭还可以气化，气体可以直接使用。中国有超过 100 个煤化工项目（CtC）正处在投标、规划、开发和运营的各个阶段。

中国的核电建设计划，是世界上最大的核电建设计划，也将为减轻石油需求方面的压力做出贡献。开发中国水力潜能的平衡性以及利用间歇性可再生能源的形式，都将有助于实现同一个目标。

在能源政策三难困境的框架之下，特别是从对石油供应安全方面担忧的角度入手，可以更好地理解中国为推动技术创新所做出的努力。随着收入的增多和经济的发展，中国的个人和商业运输活动增加，带动了中国石油需求的快速增长，这种快速增长带有危险性，会对全球石油供应系统施加巨大压力。价格居高不下就可以说明这一点，甚至在没有类似于 20 世纪 70 年代供给冲击的情况下（例如冲突造成的霍尔木兹海峡工厂关闭），也是如此。

五　结论

中国在过去 20 年中经历了巨大的经济转型，人均收入和能源消耗现在已接近世界平均水平。能源是经济发展的关键驱动力，在中国这个相对来说能源密集型产业起到关键作用的国家，尤其如此。经济的快速转型一直以来都由沿海省份和主要城市率先驱动。跳出国家平均水平来查看各省数据，可以看出，中国的能源需求和经济发展仍然有很长的路要走。经济结构发生变化，能源密集度较低的第二产业和高附加值的服务业发展更加平衡，预计能够缓和过去 20 年间能源需求和国内生产总值之间存在的较强的线性关系。技术能源效率的改善将有助于进一步放缓能源需求增长的速度。

从绝对角度来看，中国有丰富的能源资源。然而，相对其人口规模和经济的快速发展所产生的需求规模而言，其能源产量从根本上将越来越短缺。

中国能源历来自给自足，甚至还有一小部分能够出口。石油、天然气和煤炭分别于 1993 年、2006 年和 2008 年停止出口。供应安全已成为政策最重要的着力点，这一点在石油领域尤为明显。在中国，能源政策三难困境之间的权衡正在变得明确。由于中国的能源进口从石油到天然气的依存度逐渐加深，供给安全的重要性预计会增加而非减少。政策制定者所面临的挑战将随着煤炭生产经济压力的增长而增加，这些是由资源枯竭和人口结构变化的"七大因素"所导致的。为减少能源使用对中国本地空气质量、水资源和土壤所产生的环境影响，我们必须采取措施，而这面临着巨大挑战。

中国能源结构正在发生着变化，这种变化是由第三代核反应堆技术成本革命以及提升天然气领域的地位并鼓励可再生能源技术等因素推动进行的。与此同时，技术为我们提供了这样一种前景，即通过煤炭转换为石油、化学品或天然气并通过在运输部门应用天然气和电力，从而提高灵活性。

从澳大利亚等稳定的区域贸易伙伴中进口包括天然气、煤炭和铀在内的能源，在平衡中国自身能源生产和其迅速增长的庞大能源需求方面发挥了关键作用。价格信号预示了能源进口的机遇，继续推进可以增强价格信号范围的改革将有助于推动这一进程，使得中国人民及其区域贸易伙伴们互惠互利。

参考文献

Advanced Resources International, Inc., 2011, *World Shale Gas Resources: An Initial Assessment of 14 Regions Outside the United States*, US Energy Information Administration, Washington DC, April.

China Engineering Institute, 2011, *China Medium and Long Term Energy Strategic Plan* 2030 *and* 2050, Beijing.

International Energy Agency, 2012, *World Energy Outlook* 2012, OECD, Paris.

International Energy Agency, 2012, *World Energy Outlook* 2012 *Special Report: Golden Rules for a Golden Age of Gas*, OECD, Paris, 29 May.

OECD, *Uranium* 2011: *Resources, Production and Demand*, Paris.

Shell, 2013, *New Lens Scenarios: A Shift in Perspective for a World in Transition*, http://www. shelldialogues. com/event/new – lens – scenarios – shift – perspective – world – transition.

（侯卫蔚 译）

中国民营企业对外直接投资的金融约束

王碧珺　余淼杰　黄益平

引　言

　　民营企业，尤其是中小民营企业，是否应该对外直接投资？这一问题显然应该留给投资者自己做决定。但是国际经验和现有文献研究认为，为了提高企业的竞争力和生存能力，即使那些以国内市场为导向的中小企业也需要进行全球化经营和资源配置（例如，Etemad，1999，2004）。同样有证据显示，不管以何种模式进入海外市场都会显著促进企业发展、提高企业业绩、增强企业赢利能力，还会增加母国财富（Daniels 和 Bracker，1989）。此外，与出口相比，对外直接投资能够产生最高的利润水平，最大化对关键技术的控制（Lu 和 Beamish，2001；Tang 和 Yu，1990）。

　　尽管相对重要性在下降，国有企业仍然是当前中国对外直接投资的主体（Wang 和 Huang，2012a）。那么为什么当前阶段是国有企业主导了中国对外直接投资呢？可能存在对外直接投资的中国模式，其主题是加强国内生产而不是大规模将工厂迁往海外，是提高投资企业的竞争力而不是利用企业已有的特定优势。

　　这主要是三个原因造成的：第一，中国国内仍然具有成本优势；第二，中国需要技术寻求型对外直接投资从制造业大国转型成为制造业强国；第三，庞大的工业部门（尤其是重工业部门）使得中国需要锁定充足的、稳定的资源、能源和原材料供应。除此之外，中国国内的金融抑制同样使得这一情况成为可能。金融抑制导致民营部门，尤其是中小民营企业，面临严峻的金融约束。那么金融约束是否有可能抑制了中国民营企业从事对外直接投资？

关于金融约束对企业进行对外直接投资的影响，直接企业层面的证据非常有限，中国的分析几乎为零。本文试图填补这一空白，利用浙江省2006～2008年所有对外直接投资的企业层面数据，分析金融约束对中国民营企业对外直接投资的影响。我们主要有两个发现：第一，企业的金融约束越小，其进入海外市场从事对外直接投资的可能性越大；第二，生产率无法弥补金融约束对中国民营企业对外直接投资的不利影响。

我们进行了一系列敏感性分析来证实结果的稳健性。除了金融约束和生产率，我们还控制了其他可能影响企业对外直接投资决策的变量，包括企业规模、年龄、利润率、资本密集度、出口经验、周期性因素以及行业特征等。为了部分缓解内生性问题，我们还使用滞后变量以及将样本限于第一次进行对外直接投资的企业，结果仍然稳健。

以上发现表明，金融约束抑制了中国民营企业从事对外直接投资，而他们更高的生产率无法缓释这一负面影响。可见，如果金融约束仍然存在，那些更有活力、更高生产率、更有竞争力的民营企业很可能被挡在对外直接投资机遇的大门外。那么，中国对外直接投资的质量和回报，中国海外企业的形象和口碑可能成为一个大问题。

本文的结构如下。第一部分回顾了现有关于企业异质性和国际化行为的研究。第二部分是数据样本描述以及变量构造。第三部分利用 Multinomial Logit 模型来评估金融约束对企业国内经营、出口和对外直接投资三类决策的影响，并检验了企业生产率能否发挥缓释作用；考察了金融约束对企业对外直接投资规模的影响。最后一部分是总结和讨论。

一　文献回顾

企业通常通过三个渠道进入海外市场：出口、对外直接投资以及授权给海外合作伙伴。选择其中一个或几个渠道要基于综合的考量。Brainard（1997）提供了对外直接投资/出口的 Proximity-concentration 权衡，即当更接近当地市场（Proximity）的收益超过集中化生产的成本优势（Concentration 规模经济）时，企业选择对外直接投资而不是出口，作者还用实证数据证明了这一论点。

然而，企业是异质的，即使面对相同的行业成本和投资机会，也可能做出不同的市场进入决策。Krugman（1980）较早地将企业的异质性引入贸易模型。Melitz（2003）进行了延伸，构造了一个动态的、有异质性企业的产业模型，并证明只有生产率更高的企业才会进入出口市场，生产率更低的企业只能服务国内市场，而生产率最低的企业则被淘汰出局。Yeaple（2005）基于一般均衡的贸易模型也有类似的发现，在该模型中企业是同质的，而工人有异质性的技能。

随着跨国企业销售额的增长快于全球贸易的增长，越来越多的文献开始关注企业异质性对企业出口或对外直接投资的影响。其中最重要的一篇研究是 Helpman、Melitz 和 Yeaple（2004）（此后简记为 HMY）。HMY 构造了一个简单的多国多部门垄断竞争企业的模型，企业的异质性反映在生产率差异上。HMY 发现生产率最低的企业只服务国内市场，生产率更高的企业从事出口，而生产率最高的企业进行对外直接投资。作者还使用覆盖 52 个制造业部门、38 个国家的美国出口和海外子公司的销售数据证明了这一结论。随后有众多文献进一步验证了 HMY 的观点。除了典型地使用检验平均生产率的差异外，Girma、Kneller 和 Pisu（2005）应用 Kolmogrov-Smirnov 随机占优的方法并使用英国的跨国企业数据。他们的发现与 HMY 一致：跨国企业的生产率分布占优出口企业，而出口企业的生产率分布占优非出口企业。

HMY 假设对外直接投资是水平驱动的，发生在具有相似的要素价格和市场规模的经济体之间。Head 和 Ries（2003）扩展到垂直型对外直接投资，引入不同国家间异质的劳动力成本，以及设计生产在国家间的分割。他们证明如果外国是低成本的生产地，HMY 所预测的生产率排序可能会逆转。也就是说，生产率较低的企业可能会在低成本的东道国进行直接投资，而生产率更高的企业可能会通过出口来供给海外市场。但是正如 Greenaway 和 Kneller（2007）所指出的，由于 Head 和 Ries（2003）所使用的数据样本是由 1070 个大型日本上市公司组成的，他们的结果不一定代表一般情形。

然而，生产率并不是企业国际化行为的唯一决定因素。许多生产率较高的企业仅仅服务国内市场，而许多生产率较低的企业也会进行出口和对外直接投资（Bernard 等，2003；Mayer 和 Ottaviano，2007）。图 1 描绘了中国对外直接投资企业（ODI firms）和非对外直接投资企业（Non_ ODI firms）的生产率（ATFP 和 Labor Productivity）对数分布。由图 1 可见，进行对外直接投资的企业平均比没有进行对外直接投资的企业有更高的生产率。然而这两个生产率分布有大量重合之处。也就是说，许多生产率较高的企业没有进行对外直接投资，而反过来许多生产率较低的企业却选择了对外直接投资。Bernard 等（2003）、Mayer 和 Ottaviano（2007）和 Todo（2011）分别在美国、比利时和日本发现了类似现象。

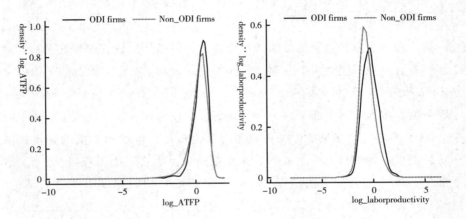

图 1　中国对外直接投资企业和非对外直接投资企业的生产率分布

资料来源：Wang（2011）。

信贷约束影响企业是否有能力为其出口和对外直接投资的投入进行融资。Manova（2008）使用跨国层面数据，发现股票市场自由化促进了企业出口，且这一效应在有信贷约束的部门比在其他部门更大。越来越多的微观证据表明信贷市场的不完善严重制约了企业的出口能力。Manova 等（2011）使用中国的海关数据，识别出信贷约束对出口表现的显著不利影响。他们发现金融摩擦限制了企业出口的产品范围、出口国家数量、每一个产品–目的地市场的贸易额等。Feenstra、Li 和 Yu（2011）建立理论模型并运用中国数据验证了出口企业比纯国内企业面临更大的信贷约束。Muuls（2008）、Berman 和 Heéricourt（2008）、Minetti 和 Zhu（2010）也有类似的发现。

为了解决金融约束对企业出口决策影响的内生性问题，Amiti 和 Weinstein（2011）运用企业获取外部融资的外生冲击，发现日本银行在 20

世纪 90 年代的金融危机期间将金融冲击转移给了出口商。除了出口决策，Todo（2011）同样发现信贷约束对企业的对外直接投资决策也有负面影响。

金融约束在中小企业中尤其严重，对于他们的投资行为也有更大的影响（Berger 和 Udell，1998；Hall，1992）。与大型企业相比，中小企业通常有更高的失败率、更严重的代理和信息不对称问题（Bruderl 等，1992）。因此，各国都建立了一些直接贷款、利息补贴、贷款担保等政策措施来缓解中小企业的金融约束（Cressy，1996，2002）。尽管有大量研究发现中小企业出口时频繁面临资本短缺（Bilkey 和 Tesar，1977；Crick，2004；Hook 和 Czinkota，1988），但关于金融约束对中小企业对外直接投资影响的研究较少。有调查表明中小企业进行对外直接投资时可能遇到资本短缺问题（European Commission，2003a）。Maeseneire 和 Claeys（2012）发现在比利时，银行在评估小型企业海外项目时使用的母国偏向的金融和资本分摊方法导致了中小企业对外直接投资项目的金融约束。

绝大多数关于企业异质性和国际化决策的研究都基于发达国家的经验或者仅限于分析出口行为（Bernard 等，2003；Greenaway 和 Kneller，2004；Girma、Kneller 和 Pisu，2005）。将对外直接投资引入企业海外市场进入决策的研究最重要的一篇之一是 HMY（2004），但是绝大多数仍然分析的是高收入国家，例如美国（Helpman 等，2004）、日本（Head 和 Ries，2003；Tomiura，2007；Todo，2011）等。

基于发展中经济体经验的研究非常有限。Damijan 等（2007）使用斯洛文尼亚制造业数据，发现出口和对外直接投资企业的生产率平均比那些仅在国内市场经营的企业大约高出 20%。但是由于所继承的大型低效企业的海外项目等转型特征，作者在斯洛文尼亚并没有发现对外直接投资企业的生产率显著高于出口企业的生产率。Tian 和 Yu（2012）是据我们所知的唯一一篇针对中国制造业企业生产率及其对外直接投资行为的企业层面的实证研究。他们发现企业的全要素生产率越高，越有可能进行对外直接投资，并且对外直接投资的规模也越大。但是 Tian 和 Yu（2012）并没有解释，为什么相似生产率的企业，有些选择了对外直接投资，而另一些却没有。

本文同样是为数不多的基于中国微观企业层面数据的研究。本研究不仅分析了企业生产率对于中国企业海外市场进入决策（国内、出口、对外直接投资）的影响，同时，我们更进一步揭示了金融约束对企业国际化行为的影响，尤其关注的是对中小民营企业的影响。中小民营企业的金融约束问题反映了中国的金融抑制、资本项目管制等制度性特征。本研究提供了迫切深化国内改革和结构调整的微观证据，同时也对其他新兴和发展中国家有参考意义。

二 数据描述与变量衡量

本文使用两套企业数据，一套是工业企业数据库，包含了销售额在500万元以上的规模以上工业企业数据。这套数据信息丰富，包含了企业的各主要会计变量信息、行业、出口值等上百个变量，目前可使用的年份是1998～2008年，但这套数据没有对外直接投资信息。本文使用的第二套数据是2006～2008年浙江省全部对外直接投资企业信息，包含了企业所在城市、投资国家、所属行业、投资额等重要指标。①

在我国的对外直接投资中，浙江省具有非常重要和代表性的地位。首先，浙江省对外直接投资代表了中国地方对外直接投资企业的行为。2003～2009年，中国82.57%的非金融类对外直接投资由央企完成，但是92.24%的投资项目却由地方企业贡献。在这些地方企业中，最多的正是来自浙江省，2005～2009年平均占比达到22.44%。其次，浙江省的对外直接投资还代表了中国民营企业的对外直接投资行为。中国民营企业对外直接投资的70%来自浙江省和福建省。民营企业的投资决策更多地反映了市场力量的作用，这避免了在一些转型国家中出现的由特殊历史政治因素导致的效率低下的国有企业在对外直接投资中占主导的局面，因此，有利于与国际经验和现有文献进行对比。

公司金融的文献讨论了众多衡量企业金融约束的方法，包括投资－现金流敏感性方法（Fazzari 等，1988）、Kaplan 和 Zingales（KZ）约束指数（Lamont 等，2001）、Whited 和 Wu（WW）约束指数（Whited 和 Wu，2006）、Size-age（SA）约束指数（Hadlock 和 Pierce，2010）以及各类基于

---

① 该数据由浙江省对外合作厅整理提供。

企业特征的排序标准。尽管各种方法有优有劣，但在控制了企业规模和年龄后能一致地反映企业金融约束的变量是企业的杠杆率和现金流（Hadlock 和Pierce，2010）。也就是说，企业的规模越大、年龄越长，杠杆率越低、现金流越多，通常面临的金融约束越小。但是使用杠杆率作为金融约束的指标应当格外小心，因为这个变量的内生性问题很严重。

因此，在控制了企业的规模和年龄后，我们考虑两个变量来衡量企业层面的金融约束。第一个是流动性（liquidity），定义为企业流动资产占总资产的比重。给定其他条件，流动性越低，金融约束越大。第二个衡量变量是FIE，企业是否为外商投资企业的虚拟变量。众多研究发现由于外商投资企业有海外母公司的额外资金来源，因此面临更小的金融约束。例如，Desai等（2004）发现美国企业的海外子公司在金融市场落后的国家较少使用外部融资，但是从母公司借入更多的资金用来弥补外部资本市场的不完善。类似的证据也在中国存在，例如 Manova 等（2011）使用详细的中国海关数据，发现外资企业和合资企业比民营企业出口表现更好。然而，FIE 对于对外直接投资的影响可能还反映出企业的海外市场经验，而并不必然反映金融约束的考量。为了解决这一担忧，我们在模型设定中还控制了企业的出口经验。

在控制了企业的资本密集度后，我们用单位劳动的产出来衡量企业生产率。劳动生产率是文献中最为广泛使用的生产率度量（例如，Melitz 和Yeaple，2004），有助于使得我们的结果与现有文献具有可比性。表1汇报了其他控制变量的定义以及描述性统计值。

表1　变量定义和概要统计量

变　量	定　义	Mean	Std. Dev.	Min	Max
Liquidity	流动资产/总资产	0.71	0.18	0	1
FIE	1 如果是外商投资企业;0 如果不是	0.20	0.40	0	1
Productivity	人均工人产出的对数值	-0.60	0.77	-8.01	6.44
Size	劳动力的对数值	4.38	0.98	0	10.39
Inventory	存货/总销售	0.13	0.18	0	11.17
Age	成立年数	8.19	5.68	1	133
Profitability	资产回报率	0.12	15.57	-9.23	5325
Capitalintensity	资本/劳动	0.74	3.79	0.00	776.85
Export share	出口/总产出	0.27	0.39	0	4.50

三 金融约束与企业对外直接投资决策

（一） 回归模型和基本结果

本文利用多重选择的 Logit 模型来分析金融约束如何影响三类海外市场进入决策：对外直接投资（可能同时还有出口）、仅出口、国内经营。除了金融约束，我们还控制了其他那些可能在企业决策中发挥重要作用的变量，包括企业生产率、规模、存货比率、年龄、利润率、资本密集度以及控制周期性因素的时间变量和控制行业性因素的虚拟变量。

于是我们估计以下 Multinomial Logit 模型：

$$
\Pr[y_{it} = j] = \frac{exp(\alpha + \beta_{1j}FC_{it} + \beta_{2j}\mathrm{Prod}_{it} + \beta_{3j}Size_{it} + \beta_{4j}Inven_{it}}{\displaystyle\sum_{k=D,E,F} exp(\alpha + \beta_{1k}FC_{it} + \beta_{2k}\mathrm{Prod}_{it} + \beta_{3k}Size + \beta_{4k}Inven_{it}} \\
\frac{+ \beta_{5j}\mathrm{Prof}_{it} + \beta_{6j}Capitalten_{it} + Yd + Id)}{+ \beta_{5k}\mathrm{Prof}_{it} + \beta_{6k}Capitalten_{it} + Yd + Id)} \tag{1}
$$

j 是企业状态，代表对外直接投资（F）、出口（E）、国内经营（D）。Yd 是年份的虚拟变量，Id 是行业的虚拟变量，其他变量的描述及其均值、标准差、最小值和最大值见表 1。

表 2 是式（1）的全样本估计结果。不管是用 Liquidity 还是用 FIE 来度量，金融约束都在中国企业的出口和对外直接投资决策中发挥了显著而有影响力的负面作用。企业的金融约束越小，其进入海外市场的可能性越大。可见，金融约束显著地降低了企业进行出口和对外直接投资的可能性，因为这些企业很难为海外市场进入成本进行融资。Todo（2011）同样在日本企业中发现了金融约束的负面影响，但是结果却不显著。这似乎表明金融约束对企业海外直接投资的抑制作用在中国更为严重。

此外，我们还发现企业生产率在其海外市场进入决策中发挥了显著的正面作用，即生产率越高，企业进行对外直接投资和出口的概率也越大。这与 Melitz（2003），Helpman、Melitz 和 Yeaple（2004）以及 Tian 和 Yu（2012）的发现相一致。除了生产率，企业规模也对企业进行出口和对外直接投资的概率有显著正向影响，并且企业规模的正面作用大于企业生产率的正面效果。例如，企业规模比生产率对提高企业对外直接投资的概率大三倍；Bernard 等（2003）及

表 2　**Multinomial Logit** 模型回归结果：全样本

	Liquidity		FIE	
	Export	ODI	Export	ODI
Financial Constraint	0. 185 ***	1. 254 ***	1. 208 ***	0. 966 ***
	(0. 036)	(0. 292)	(0. 019)	(0. 113)
Productivity	0. 0442 ***	0. 512 ***	0. 0165	0. 512 ***
	(0. 009)	(0. 060)	(0. 010)	(0. 072)
Size	0. 833 ***	1. 509 ***	0. 736 ***	1. 414 ***
	(0. 007)	(0. 039)	(0. 008)	(0. 046)
Inventory	0. 257 ***	0. 17	0. 0995 **	0. 259
	(0. 035)	(0. 253)	(0. 040)	(0. 261)
Age	− 0. 0121 ***	− 0. 0231 ***	0. 000884	− 0. 00919
	(0. 001)	(0. 007)	(0. 001)	(0. 009)
Profitability	− 0. 617 ***	− 1. 024 ***	− 0. 586 ***	− 0. 923 ***
	(0. 068)	(0. 275)	(0. 073)	(0. 317)
Capitalintensity	0. 0129 ***	0. 0157 ***	− 0. 00576	− 0. 00288
	(0. 003)	(0. 006)	(0. 004)	(0. 028)
Year – specific fixed effects	Yes	Yes	Yes	Yes
Industry – specific fixed effects	Yes	Yes	Yes	Yes
Observations	134051	115969		
Pseudo R^2	0. 152	0. 1826		

注：括号中是标准误差；*** 表示 $p < 0.01$，** 表示 $p < 0.05$，* 表示 $p < 0.1$。

Greenaway 和 Kneller（2004）发现企业生产率比企业规模对海外市场进入决策的影响力更小。

由表 2 可见，企业利润率的系数为负，这意味着企业的利润率越高，企业投资海外的可能性越低。这一现象可以用 Kojima 的边际产业扩张理论来解释（Kojima，1978）。根据该理论，对外直接投资往往从那些即将或已经在本国失去比较优势的行业开始，这些行业中的企业在国内面临强大的竞争压力，利润空间低，为了生存被迫迁往海外。毕竟国际化面临更高的风险，如果企业能够在母国有较好的赢利，他们可能不愿意承担这些风险。

（二）检验企业生产率对金融约束的缓释效应

本节考察是否存在企业生产率对金融约束的缓释效应，也就是说，当企业进行海外市场进入决策时，企业更高的生产率是否能够在某种程度上弥补金融约束的负面影响。我们于是将金融约束和生产率的交互项引入 Multinomial Logit 模型中，然后估计式（2）。

$$\Pr[y_{it} = j] = \frac{\exp(\alpha + \beta_{1j}FC_{it} + \beta_{2j}FC_{it} * Prod_{it} + \beta_{3j}Prod_{it} + \beta_{4j}Size_{it} + \beta_{5j}Inven_{it}}{\sum_{k=D,E,F} \exp(\alpha + \beta_{1k}FC_{it} + \beta_{2k}FC * Prod_{it} + \beta_{3k}Prod_{it} + \beta_{4k}Size + \beta_{5k}Inven_{it}} \tag{2}$$

$$\frac{+ \beta_{6j}Prof_{it} + \beta_{7j}Capitalten_{it} + Yd + Id)}{+ \beta_{6k}Prof_{it} + \beta_{7k}Capitalten_{it} + Yd + Id)}$$

表3　**Multinomial Logit** 模型回归结果：企业生产率对金融约束的缓释效应

	Liquidity		FIE	
	Export	ODI	Export	ODI
Financial Constraint	0.135 ***	1.272 ***	1.148 ***	0.852 ***
	(0.046)	(0.321)	(0.022)	(0.123)
Financial Constraint * Productivity	− 0.0784 *	0.0723	− 0.108 ***	− 0.263 **
	(0.045)	(0.325)	(0.021)	(0.125)
Productivity	0.101 ***	0.456 *	0.0421 ***	0.602 ***
	(0.034)	(0.254)	(0.012)	(0.086)
Size	0.833 ***	1.508 ***	0.738 ***	1.414 ***
	(0.007)	(0.039)	(0.008)	(0.046)
Inventory	0.257 ***	0.168	0.0976 **	0.249
	(0.035)	(0.253)	(0.040)	(0.258)
Age	− 0.0121 ***	− 0.0231 ***	0.000866	− 0.00934
	(0.001)	(0.007)	(0.001)	(0.009)
Profitability	− 0.621 ***	− 1.025 ***	− 0.565 ***	− 0.885 ***
	(0.068)	(0.275)	(0.073)	(0.329)
Capitalintensity	0.0126 ***	0.0153 **	− 0.00306	0.00298
	(0.003)	(0.006)	(0.003)	(0.019)
Year-specific fixed effects	Yes	Yes	Yes	Yes
Industry-specific fixed effects	Yes	Yes	Yes	Yes
Observations	134051	115969		
Pseudo R^2	0.152	0.1828		

注：括号中是标准误差；*** 表示 $p < 0.01$，** 表示 $p < 0.05$，* 表示 $p < 0.1$。

回归结果见表3，我们可以发现企业生产率的缓释效应的确在出口决策中存在，但是对于企业对外直接投资决策却大多不成立。在同时控制了企业金融约束和生产率后，两者的交互项对出口决策有显著的负向影响。然而，交互项对对外直接投资的影响是混合的：如果用流动性来度量金融约束，则没有发现显著影响；如果用 FIE 来度量则系数是显著负号。这表明企业更高的生产率对于出口而言能缓释部分金融约束的负面影响。但是金融约束对于对外直接投资的影响是如此严重以至于更高的生产率并不能进行弥补。

（三）处理内生性问题

对于试图建立金融约束对海外市场进入决策因果关系的研究的一个挑战是金融约束的度量指标可能是内生的。例如，Greenaway 等 （2007） 发现英国企业在他们开始出口后金融健康程度改善了，尽管在进入出口市场的时候，这些未来的出口商并没有比专注国内市场的企业表现出更健康的金融状况。

为了解决我们模型设定中潜在的内生性问题，我们首先将金融约束的一阶滞后变量引入 Multinomial Logit 回归中。在我们的样本中，FIE 变量是不随时间变化的，除了金融约束，其还可能代表企业的海外市场经验。我们因此在稳健性检验中引入了出口比重 （进行了一阶滞后处理） 来控制可能的海外市场经验。

回归结果显示在表4中。由表4可见，在我们考察了一阶滞后的流动性变量和控制了一阶滞后的出口份额后，金融约束仍然显著负向影响企业的出口决策和对外直接投资决策。企业的金融约束越小，其进入海外市场的概率越大。同样，生产率和企业规模发挥显著的正面影响，而利润率是显著负面决定因素。

为了处理我们模型设定中潜在的内生性问题，我们还将样本缩减到只包含 2006～2008 年首次进行对外直接投资的企业。重新估计了式 （1），获得的结果在表5中。我们发现即使对于首次进行对外直接投资的企业，金融约束仍然有显著的负面作用。企业的金融约束越低，其进行对外直接投资的可能性越大。生产率和企业规模仍然发挥显著正面作用，促进了企业进入海外市场，而利润率仍然与出口和进行对外直接投资的概率负相关。

表 4　Multinomial Logit 模型回归结果：一阶滞后

	Liquidity			FIE	
	Export	ODI		Export	ODI
Financial Constraint with one-period Lag	0. 163 **	1. 468 **	Financial Constraint	0. 774 ***	0. 571 ***
	(0. 074)	(0. 617)		(0. 033)	(0. 148)
			Export share with one-period lag	6. 527 ***	6. 343 ***
				(0. 062)	(0. 190)
Productivity	0. 0157	0. 455 ***	Productivity	0. 170 ***	0. 679 ***
	(0. 019)	(0. 132)		(0. 018)	(0. 098)
Size	0. 805 ***	1. 644 ***	Size	0. 708 ***	1. 396 ***
	(0. 015)	(0. 082)		(0. 015)	(0. 061)
Inventory	0. 239 ***	0. 0511	Inventory	0. 371 ***	0. 624 **
	(0. 063)	(0. 561)		(0. 065)	(0. 263)
Age	− 0. 0171 ***	− 0. 00729	Age	− 0. 00602 ***	− 0. 0106
	(0. 002)	(0. 013)		(0. 002)	(0. 012)
Profitability	− 0. 644 ***	− 0. 504	Profitability	− 0. 462 ***	− 0. 809 **
	(0. 134)	(0. 805)		(0. 129)	(0. 393)
Capitalintensity	0. 0173 ***	0. 0224 *	Capitalintensity	0. 00213	− 0. 0114
	(0. 006)	(0. 012)		(0. 005)	(0. 044)
Year fixed effects	Yes	Yes	Year fixed effects	Yes	Yes
Industry fixed effects	Yes	Yes	Industry fixed effects	Yes	Yes
Observations	78713		Observations	68353	
Pseudo R^2	0. 1502		Pseudo R^2	0. 5209	

注：括号中是标准误差； *** 表示 $p < 0.01$ ， ** 表示 $p < 0.05$ ， * 表示 $p < 0.1$ 。

表 5　Multinomial Logit 模型回归结果：首次进行对外直接投资

	Liquidity		FIE	
	Export	ODI	Export	ODI
Financial Constraint	0. 185 ***	1. 170 ***	1. 260 ***	1. 099 ***
	(0. 036)	(0. 319)	(0. 019)	(0. 123)
Productivity	0. 0445 ***	0. 425 ***	0. 216 ***	0. 726 ***
	(0. 009)	(0. 067)	(0. 012)	(0. 116)
Size	0. 834 ***	1. 518 ***	0. 755 ***	1. 486 ***
	(0. 007)	(0. 043)	(0. 008)	(0. 051)
Inventory	0. 257 ***	0. 0385	0. 355 ***	0. 523 *
	(0. 035)	(0. 312)	(0. 045)	(0. 293)
Age	− 0. 0121 ***	− 0. 0192 ***	0. 000943	− 0. 00293
	(0. 001)	(0. 007)	(0. 001)	(0. 010)

	Liquidity		FIE	
	Export	ODI	Export	ODI
Profitability	− 0. 618 ***	− 0. 984 ***	− 0. 883 ***	− 0. 728
	(0. 068)	(0. 352)	(0. 073)	(0. 573)
Capitalintensity	0. 0128 ***	0. 0155 *	− 0. 00311	0. 00934
	(0. 003)	(0. 009)	(0. 003)	(0. 007)
Year fixed effects	Yes	Yes	Yes	Yes
Industry fixed effects	Yes	Yes	Yes	Yes
Observations	133961	115103		
Pseudo R^2	0. 1521	0. 1831		

注：括号中是标准误差；*** 表示 $p < 0.01$，** 表示 $p < 0.05$，* 表示 $p < 0.1$。

四　小结

本文提供了金融约束对对外直接投资不利影响的企业层面证据。我们发现金融约束严重制约了企业进入对外直接投资市场的可能性，并且降低了企业对外直接投资的规模。这一发现在控制了可能的内生性和考虑了多重对外直接投资动机和目的地后仍然稳健。

与现有文献的发现相一致，本文同样发现生产率对企业的对外直接投资行为（包括对外直接投资的可能性以及投资规模）有显著促进作用。但是我们发现生产率的促进作用不能弥补金融约束对企业对外直接投资的不利影响，尽管能够缓释金融约束对企业出口的不利影响。也就是说，即使企业显著提高生产率，如果金融约束仍然严峻，企业可能仍然无法进行对外直接投资。

本文因此有重要的政策启示。中小企业的金融约束是一个世界性难题，在资本项目管制和存在大量金融抑制的中国更为严峻。中国政府十分重视对外直接投资，并且为中国企业海外投资提供了财政补贴和政策支持。但是所有这些都难以弥补中国民营中小企业所面临的金融约束对它们决定是否进行对外直接投资以及投资多少的制约。于是那些更有生命力、更高生产率、更有竞争力的企业很可能被挡在中国对外直接投资机遇的大门外，这对于提高中国资本利用效率和转变经济增长模式都非常不利。

参考文献

Amiti, M. & Weinstein, D. , 2009, "Exports and Financial Shocks", Columbia University mimeo.

Berger, A. & Udell, G. , 1998, "The Economics of Small Business Finance: The Roles of Private Equity and Debt Markets in the Financial Growth Cycle", *Journal of Banking and Finance*, Vol. 22, No. 6, pp. 613 – 73.

Berman, N. & Hé ricourt, J. , 2008, "Financial Factors and the Margins of Trade: Evidence from Cross-Country Firm-Level Data", CES Working Paper 2008. 50.

Bernard Andrew B. , Eaton, Jonathan, Jensen, J. Bradford & Kortum, Samuel, 2003, "Plants and Productivity inInternational Trade", *American Economic Review*, Vol. 93, No. 4, pp. 1268 – 90.

Bilkey, W. & Tesar, G. , 1977, "The Export Behavior of Smaller-sized Wisconsin Manufacturing Firms", *Journal of International Business Studies*, Vol. 8, No. 1, pp. 93 – 98.

Brainard, S. Lael, 1997, "An Empirical Assessment of the Proximity-Concentration Trade-Off Between Multinational Sales and Trade", *American Economic Review*, Vol. 87, No. 4, pp. 520 – 44.

Bruderl, J. , Preisendorfer, P. & Ziegler, R. , 1992, "Survival Chances of Newly Founded Business Organizations", *American Sociological Review*, Vol. 57, pp. 227 – 41.

Cressy, R. , 1996, "Pre-Entrepreneurial Income, Cash-Flow Growth and Survival of Startup Businesses: Model and Tests on UK Data", *Small Business Economics*, Vol. 8, No. 1, pp. 49 – 58.

2002, "Funding Gaps: ASymposium", *The Economic Journal*, Vol. 112, pp. 1 – 16.

Crick, D. , 2004, "UK SMEs Decision to Discontinue Exporting: An Exploratory Investigation into Practices Within the Clothing Industry", *Journal of Business Venturing*, Vol. 19, pp. 561 – 87.

Desai, M. , Foley, F. & Hines, J. , 2004, "A Multinational Perspective on Capital Structure Choice and Internal Capital Markets", *Journal of Finance*, Vol. 59, pp. 2451 – 88.

Damijan, Jože P. , Polanec, Sašo, & Prašnikar, Janez, 2007, "Outward FDI and Productivity: Micro-Evidence from Slovenia", *The World Economy*, Vol. 30, No. 1, pp. 135 – 55.

Daniels, J. & Bracker, J. , 1989, "Profit Performance: Do Foreign Operations make a Difference?", *Management International Review*, Vol. 29, No. 1, pp. 46 – 56.

De Maeseneire, Wouter, & Claeys, Tine, 2012, "SMEs, Foreign Direct Investment and Financial Constraints: The Case of Belgium", *International Business Review*, Vol. 21, pp. 408 – 24.

Etemad, H. , 1999, "Globalization and Small and Medium-sized Enterprises: Search for

Potent Strategies", *Journal of Global Focus*, Vol. 11, No. 3, pp. 85 – 105.

2004, "Internationalization of Small and Medium-sized Enterprises: A Grounded Theoretical Framework and an Overview", *Canadian Journal of Administrative Sciences*, Vol. 21, No. 1, pp. 1 – 21.

European Commission, 2003, Observatory of European SMEs. Internationalisation of SMEs.

Fazzari, S. M., Hubbard, R. G., & Petersen, B. P., 1988, "Financing Constraints and Investment", *Brookings Papers on Economic Activity*, Vol. 1, pp. 141 – 95.

Feenstra, Robert C., Zhiyuan, Li Miaojie, Yu, 2011, "Exports and Credit Constraints Under Incomplete Information: Theory and Evidence from China", NBER Working Paper No. 16940.

Girma, Sourafel, Kneller, Richard, & Pisu, Mauro, 2005, "Exports Versus FDI: An Empirical Test", *Review of World Economics*, Vol. 141, No. 2, pp. 193 – 218.

Greenaway, David & Kneller, Richard, 2004, "Exporting and Productivity in the United Kingdom", *Oxford Review of Economic Policy*, Vol. 20, No. 3, pp. 358 – 71.

2007, "Firm Heterogeneity, Exporting and Foreign Direct Investment", *Economic Journal*, Vol. 117, No. 517, pp. 134 – 161.

Greenaway, D., Guariglia, A. & Kneller, R., 2007, "Financial Factors and Exporting Decisions", *Journal of International Economics*, Vol. 73, No. 2, pp. 377 – 95.

Hadlock Charles J. & Pierce, Joshua R., 2010, "New Evidence on Measuring Financial Constraints: Moving Beyond the KZ Index", *The Review of Financial Studies*, Vol. 23, No. 5, pp. 1909 – 40.

Hall, B., 1992, "Investment and R&D at the Firm Level: Does the Source of Financing Matter?" Working paper, pp. 92 – 194.

Head, Keith, & Ries, John, 2003, "Heterogeneity and the FDI Versus Exports Decision of Japanese Manufacturers", *Journal of the Japanese and International Economies*, Vol. 17, No. 4, pp. 448 – 67.

Helpman, Elhanan, Melitz, Marc J. & Yeaple, Stephen R., 2004, "Export Versus FDI with Heterogeneous Firms", *American Economic Review*, Vol. 94, No. 1, pp. 300 – 16.

Hook, R. & Czinkota, M., 1988, "Export Activities and Prospects of Hawaiian Firms", *International Marketing Review*, Winter, pp. 51 – 57.

Huang, Yiping & Wang, Bijun, 2011, "Chinese Outward Direct Investment: Is There a China Model?", *China & World Economy*, Vol. 19, No. 4, pp. 1 – 21.

Krugman, Paul, 1980, "Scale Economies, Product Differentiation, and the Pattern of Trade", *American Economic Review*, Vol. 70, No. 5, pp. 950 – 59.

Lamont, O., Polk, C. & Saa-Requejo, J, 2001, "Financial Constraints and Stock Returns", *Review of Financial Studies*, Vol. 14, pp. 529 – 54.

Lu, J. & Beamish, P., 2001, "The Internationalization and Performance of SMEs", *Strategic Management Journal*, Vol. 22, pp. 565 – 86.

Manova, Kalina, 2008, "Credit Constraints, Equity Market Liberalizations and

International Trade", *Journal of International Economics*, Vol. 76, No. 1, pp. 33 – 47.

Manova, Kalina, Wei, Shang-Jin &Zhiwei, Zhang, 2011, " Firm Exports and Multinational Activity under Credit Constraints", NBER Working Paper Series, W16905.

Mayer, Thierry and Ottaviano, Gianmarco I. P. , 2007, " The Happy Few: The Internationalisation of European Firms, New Facts Based on Firm-level Evidence ", *Intereconomic*, Vol. 43, No. 3, pp. 135 – 48.

Melitz, Marc J. , 2003, " The Impact of Trade on Intra-industry Reallocations and Aggregate Industry Productivity", *Econometrica*, Vol. 71, No. 6, pp. 1695 – 725.

Minetti, R. & Zhu, S. C. , 2010, " Credit Constraints and Firm Export: Microeconomic Evidence from Italy", *Journal of International Economics* (forthcoming).

Muuls, Mirabelle, 2008, " Exporters and Credit Constraints: A Firm-level Approach", National Bank of Belgium Working Paper Research No. 139, Brussels.

Syverson, Chad, 2004, " Market Structure and Productivity: A Concrete Example", *Journal of Political Economy*, Vol. 112, No. 6, pp. 1181 – 222.

Tang, M. & Yu, C-J. , 1990, " Foreign Market Entry: Production-Related Strategies", *Management Science*, Vol. 36, No. 4, pp. 476 – 89.

Wei, Tian & Yu, Miaojie, 2012, " Outward Foreign Direct Investment and Productivity: Firm-Level Evidence from China", *China Economic Quarterly* (*jing ji xue ji kan*), Vol. 11, No. 2.

Todo, Yasuyuki, 2011, " Quantitative Evaluation of the Determinants of Export and FDI: Firm-level Evidence from Japan", *The World Economy*, Vol. 34, No. 3, pp. 355 – 81.

Tomiura, Eiichi, 2007, " Foreign Outsourcing, Exporting, and FDI: A Productivity Comparison at the Firm Level", *Journal of International Economics*, Vol. 72, No. 1, pp. 113 – 27.

Wang, Bijun, 2011, " Why China is Under-investing in Manufacturing ODI: Firm Heterogeneity and Institutional Reform", Paper Presented at The Association for Chinese Economic Studies Australia (ACESA) 2011 Annual Conference, " China's Growth and The World Economy", UWA Business School, Perth, Australia, 7 – 8 July.

Wang, Bijun & Yiping, Huang, 2012a, " Industry and Ownership Structure of Chinese Overseas Direct Investment", paper presented at roundtable and public forum, " China's Global Investment ", at the Crawford School of Public Policy, Australian National University, Canberra, Australia, 4 – 5 September.

2012b, " Investing Overseas without Moving Factories Abroad: The Case of Chinese Outward Direct Investment", *Asian Development Review*, forthcoming.

Whited, T. & Wu, G. , 2006, " Financial Constraints Risk", *Review of Financial Studies*, Vol. 19, pp. 531 – 59.

Yeaple, Stephen Ross, 2005, " A Simple Model of Firm Heterogeneity, International Trade, and Wages", *Journal of International Economics*, Vol. 65, No. 1, pp. 1 – 20.

（王碧珺 译）

中国信息通信技术产品出口决定因素：来自企业层面的经验证据

李坤望　施炳展

引　言

由于信息通信技术（Information Communication and Technology，下文简称 ICT）产品的高技术含量及其广泛应用，ICT 的发展和传播被认为是提升生产效率、促进经济增长的重要推动力。ICT 产品至少从两方面促进了经济增长：其一，在 ICT 行业内部，大量信息通信技术企业通过研究开发促进了信息通信技术行业本身的生产效率提升；其二，ICT 产品的广泛应用，提升了其他行业的生产效率。开放条件下，一国分工模式会影响一国长期经济增长，由于 ICT 产品的高技术特征，一般认为出口 ICT 产品的国家会实现长期可持续增长，如 Greenaway 等（1999）、Rodrik（2006）、Hausman 等（2007）等。正因如此，许多国家通过优惠政策调整资源配置以促进 ITC 行业的发展。

近年来，中国 ICT 行业取得了长足的发展。中国已成为世界 ICT 产品的最大生产国。2007 年，中国生产了世界 48% 的手机电话、46% 的个人电脑、42% 的彩色电视、65% 的显示设备、58% 的程控交换机和 57% 的数码相机。[①] 据《中国工业企业数据库》资料统计计算，1998～2007 年，ICT 行业工业增加值占整体制造业工业增加值的比重从 6.3% 上升到 9.1%，ICT 行

[①] 资料来源："The ICT Landscape in BRICS Countries：Brazil，India，China"，Simon，2011，Joint Research Center Scientific and Technical Reports，European Commission。

业对制造业行业生产效率增长的贡献率平均高达 15.6%；同时，中国 ICT 行业的发展高度依赖外部市场，1998~2007 年，中国 ICT 行业出口占其总销售额的 40%。

考虑到 ICT 产品的重要性、ICT 行业在中国的迅速发展，本文旨在研究中国 ICT 产品出口的决定因素，从而揭示中国 ICT 产品出口迅速增长的动力机制。具体讲，我们将依赖于八分位海关细分贸易数据，详细考察中国 ICT 产品出口规模、出口方式的决定因素，着重考察出口价值量（Value）、出口数量（Quantity）和出口质量（Quality）的决定因素。我们的主要发现概括如下：中国 ICT 产品出口增长主要依靠低质量、高数量；中国 ICT 产品出口规模和出口方式主要取决于外商直接投资、加工贸易和政策支持体系；加工贸易提升了中国出口数量但降低了出口质量；外资和政府政策提升了出口产品质量，但降低了出口产品数量。因此，对中国而言，如何有效利用政策组合，在保持出口数量和规模的同时，实现出口质量提升是一个亟待解决的问题。

本文安排如下：第一部分是关于中国 ICT 产品出口的典型化事实研究；第二部分是 ICT 产品出口决定因素的计量模型构建、数据及描述分析；第三部分价值量、数量和质量三个维度，计量分析中国 ICT 产品出口的决定因素；第四部分是本文的结论。

一　中国 ICT 产品出口的典型化事实

1995~2010 年，中国年均出口增长速度高达 14.5%，而与此同时，世界出口增长速度平均仅为 7.2%，因此，中国出口量占世界总出口量的份额从 4% 迅速增加到 11.8%。从贸易结构看，过去中国出口产品主要集中在传统劳动密集型产品上，比如纺织品、鞋类和服装等；近年来中国出口的技术含量不断增加，在高技术行业方面也成绩斐然，ICT 产品出口的迅速发展就是例证。图 1 绘制了世界主要 ICT 产品出口国在 1995~2010 年出口市场份额的变化。

由图 1 可见，中国 ICT 产品出口份额从 1995 年的 3% 迅速增加到 2010 年的 30.1%，中国 ICT 产品出口竞争力迅速增强；与此鲜明对比，其他主要出口经济体比重明显下降。这表明中国在高技术产品生产和出口方面已经

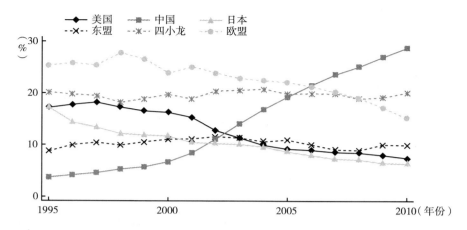

图1 1995～2010年世界主要ICT产品出口国市场份额的变化

注：四小龙指中国香港、中国台湾、新加坡和韩国；东盟指东盟四国，包括泰国、印度尼西亚、菲律宾和马来西亚；欧盟，指欧盟15国。

资料来源：笔者根据CEPII BACI数据库计算整理所得。

超越发达经济体。事实上，这一现象也被Rodrik（2006）和Schott（2008）相继证实。Rodrik（2006）发现，中国出口产品的技术含量已经超出其经济发展所对应的出口技术水平，如果绘制出口技术水平和一国人均收入水平的散点图，会发现中国数据是一个异常值；类似的，Schott（2008）发现中国与发达国家的贸易相似度过高，也超过了中国应有水平。作为比较，我们也试图分析中国ICT产品出口是否也是一个异常值。为此，图2绘制了各国ICT产品出口比重与各国人均收入的散点图，其中ICT产品出口比重是ICT产品出口占该国总出口的比重。

由图2可见，与Rodrik（2006）和Schott（2008）的发现类似，中国ICT产品出口比重也严重超出了中国人均收入对应的水平，中国在ICT产品出口方面表现超常。

事实上，中国在ICT产品方面的"超常出口"一个重要原因是外资企业的介入。中国ICT产品出口大都由外资企业完成，包括外商独资企业和中外合资企业，如果剔除掉外资企业后，中国本土企业ICT产品出口规模并不超常。图3绘制了2000～2006年中国不同所有制企业出口ICT产品的结构组成。

由图3可见，外商独资企业和中外合资企业占据了中国ICT产品出口的

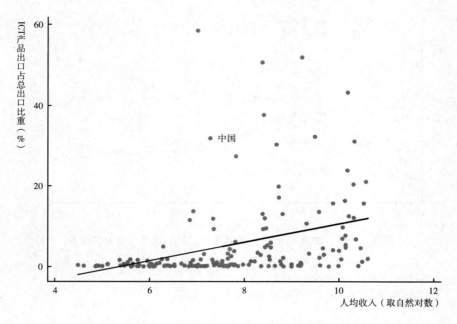

图 2　世界各经济体 ICT 产品出口比重与人均收入散点图

资料来源：笔者根据 CEPII BACI 数据库、WDI 数据库计算整理所得。

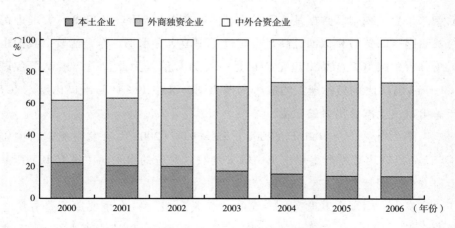

图 3　中国 ICT 产品出口的企业所有制结构分解

资料来源：笔者根据《中国海关贸易统计数据》计算所得。

大部分，2000 年外资企业 ICT 产品出口所占比重高达 77.4%，在 2006 年这一比重升至 85.9%。进一步分析可以看到，外资企业比重上升完全是由外商独资企业比重上升所致，事实上 2003 年后，外商独资企业 ICT 产品出口所占比重已超过 50%。与外资企业形成鲜明对比，本土企业出口所占比重呈现下滑趋势，所占比重不足 20%。由此可见，外资是中国 ICT 产品出口迅速增加的一个重要原因。

同时，中国 ICT 产品出口的另外一个推力是中国积极融入全球生产分割体系，特别是东亚生产链。事实上，由于中国廉价的劳动力和丰富资源，东亚地区发达经济体如日本、四小龙等将中间产品出口到中国，以中国作为出口加工基地，中国再将最终产品出口到欧美国家。因此，中国 ICT 产品出口的重要推动力是东亚生产体系，加工贸易是实现这一生产体系的重要贸易形态。表 1 列出了中国 ICT 产品出口的贸易形态分布特征，包括一般贸易、加工贸易和其他贸易形态。

表 1　中国 ICT 出口的贸易形态分布特征

单位：%

年　份	2000	2001	2002	2003	2004	2005	2006
加工贸易	90.4	91.0	90.7	89.2	87.9	87.2	83.7
一般贸易	7.5	6.9	7.4	8.2	8.7	9.4	12.6
其　他	2.1	2.1	1.9	2.6	3.5	3.4	3.7

资料来源：笔者根据《中国海关贸易统计数据》计算所得。

由表 1 可见，中国 ICT 产品出口主要通过加工贸易形态完成，加工贸易占总出口的比重高达 90% 左右。因此，中国加入全球生产分割体系是中国 ICT 产品出口激增的另外一个重要原因。中国从世界其他国家进口 ICT 产品的零部件和半成品，结合中国廉价劳动力进行简单加工组装，再对世界其他国家出口 ICT 最终产品，这促成了中国 ICT 产品出口的巨大规模，但同时中国产品增加值却极低。据 Koopman 等（2012）估算，中国制造业产品出口的国内增加值比重大约在 50%，而对于高技术产品比如 ICT 产品，这一比重仅有 30%，甚至更低。

外资和全球生产分割是中国 ICT 产品出口激增的外部原因，事实上，由于 ICT 产品对经济结构转型、经济增长可持续性的有益影响，中国政府也不遗余力地推动 ICT 产品的生产和贸易，因此政府优惠政策也是中国 ICT 产品出口迅速增加的重要原因。政府优惠政策的重要表现是经济特区、经济技术开发区、高新技术产业开发区、保税区、出口加工区的广泛建立，在这些区域内，企业享有一定税收等政策优惠，从而促进 ICT 产品出口。为此表 2 列出了各类优惠政策区域的 ICT 产品出口比重。

表 2   中国 ICT 出口的政策区域分布特征

单位：%

政策区域＼年份	2000	2001	2002	2003	2004	2005	2006
经济特区	11.0	10.6	9.2	8.5	6.8	6.5	6.4
经济技术开发区	11.3	13.1	13.0	14.2	17.6	20.7	19.8
高新技术区	6.3	7.1	7.7	8.9	9.5	10.2	8.9
保税区	7.2	7.1	8.1	7.6	8.0	6.7	6.4
出口加工区	0.0	0.7	2.4	3.5	4.0	5.6	4.7
其他	64.2	61.4	59.7	57.3	54.1	50.2	53.8

资料来源：笔者根据《中国海关贸易统计数据》计算所得。

由表 2 可见，各类政策优惠区域 ICT 产品出口占据总出口的比重呈增长趋势，说明政策优惠是中国 ICT 产品出口迅速增加的重要原因。

上述分析表明，尽管中国 ICT 产品出口迅速增加，但如果考虑到外资、加工贸易因素后，ICT 产品出口将会锐减，中国也不存在所谓的特殊性；同时，政府优惠政策也助推了中国 ICT 产品出口的迅速增加。然而上述分析只是关注了 ICT 产品出口的总体规模，并没有考虑中国 ICT 出口的结构特征。比如 Schott（2004）研究表明，尽管发达国家和发展中国家都出口了一类产品，但出口产品的质量却存在较大差异性，发达国家出口高端、高质量、高价格产品，发展中国家出口低端、低质量、低价格产品。因此，我们有必要在 ICT 产品出口总量的基础上，进一步分析 ICT 产品出口的结构特征。具体说，我们借鉴 Hummels 和 Klenow（2005）的研究框架，将中国出口总量分解为贸易广度（Extensive Margin）、数量和质量三个维度，从而考察中国出口 ICT 产品的结构特征，表 3 汇总了出口结构分解特征。

表 3　中国 ICT 产品出口的广度、数量和价格分析

年份	贸易份额	广度	数量	质量
1995	0.030	0.786	0.071	0.544
1996	0.035	0.818	0.085	0.498
1997	0.037	0.827	0.088	0.508
1998	0.043	0.827	0.100	0.514
1999	0.046	0.842	0.109	0.505
2000	0.056	0.841	0.111	0.603
2001	0.072	0.848	0.123	0.685
2002	0.104	0.848	0.159	0.775
2003	0.135	0.848	0.234	0.679
2004	0.161	0.853	0.271	0.696
2005	0.193	0.918	0.232	0.906
2006	0.216	0.920	0.241	0.973
2007	0.243	0.925	0.285	0.923
2008	0.261	0.911	0.300	0.954
2009	0.282	0.896	0.330	0.951
2010	0.301	0.894	0.373	0.903
增长率(%)	229.3	12.9	165.7	50.7

资料来源：笔者根据 CEPII BACI 数据库计算所得。

可以看出，质量指数始终小于 1，说明相对于世界平均水平而言，中国出口产品质量较低；从增长方式看，贸易份额增长速度高达 229.3%，但这一增长速度主要是由数量增长贡献的，数量增长速度高达 165.7%，相比较而言，广度和质量增长速度较为缓慢。因此，尽管中国 ICT 产品出口规模较大，出口增长速度较快，但是中国出口模式还主要是数量拉动型增长，质量和广度贡献度极为有限。

综上分析，我们认为中国 ICT 产品出口规模迅速增加，外资、加工贸易和政府政策是促成这一结果的重要原因。另外，从增长方式看，中国 ICT 产品出口质量较低，数量增长速度最快。因此，我们认为外资、加工贸易和政府政策虽然促成了中国 ICT 产品的出口规模和出口速度，但同时也形成了以数量增长为主的模式。接下来，我们引入更加严格的计量分析，研究外资、加工贸易、政府政策等因素对出口规模、出口质量和数量的影响。

二 计量模型、数据和描述分析

本部分主要研究中国 ICT 产品出口规模和出口结构的决定因素，包括出口价值量、数量和质量三个方面，相应的被解释变量是企业出口某 ICT 产品的价值量、数量和质量。我们借鉴 Xu 和 Lu（2009）、Wang 和 Wei（2008）框架，结合前面典型化事实分析，选取解释变量，解释变量包括是否是加工贸易、是否是外资企业出口、是否是政府政策支持以及进口国特征，进口国特征包括进口国经济规模、进口国与中国的地理距离。由此，我们构建如下形式的计量模型。

$$\ln x_{ijkt} = \alpha + \beta_1 fdi_{it} + \beta_2 process_{ijkt} + \beta_3 policy_{ijkt} + \beta_4 \ln gdp_{jt} + \beta_5 \ln dist_{jt} + \lambda_k + \lambda_t + \varepsilon_{ijkt} \tag{1}$$

其中，$\ln x_{ijkt}$ 代表企业 i 在 t 年对贸易伙伴 j 出口产品 k 的贸易变量，我们定义三个维度的出口变量，包括价值量、数量和质量，其中质量由单位价值量（Unit Value）来衡量；解释变量 fdi_{it} 是虚拟变量，如果企业 i 在 t 年是外商独资企业或中外合资企业，取为 1，否则为 0；$process_{ijkt}$ 也是虚拟变量，表示该笔贸易是否是加工贸易，如果是为 1，否则为 0；$policy_{ijkt}$ 也是虚拟变量，表示企业是否处于某一特殊政策区域，如果是取为 1，否则为 0；$\ln gdp_{jt}$ 表示进口经济体 j 在 t 年的国内生产总值，表示进口方经济规模；$\ln dist_{jt}$ 表示进口方 j 与中国的地理距离；λ_k 和 λ_t 分别为产品固定效应和年份固定效应，用来控制产品技术含量、汇率制度变革等因素。

进一步，为了验证结论的稳健性，我们将式（1）进行扩展，主要是将相关解释变量进行细化处理。我们进一步将外资指标 fdi 细分为两类，即外商独资企业 $wfof$ 和中外合资企业 jv，两个指标均为虚拟变量形式；将加工贸易指标 $process$ 细分为两类 $process1$ 和 $process2$，其中 $process1$ 为来料加工贸易，$process2$ 为进料加工贸易；将政策指标 $policy$ 细分为五类，$policy1$ 指经济特区，$policy2$ 指经济技术开发区，$policy3$ 指高新技术区，$policy4$ 指出口加工区，$policy5$ 指保税区。这样，我们将回归方程扩展为式（2）。

$$\ln x_{ijkt} = \alpha + \beta_{11} wfof_{it} + \beta_{12} jv_{it} + \sum_{l=1}^{2} \beta_{2l} process_{l,ijkt} + \sum_{m=1}^{5} \beta_{3m} policy_{m,ijkt} + \beta_4 \ln gdp_{jt} + \beta_5 \ln dist_{jt} + \lambda_k + \lambda_t + \varepsilon_{ijkt} \tag{2}$$

根据外商投资理论，外资企业同本土企业相比，由于对东道国语言、文化、环境的不熟悉，外资企业交易成本过高，在这一方面外资企业具有劣势；因此，外资企业必然在其他方面具有优势，才可以在东道国市场上生存并发展。外资企业的优势之一是外资企业的技术优势，而这往往是后发国家本土企业所缺乏的；同时，外资企业由于源自国外，因此在国际市场上的营销经验丰富，贸易成本相对更低一些。因此，外资企业出口产品技术含量相对较高，外资企业的出口贸易成本相对较低，从而外资企业的出口产品数量和质量相对都较高。进一步，外资企业在所有权选择方面也具有多样性，至少包括外商独资企业和合资企业两种形式，独资企业更依赖于自身优势在东道国市场上竞争生存，而合资企业则需借助东道国企业的长处进行经营，当然这意味着外资必须同东道国本土企业进行利润分成。因此，外资企业在所有权选择方面，要考虑自身优势、利润分成等方面，考虑保持市场地位与同本土企业技术共享利润分成之间的平衡。根据所有权-区位-内部化优势理论，外资优势越明显，外资企业越倾向于独资。因此，我们认为外资不仅会提升中国 ICT 产品出口数量，而且会提升 ICT 产品出口质量；而且，外商独资企业相对于合资企业，这一提升作用更明显。

如前所述，加工贸易在中国 ICT 产品出口中占有重要位置。Branstetter 和 Lardy（2006）曾指出，中国之所以能够大规模出口 ICT 产品，仅仅是因为中国从其他国家进口了 ICT 产品的零部件和半成品；Koopman 等（2012）估算发现中国高技术产品出口的国外附加值含量超过了 80%。由此，我们认为加工贸易提升了中国 ICT 产品出口的价值量和数量。

政策优惠是一国融入全球价值量分割的重要因素，而这会进一步推动一国出口产品的技术升级。中国政府通过建立经济特区、经济技术开发区、出口加工区、保税区、高新技术区等特殊经济区域，提供了一揽子的相关优惠政策。比如，对于进口贸易而言，中国就实现了区别待遇，一方面，对一般进口贸易征收关税来保护国内企业；另一方面，对旨在出口的加工贸易进口实现关税减免，这无疑会促进 ICT 产品零部件和半成品的进口，从而进一步提升 ICT 产品的出口规模。另外，政府对于高新技术产业实行的税收减免、补贴等措施也可能促进企业研究开发，进一步提升企业出口产品质量。因此，政府通过各种政策提升了中国 ICT 产品的价值量和数量，而其中的一些优惠政策也可能会提升中国企业出口产品质量。

　　进口贸易伙伴的经济规模、地理特征等也会影响中国企业出口行为。正如传统引力模型指出的，进口方经济规模越大、地理距离越近，企业出口的价值量和数量越高。另外，按照 Hummels 和 Skiba（2004）的分析，地理距离越远，高质量产品的贸易成本相对越低，从而出口产品质量越高。因此我们认为，进口方经济规模与企业出口产品价值量和数量正相关；地理距离与企业出口产品价值量和数量负相关，但与企业出口产品质量正相关。

　　在上述实证方法和理论分析基础上，我们介绍本文的数据来源。本文企业层面出口产品的价值量、数量和质量数据均来自《中国海关贸易统计数据》，其中质量用单位价值指标（Unit Value）测算；外资指标、加工贸易指标、政策优惠指标也来自该数据库；地理距离指标来自 CEPII 的 Distance 数据库；进口方经济规模指标来自《世界发展指数》（WDI）的国内生产总值指标。所有指标的含义及其统计指标如表 4 所示。

表 4　数据描述与统计分析

变量	含　义	样本量	均值	方差
lnv	出口价值量取自然对数	973742	9.22	2.65
lnp	出口质量取自然对数	973742	1.75	2.63
lnq	出口数量取自然对数	973742	7.47	3.39
fdi	是否外资企业	973742	0.41	0.49
process	是否加工贸易	973742	0.31	0.46
policy	是否处于政策优惠区域	973742	0.25	0.43
wfof	是否外商独资企业	973742	0.28	0.45
jv	是否中外合资企业	973742	0.13	0.34
process1	是否来料加工贸易	973742	0.23	0.42
process2	是否进料加工贸易	973742	0.08	0.27
policy1	是否处于经济特区	973742	0.09	0.29
policy2	是否处于经济技术开发区	973742	0.07	0.25
policy3	是否处于高新技术区	973742	0.04	0.20
policy4	是否处于出口加工区	973742	0.05	0.21
policy5	是否处于保税区	973742	0.01	0.09
lngdp	进口方经济规模取自然对数	973329	20.07	1.53
lndist	地理距离取自然对数	963358	8.49	0.77

　　资料来源：作者根据相关数据库整理。

三　回归结果及分析

（一）价值量回归

表5中，在回归5.1和回归5.4中，外资 *fdi* 系数均显著为正；回归5.2和回归5.4中，加工贸易 *Process* 系数均显著为正；回归5.3和回归5.4中，政策 *policy* 系数均显著为正。因此，外资、加工贸易和政策均显著稳健地提升了中国企业出口 ICT 产品的价值量，这与前面第三部分中的相关分析是一致的。

进一步观察，我们发现外资、加工贸易和政府政策三个变量相比较，加工贸易变量的回归系数最大，回归5.2中为1.617，加入外资和政策因素后，这一变量变为1.555，因此也相对最稳定，这说明加工贸易是促进中国企业出口价值量增加的重要因素。外资变量在5.1中的回归系数为0.801，回归5.4中加入加工贸易后，外资的回归系数降低为0.132，这说明外资对出口产品数量的促进作用大部分是通过加工贸易途径完成的。政策变量在5.3中回归系数为0.030，加入外资和加工贸易后，5.4中回归系数增加为0.077，稳定性较差，而且数值较小。因此，总体来看，加工贸易是提升中国企业出口产品价值量的相对最重要、最稳健的因素。

表5　对价值量的基本回归

	（5.1）	（5.2）	（5.3）	（5.4）
fdi	0.801 *** (146.862)			0.132 *** (21.710)
process		1.617 *** (280.992)		1.555 *** (238.022)
policy			0.030 *** (4.944)	0.077 *** (13.112)
ln*gdp*	0.194 *** (114.645)	0.181 *** (110.409)	0.226 *** (133.018)	0.176 *** (107.064)
ln*dist*	− 0.169 *** (− 49.629)	− 0.174 *** (− 52.717)	− 0.197 *** (− 57.390)	− 0.170 *** (− 51.507)
年份固定效应	yes	yes	yes	yes
产品固定效应	yes	yes	yes	yes
N	963358	963358	963358	963358
R^2	0.127	0.175	0.107	0.176

注：*、**、***分别表示10%、5%和1%的统计显著性；括号内为t值。下表同。

资料来源：笔者估计。下表同。

表6 在对解释变量进行细分的基础上，进一步对价值量进行回归。回归6.1 和回归6.4 中将外资变量 *fdi* 细分为外商独资企业 *wfof* 和中外合资企业 *jv*。对于中外合资企业 *jv* 的估计系数在两个回归中都显著为正，但是在6.4 中回归系数变小，说明中外合资企业提升了中国 ICT 产品的出口数量，但这一促进作用主要通过加工贸易实现，这与表5 中的分析是一致的。在6.1 回归中，外商独资企业 *wfof* 变量显著为正，但是在回归6.4 中，该变量不再显著，这意味着外商独资企业完全通过加工贸易途径提升了中国 ICT 产品的出口数量，事实上，外商独资企业 ICT 产品出口中 92.4% 为加工贸易形态，当然这也和表5 的分析是一致的。

表6 对价值量回归的稳健性检验

	(6.1)	(6.2)	(6.3)	(6.4)
wfof	0.815 *** (132.415)			0.011 (1.419)
jv	0.773 *** (96.981)			0.272 *** (32.092)
process1		1.638 *** (260.092)		1.618 *** (203.003)
process2		1.556 *** (160.883)		1.592 *** (163.369)
policy1			−0.221 *** (−24.474)	−0.008 (−0.907)
policy2			0.222 *** (20.904)	0.232 *** (22.593)
policy3			0.387 *** (29.833)	0.168 *** (13.217)
policy4			−0.064 *** (−5.136)	0.130 *** (10.510)
policy5			0.165 *** (5.507)	−0.773 *** (−26.561)
ln*gdp*	0.194 *** (114.556)	0.181 *** (110.402)	0.224 *** (131.914)	0.177 *** (107.210)
ln*dist*	−0.169 *** (−49.504)	−0.174 *** (−52.756)	−0.201 *** (−58.407)	−0.174 *** (−52.730)
年份固定效应	yes	yes	yes	yes
产品固定效应	yes	yes	yes	yes
N	963358	963358	963358	963358
R^2	0.127	0.175	0.109	0.177

在回归 6.2 和回归 6.4 中，我们将加工贸易 process 区分为 process1 来料加工贸易和 process2 进料加工贸易。我们发现，无论哪种加工贸易形态，在回归 6.2 和回归 6.4 中都显著为正，而且回归系数大小相差不大。因此，将加工贸易细分的回归结果与表 5 的结论一致，表明无论来料加工贸易还是进料加工贸易均是提升中国企业 ICT 产品出口价值量的重要稳健因素。

回归 6.3 和回归 6.4 中，我们进一步将政策变量 policy 区分为五类优惠政策类型，在表 4 中都进行了相应的含义说明。我们发现，在两组回归中，仅有 policy2 和 policy3 两个变量显著稳健为正，这意味仅有经济技术开发区和高新技术区两类政策优惠区域提升了中国 ICT 产品的出口价值量，显然这两个政策优惠区域均偏重"技术"本身，着重提升生产和贸易的技术含量，从这个角度看，这些政策是有效的。经济特区 policy1 变量并不稳健，显然经济特区的功能定位是多方面的，并不一定总会提升产品的技术结构；出口加工区 policy4 结果也不显著，可能原因在于它的影响已经包含在加工贸易变量中；保税区 policy5 也不稳定，显然保税区更多着眼于贸易规模和贸易便利化，并不一定提升出口产品技术含量。总体来看，政策出口价值量的影响并不稳定，而且不同政策组合具有较大差异性。

在表 5 和表 6 中，进口方控制变量经济规模 lngdp 显著为正，地理距离 lndist 指标回归系数为负均符合预期，不再赘述。

简言之，我们认为加工贸易是促进中国 ICT 产品出口价值量增加的最稳健力量；仅有合资企业和特定的政策区域对 ICT 产品出口具有稳健的积极影响。

（二）数量回归

表 7 汇报了对数量回归的基本结果。外资回归系数在 7.1 中显著为正，但在回归 7.4 中显著为负，这意味着考虑到加工贸易因素后，外资并没有提升出口数量。政策变量在回归 7.3 和回归 7.4 中均显著为负，说明政府政策对出口数量的消极影响。加工贸易指标在回归 7.2 和回归 7.4 中均显著为正。因此，加工贸易是提升中国 ICT 产品出口数量的唯一稳健变量；政府政策与外资对出口数量提升并没有稳健一致的促进作用。

表 7　对数量的基本回归

	（7.1）	（7.2）	（7.3）	（7.4）
fdi	0.032 *** (5.052)			− 0.647 *** （− 93.225）
process		1.444 *** (217.915)		1.747 *** (234.177)
policy			− 0.634 *** （− 93.502）	− 0.453 *** （− 67.361）
ln*gdp*	0.166 *** (85.566)	0.127 *** (67.171)	0.176 *** (91.809)	0.151 *** (80.064)
ln*dist*	− 0.316 *** （− 80.922）	− 0.296 *** （− 77.889）	− 0.317 *** （− 81.851）	− 0.315 *** （− 83.453）
年份固定效应	yes	yes	yes	yes
产品固定效应	yes	yes	yes	yes
N	963358	963358	963358	963358
R^2	0.298	0.331	0.304	0.342

　　表 8 汇总了对数量回归的稳健性检验结果。回归 8.1 和回归 8.4 中，刻画外资的两个变量外商独资企业 *wfof*、中外合资企业 *jv* 并不显著一致为正，这与表 7 结论一致；回归 8.2 和回归 8.4 中，两类加工贸易指标均显著为正，说明加工贸易是提升出口数量的稳健力量，这与表 7 结论一致；回归 8.3 和回归 8.4 中，所有政策变量指标均显著为负，说明政策并没有提升出口数量，这与表 7 结论基本一致。总体来看，我们认为稳健性检验结果与表 7 的结论一致。从控制变量看，表 7 与表 8 中，经济规模指标 ln*gdp* 均显著为正，地理距离指标 ln*dist* 均显著为负，与引力模型结论一致，不再赘述。

表 8　对数量回归的稳健性检验

	（8.1）	（8.2）	（8.3）	（8.4）
wfof	0.055 *** (7.806)			− 0.664 *** （− 75.468）
jv	− 0.016 * （− 1.784）			− 0.429 *** （− 44.374）
process1		1.296 *** (179.078)		1.781 *** (195.875)

	（8.1）	（8.2）	（8.3）	（8.4）
process2		1.894 *** （170.329）		1.830 *** （164.605）
policy1			− 0.294 *** （ − 28.854）	− 0.115 *** （ − 11.525）
policy2			− 0.678 *** （ − 56.584）	− 0.548 *** （ − 46.775）
policy3			− 0.802 *** （ − 54.722）	− 0.762 *** （ − 52.634）
policy4			− 1.065 *** （ − 75.980）	− 0.569 *** （ − 40.295）
policy5			− 1.036 *** （ − 30.709）	− 1.709 *** （ − 51.495）
ln*gdp*	0.166 *** （85.445）	0.127 *** （67.329）	0.177 *** （92.544）	0.150 *** （79.876）
ln*dist*	− 0.315 *** （ − 80.735）	− 0.295 *** （ − 77.748）	− 0.319 *** （ − 82.330）	− 0.313 *** （ − 83.023）
年份固定效应	yes	yes	yes	yes
产品固定效应	yes	yes	yes	yes
N	963358	963358	963358	963358
R^2	0.298	0.332	0.306	0.344

总结来看，加工贸易是提升中国 ICT 产品出口数量的唯一稳健性变量；政府政策和外资并没有稳健一致地提升出口数量。联系前面对价值量的回归，我们认为加工贸易是提升出口价值量和出口数量的最主要因素，而外资和政策的影响并不一致稳健。

（三）质量回归

表9汇报了质量回归的基本结果。在回归9.1和回归9.4中，外资变量均显著为正，而且回归系数变化幅度很小。回归9.3和回归9.4中，政策变量均显著为正。但是回归9.2和回归9.4中，加工贸易变量符号相反，这意味着在剔除外资和政策因素后，加工贸易可能会降低出口产品质量，尽管它对数量和价值量的贡献较大。因此，外资和政府政策是提升出口产品质量的重要因素；尽管加工贸易显著提升了出口数量和价值量，但对于质量的提升作用极其有限。

表 9　对质量的基本回归

	(9.1)	(9.2)	(9.3)	(9.4)
fdi	0.770 *** (193.688)			0.779 *** (172.535)
process		0.174 *** (39.580)		−0.192 *** (−39.520)
policy			0.664 *** (152.210)	0.530 *** (121.200)
lngdp	0.028 *** (22.778)	0.054 *** (43.383)	0.050 *** (40.567)	0.026 *** (21.069)
lndist	0.147 *** (59.180)	0.122 *** (48.383)	0.120 *** (48.181)	0.145 *** (58.938)
年份固定效应	yes	yes	yes	yes
产品固定效应	yes	yes	yes	yes
N	963358	963358	963358	963358
R^2	0.530	0.512	0.523	0.538

最后表 10 汇报了对质量回归的稳健性检验结果。可以看出，无论是外商独资企业还是中外合资企业，外资均稳健提升了出口产品质量。而对于加工贸易而言，无论是来料加工贸易还是进料加工贸易，均未显著提升出口产品质量。对于政府政策而言，无论哪一类特殊政策优惠区，政府政策均显著提升了产品质量。总体来看，表 10 的结论与表 9 一致。

在表 9 和表 10 中，经济规模 lngdp 始终显著为正，说明进口方经济规模越大，容纳企业数目越多，企业竞争越激烈，从而企业越容易提升产品质量；地理距离指标 lndist 显著为正，这与 Hummles 和 Skiba（2004）的结论一致，不再赘述。

我们可以将表 5 至表 10 的结论总结如下。外资、加工贸易和政府政策是影响中国企业出口规模和出口方式的三个重要变量，但三者对企业出口价值量、数量和质量的影响方向具有差异性；具体看，加工贸易虽然提升了企业出口价值量和数量，但降低了企业出口产品质量；外资和政府政策虽然提升了出口产品质量，但对于出口价值量和数量的促进作用并不稳健一致。这意味着政府在政策制定方面要具有明确性，在数量、质量和价值量方面要有所取舍。

表 10 对质量回归的稳健性检验

	（10.1）	（10.2）	（10.3）	（10.4）
wfof	0.760***			0.675***
	（169.519）			（118.179）
jv	0.789***			0.701***
	（135.958）			（111.700）
*process*1		0.342***		−0.163***
		（71.382）		（−27.604）
*process*2		−0.338***		−0.238***
		（−45.897）		（−32.956）
*policy*1			0.073***	0.107***
			（11.204）	（16.530）
*policy*2			0.900***	0.780***
			（117.594）	（102.571）
*policy*3			1.189***	0.929***
			（127.069）	（98.934）
*policy*4			1.001***	0.699***
			（111.818）	（76.271）
*policy*5			1.201***	0.936***
			（55.718）	（43.460）
ln*gdp*	0.028***	0.054***	0.047***	0.027***
	（22.849）	（43.431）	（38.200）	（21.732）
ln*dist*	0.146***	0.121***	0.118***	0.139***
	（59.056）	（48.154）	（47.826）	（56.691）
年份固定效应	yes	yes	yes	yes
产品固定效应	yes	yes	yes	yes
N	963358	963358	963358	963358
R^2	0.530	0.516	0.531	0.542

四 结论

本文聚焦中国 ICT 产品出口数量和质量及其决定因素，从而对中国 ICT 产品出口方式及其动力机制进行经验分析。结论总结如下：中国 ICT 产品出口是通过低质量基础上的高数量实现的；外资、加工贸易和政府政策是促成 ICT 产品出口规模和出口方式的重要因素，但三者对 ICT 产品出口的影响方向存在差异性；加工贸易提升了中国 ICT 产品的出口价值量和数量，但同时降低了出口质量；外资和政府政策虽然提升了企业出口产品质量，但同时对价值量和数量的贡献极其有限。因此，如何实现中国出口的数量和质量的共同发展是未来政府的重要挑战，特别是在保证就业规模的前提下，实现高附加值、高质量更是艰难。

从这个角度看，中国出口产品的高数量、低质量模式对中国未来经济增长具有重要影响。由于数量是 ICT 产品出口增加的核心动力，这意味着为了生产巨大数量的 ICT 产品，中国企业需投入大量的资本、劳动力，因此数量推进的出口增长方式有益于就业增长；考虑到中国丰富的劳动力资源，数量推进的出口增长方式与中国比较优势是相符的，在未来一段时间内也是政府可行的政策选择。

另外，数量推动的出口增长模式也会消耗大量自然资源，导致环境污染，而这恰恰是伴随中国经济增长已经广泛存在的现象。由于产品质量对于贸易竞争力、长期经济可持续增长具有积极意义，因此如何提升产品质量应成为中国政府未来长期面对的问题。特别是，中国目前人口年龄结构发生重大改变，人口老龄化日趋严重，而这无疑推动中国政府进行相应的经济结构调整和经济增长方式转型（Cai, 2013）。因此，我们可以预期未来中国出口增长模式将从数量增长逐渐转化为种类增长和质量增长，这无疑与中国的要素禀赋改变是内在一致的，当然也与中国政府提倡的经济增长方式转型内在一致。当然，这也是一个重大挑战！

附录　表 3 的分解方法

借鉴 Hummels 和 Klenow（2005）的方法将中国贸易额占世界贸易总额的比重进行分解，得到表 3。考虑中国和世界的 ICT 产品出口，假设中国和世界出口 ICT 产品集合分别为 Ω_C 和 Ω_W，两个产品集合的交集为 $\Omega = \Omega_C \cap \Omega_W$，那么中国出口额占世界出口总额的比重可以表示为（A1）：

$$R = \frac{\sum\limits_{i \in \Omega_C} v_{iC}}{\sum\limits_{i \in \Omega_W} v_{iW}} = \left(\frac{\sum\limits_{i \in \Omega_C} v_{iC}}{\sum\limits_{i \in \Omega} v_{iC}} \middle/ \frac{\sum\limits_{i \in \Omega_W} v_{iW}}{\sum\limits_{i \in \Omega} v_{iW}} \right) \times \frac{\sum\limits_{i \in \Omega} v_{iC}}{\sum\limits_{i \in \Omega} v_{iW}} \quad (A1)$$

与 Feenstra（1994）及 Hummels 和 Klenow（2005）类似，$\dfrac{\sum\limits_{i\in\Omega_C}v_{iC}}{\sum\limits_{i\in\Omega}v_{iC}}\bigg/\dfrac{\sum\limits_{i\in\Omega_W}v_{iW}}{\sum\limits_{i\in\Omega}v_{iW}}$

表示广度边际，事实上衡量了出口产品种类的多寡。$\dfrac{\sum\limits_{i\in\Omega}v_{iC}}{\sum\limits_{i\in\Omega}v_{iW}}$ 表示深度边际，v

表示出口价值量。进一步将深度边际分解为数量和质量边际，如（A2）：

$$\frac{\sum\limits_{i\in\Omega}v_{iC}}{\sum\limits_{i\in\Omega}v_{iW}}=\frac{\sum\limits_{i\in\Omega}p_{iC}q_{iC}}{\sum\limits_{i\in\Omega}p_{iW}q_{iW}}=\prod_i\left(\frac{p_{iC}}{p_{iW}}\right)^{w_i}\prod_i\left(\frac{q_{iC}}{q_{iW}}\right)^{w_i}\tag{A2}$$

其中，比重 $w_i=\dfrac{\dfrac{s_{iC}-s_{iW}}{\ln s_{iC}-\ln s_{iW}}}{\sum\limits_i\left(\dfrac{s_{iC}-s_{iW}}{\ln s_{iC}-\ln s_{iW}}\right)}$，$s_i$ 表示贸易份额，$s_i=\dfrac{p_iq_i}{\sum\limits_{i\in\Omega}p_iq_i}$。

最后，我们可以将中国出口额占世界出口总额的比重分解为三个方面，即广度、数量和质量，如（A3）：

$$R=\frac{\sum\limits_{i\in\Omega_c}v_{ic}}{\sum\limits_{i\in\Omega_W}v_{iW}}=EX\times P\times Q=\left(\frac{\sum\limits_{i\in\Omega_c}v_{ic}}{\sum\limits_{i\in\Omega}v_{ic}}\bigg/\frac{\sum\limits_{i\in\Omega_W}v_{iW}}{\sum\limits_{i\in\Omega}v_{iW}}\right)\times\prod_i\left(\frac{p_{ic}}{p_{it}}\right)^{w_i}\times\prod_i\left(\frac{q_{ic}}{q_{it}}\right)^{w_i}\tag{A3}$$

EX 是广度边际，测算了产品种类；P 表示中国相对于世界平均水平的价格比值，用以度量质量；Q 表示中国出口数量与世界出口数量的比值。

参考文献

Branstetter, L. and Lardy, N. "China's Embrace of Globalization", NBER Working Paper, No. 12373.

Cai, Fang, "Can China Avert the Middle Income Trap?", A Working Paper, Chinese Academy of Social Sciences, Beijing.

Hummels, D. and Klenow, P. J. "The Variety and Quality of a Nation's Exports", *American Economic Review*, 2005, Vol. 95, pp. 704 – 719.

Hummels, D. and Skiba, A. "Shipping the Good Apples Out? An Empirical Confirmation of the Alchian-Allen Conjecture", *Journal of Political Economy*, 2004, Vol. 112 (6), pp. 1384 – 1402.

Jorgenson, D. W. , M. S. Ho, and K. J. Stiroh, "A Retrospective Look at the U. S. Productivity Growth Resurgence", *Journal of Economic Perspectives*, 2008, Vol. 22, No. 1, pp. 3 – 24.

Koopman, R. , Zhi Wang and Shang-Jin Wei. "Estimating Domestic Content in Exports When Processing Trade is Pervasive", *Journal of Development Economics*, 2012, Vol. 99, pp. 178 – 189.

Onlier, S. and D. , Sichel. "The Resurgence of Growth in the Late 1990s: Is Information Technology the Story", *Journal of Economic Perspective*, 2000, Vol. 14, No. 4, pp. 3 – 22.

Rodrik, D. "What is So Special of China's Export", *China & World Economy*, 2006, 14 (5), pp. 1 – 19.

Schott, P. "Across-Product versus Within-Product Specialization in International Trade", *Quarterly Journal of Economics*, 2004, Vol. 119 (2), pp. 647 – 678.

Simon, J. P. "The ICT Landscape in BRICS Countries: Brazil, India and China", European Commission Joint Research Centre Institute for Prospective Technological Studies, 2011.

UNCTAD. "Measuring the Impacts of Information and Communication Technology for Development", UNCTAD Current Studies on Science, Technology and Innovation, 2011, No. 3.

Wang, Z and Wei, S. J. "What Accounts for the Rising Sophistication of China's Exports?", NBER Working Paper, 2008, No. 13771.

Xu, B. and Lu, J. Y. "Foreign Direct Investment, Processing Trade and the Sophistication of China's Export", *China Economic Review*, 2009, 20, pp. 425 – 439.

图书在版编目（CIP）数据

中国经济增长与发展新模式／（澳）郜若素 Garnaut R.，蔡昉，宋立刚
主编 . —北京：社会科学文献出版社，2014.3
（"中国经济前沿"丛书）
ISBN 978 - 7 - 5097 - 5491 - 7

Ⅰ.①中… Ⅱ.①郜…②蔡…③宋… Ⅲ.①中国经济 - 经济增长 -
研究 Ⅳ.①F124

中国版本图书馆 CIP 数据核字（2013）第 311256 号

· "中国经济前沿"丛书 ·

中国经济增长与发展新模式

主 编／〔澳〕郜若素（Ross Garnaut） 蔡 昉 宋立刚

出 版 人／谢寿光
出 版 者／社会科学文献出版社
地 址／北京市西城区北三环中路甲 29 号院 3 号楼华龙大厦
邮政编码／100029

责任部门／经济与管理出版中心（010）59367226 责任编辑／林 尧 高 雁
电子信箱／caijingbu@ ssap. cn 责任校对／谭晓明
项目统筹／恽 薇 责任印制／岳 阳
经 销／社会科学文献出版社市场营销中心（010）59367081 59367089
读者服务／读者服务中心（010）59367028

印 装／北京季蜂印刷有限公司
开 本／787mm×1092mm 1/16 印 张／20.5
版 次／2014 年 3 月第 1 版 字 数／346 千字
印 次／2014 年 3 月第 1 次印刷
书 号／ISBN 978 - 7 - 5097 - 5491 - 7
定 价／69.00 元